水韵生活

主　编：马建兴　周晓阳

副主编：翟天智　石虹梅　朱红波

编　者：黄　佳　王丽娜　过雪梅　孔庆梅

　　　　李　兴　马嘉欣　金沙来　李达金

　　　　唐文珠　张慧婕　王思婷　牛军锐

　　　　郭军英

苏州大学出版社

图书在版编目(CIP)数据

水韵生活 / 马建兴,周晓阳主编. —苏州:苏州大学出版社,2019.6
(STEAM精品课程系列丛书 / 马建兴,周先荣主编)
ISBN 978-7-5672-2880-1

Ⅰ.①水… Ⅱ.①马… ②周… Ⅲ.①江苏-概况-初中-教材 Ⅳ.①G634.591

中国版本图书馆CIP数据核字(2019)第135901号

水韵生活
Shuiyun Shenghuo

马建兴　周晓阳　主编

责任编辑　荣　敏

助理编辑　冯　云　杨宇笛

苏州大学出版社出版发行
(地址:苏州市十梓街1号　邮编:215006)
苏州工业园区美柯乐制版印务有限责任公司印装
(地址:苏州工业园区东兴路7-1号　邮编:215021)

开本890 mm×1 240 mm　1/16　印张13.25　字数390千
2019年6月第1版　2019年6月第1次印刷
ISBN 978-7-5672-2880-1　定价:39.80元

苏州大学版图书若有印装错误,本社负责调换
苏州大学出版社营销部　电话:0512-67481020
苏州大学出版社网址　http://www.sudapress.com
苏州大学出版社邮箱　sdcbs@suda.edu.cn

编委会

丛书顾问：丁 杰 解凯彬

丛书主编：马建兴 周先荣

丛书副主编：孙雅琴 吴 洪

执行编委：张 凝

编　　委：（按照姓氏笔画排序）

王 健　朱家华　任小文

江 山　汤志明　吴红漫

邹全红　沈宗健　张 云

张 锋　陈汉清　范懋炜

林颖韬　罗章莉　郑 吉

郑建英　徐 华　曹红英

崔 鸿　梁 军　戴 黎

序　言

　　STEAM教育，是当下国际教育界高度关注的热点议题。它以项目式学习（PBL）为出发点，重在培养学生科学（Science）、技术（Technology）、工程（Engineering）、艺术（Art）、数学（Mathematics）等方面的素养，注重发展学生的批判性思维、交往与合作能力和问题解决能力。1986年，美国国家科学基金会（NSF）发布的《本科的科学、数学和工程教育》提出了"科学、数学、工程和技术教育集成"的纲领性建议，强调"使美国下一代成为世界科学和技术领导者"，这被视为提倡STEM教育的开端。由于艺术（Art）在发展学生创造性和批判性思维、21世纪技能方面的重要作用，它的加入使STEM教育发展为STEAM教育理念，即形成了"以数学为基础，通过工程和艺术理解科学和技术"的跨学科的、以项目式和情境性学习为主体的STEAM教育。

　　2015年9月初，教育部发布的《关于"十三五"期间全面深入推进教育信息化工作的指导意见（征求意见稿）》明确建议学校"探索STEAM教育"。从国家层面来看，STEAM教育目前已被纳入我国的课程标准。2017年教育部印发的《义务教学小学科学课程标准》特别把STEAM教育列为新课程标准的重要内容之一。2019年1月3日上午10时26分，我国的"嫦娥四号"探测器不负众望，成功地在月球背面软着陆，这是有史以来人类的航天器第一次成功登陆月球背面。在倍感骄傲之际，我们不能忘记，中国航天事业创始人、著名教育家钱学森先生曾提出过著名的"钱学森之问"——教育面临的最艰难最核心的问题，其一就是如何教人尽快获取聪明才智，其二就是如何培养创新能力。这恰恰与STEAM教育理念不谋而合。

　　近年来，国内也掀起了STEAM教育的热潮，众多教育研究者、教育管理者、一线教师，乃至社会教育机构纷纷投身其中。在一片喧嚣繁华中，有一群STEAM教育的爱好者、探索者与实践者，他们期望能做一种遵循认知规律的、符合学生生活实际的、与本土融合而非单纯平移并指向立德树人的STEAM教育，"苏式"STEAM教育由此诞生了。有感于当下真正适合基础教育阶段学校开展STEAM教学的教材严重匮乏，他们首创性地开发了第一期"'苏式'STEAM精品课程系列丛书"（2018年10月已由苏州大学出版社出版）。这是一套区别于一般科技史料读本的STEAM教材。它内容丰富，贴近生活，以主题统领下的学科核心概念和跨学科核心概念建构为特征展开课程的设计与开发，充分利用真实生活中随手可得的情境素材作为课程资源，精心设计项目式活动和活动串，以核心问题为导向，有机整合科学、技术、工程、艺术和数学等多学科知识，以指引学生像科学家一样探索未知，激发学生作为学习者、创造者和21世纪社会公民的潜能，鼓励学生以多样性和多元化的方法解决问题，倡导基于项目和问题的学习方式——PBL(Project-Based Learning & Problem-Based Learning)，让每一位学生相信自己是一名创新者，并最终成为一名创造者。

　　STEAM教育有两个基本理念：第一，注重学习与现实世界的联系；第二，注重学习的过程，而非仅仅重视应试的卷面成绩。具体而言，STEAM教育不仅仅提倡学习科学、技术、工程、艺术和数学这

五个领域的知识,更提倡一种新的教学方式——让学生自己动手完成他们感兴趣并且和生活相关的项目,在此过程中学习各学科以及跨学科的知识。较应试教育而言,STEAM教育不仅是一种理念上的转型,更是一次实践上的飞跃,也是一项"功在当代,利在千秋"的事业。

我国课程体系相对固定,分科教育由来已久。平时,诸如"我是一名语文教师""我是教一年级数学的"等声音不绝于耳。言下之意:我不是教其他学科的,也不是教其他年级的,所以那些"其他"与我无关。凡此种种,形成了学科隔膜,使学生的思维深度、发散性受到了限制。人类的进化史从来都是一部打破疆界的拓展史。诚然,工作与学习过程模块化、标准化、程式化,这些都是提高效率的有效手段。但在当下,我们需要学会在充满不确定性的复杂环境中生存与发展,在解决问题的同时创造新知识,在虚拟网络和现实生活之间构建联系,这就必须化界解锁。唯其如此,我们才有可能解决复杂的挑战性问题。当初美国在设计登月等系统性任务时,常将科学家、技术专家、数学家、工程师与政治家组织到一起,使他们在设计过程中互联、互动。在这样的过程中,STEAM呈现出其特有的效能,并将逐渐成为一种跨学科的整合教育而改变教育原有的结构与格局。STEAM教育致力于消除传统分科式教育的弊端,将多学科知识进行深度融合,培养学习者高阶思维能力、创造力、合作与交往能力等核心素养。但是,在一些学校,所谓的STEAM课程还停留在书本学习层面,课程缺乏实践性;还有一些学校,STEAM课程的内容格式化,缺乏地方特色,远离学生的生活实际,索然无味;更有一些STEAM课程只是人为地拼接学科内容,并未以研究对象为中心统整相关科学知识。这些都不是真正意义上的STEAM课程。STEAM课程的质量是制约当下我国基础教育阶段STEAM教育发展的一个瓶颈,也是一个突破口。

基于"立德树人"的教育立场,融STEAM理念和吴地特色于一体,这些STEAM教育的探索者们又在第一套"'苏式'STEAM精品课程系列丛书"的基础上编写了第二套STEAM教材。本丛书选取了具有江苏地方特色且贴近学生生活的素材,旨在扩大学习情境的范围,增强学生的人文素养,培育学生的科学思维,使学生养成主动学习的意识,强化其解决问题的能力,最终将其培养成具有科学创新素养和人文底蕴的人。

教育的终极目标都是为了孩子的发展。随着科学技术的迅猛发展和国际交流的日益增多,我们更应该思考的是:"Are your children globally competent?"(您的孩子是否具备国际化能力?)联合国教科文组织的埃德加·富尔先生说:"未来的文盲,不再是不识字的人。"本丛书不仅提供了基于生物、地理、物理、化学与数学等多学科知识融合的STEAM课程设计,更重要的是以此为案例传递STEAM的教育理念,探讨STEAM教学方法,为从STEAM教育走向"创客"教育探寻出路,为促进学生深度学习提供参考。今天,拥有高效学习方式已经成为基础教育发展的新趋势,本丛书将给在学校转型、教育变革阶段的学生、教师和家长提供借鉴。

本丛书的作者们牺牲自己的休息时间,夜以继日地开展了卓有成效的工作。这些作品代表了作者们的思想,更传播了STEAM教育的精髓——强调跨界,倡导合作,重在实践,关心生活,关注发展,并感受人文与艺术之美。

面对未来,唯有不忘本来,努力奔跑,方得始终。

面对未来,唯有铭记初心,谦谦为匠,方能前行。

己亥年春于南京大学

编写说明

习近平总书记指出："创新是引领发展的第一动力。"当今世界，新一轮科技革命和产业变革正在孕育兴起，科技已成为推动经济社会发展的主要力量，深刻影响着世界格局，改变着人类的生产、生活方式。广义的技术是世界上所有能带来经济效益的科学知识。工程学是通过研究应用数学、自然科学、经济学、社会学等基础学科的知识并加以实践，从而改良各行业中现有建筑、机械、仪器、系统、材料和加工步骤的设计和应用方式的一门科学。工程思维在于统筹之上的优化与精致，工程之美在于设计。基础教育应坚守教育初心，用科技创造未来，让创新改变世界，以工程精致万物，借助数学认识自然，通过艺术成就人生，让学生的 21 世纪能力在学习、实践中得到提升，让教育真正促进每一个学习者的发展。

江苏大地，山清水秀，经济繁荣，教育发达，文化昌盛，素有"山水江南、鱼米之乡"的美誉。这里是吴越文化、长江文化的发祥地之一，更是我国近代科技教育的发祥地之一。据《苏州史记》记载：宋朝年间，由于宋政府"尚文抑武"和太湖地区印刷刻书业的发达，苏州的文化教育事业得到很大发展，范仲淹首创苏州府学，知名学者辈出。各种证据表明：古代和近代的吴地人民在农耕、冶铸、桑蚕丝绸、城市建筑、交通运输、园林技艺、军事兵器、中医药、化学、工艺美术、民俗饮食等领域均取得了辉煌成就。随着《中国制造 2025》的实施，江苏依托深厚的人文底蕴，以现代科技为支撑，"江苏制造"正逐渐转变为"江苏智造"，成为江苏人民展现自身智慧与科技创新相融合的靓丽名片。

我们汲取江苏的人文历史精髓，以江苏的地理环境和"苏式生活"为两条线索，选取江苏最具特色的物产资源、科技前沿、工业经济、环境保护和智慧生活等素材，以"融合创新"和"项目式学习（PBL）"为理念，以贴近学生的生活实际为导向，开发了以"水韵生活"为主题的"STEAM精品课程系列丛书"。本册包括"江苏——因水而生的大地""走向深蓝——江苏海洋环境与资源的保护和利用""自由飞翔——从鸟类到飞行器""传感与生活——生活中的传感器""'新神农'尝百草——植物有效成分的提取与应用""精致生活——动植物的饲养、栽培和管理"6 章，旨在通过基于项目的实践活动，让学习者认识并了解江苏的气候环境、风土人情、物产资源、生活方式、科技发展、文化艺术……掌握学科核心概念和跨学科核心概念，培养学生的创新意识、实践能力、科学思维、探究能力、工程素养、审美情趣、信息技术素养和合作交往能力等。通过本课程的学习，学生们可以共同探究数学与科学的真谛，了解技术的运用，掌握工程的方法，鉴赏自然、人文与艺术之美。我们致力于学用结合，从实践出发，循序渐进地培养学生的核心素养，在实践中培养学生的创造力、想象力和动手能力。

本书内容丰富，图文并茂，章首语和题记充满诗情画意；章节学习目标明确；学习内容充满趣味，并且饱含江苏传统文化和现代科技的味道；探究实践、创客空间、技能训练的操作指导具体明确；章节评估质性评价和量化评价并举，注重实践成果展示，充分体现重要概念的理解及核心概念的建构、科学思维的发展、操作技能的运用；延伸探究注重学习与生活相联系，注重生产、生活中的真实问题的科学解决之道。值得注意的是，本书不仅仅提供了基于数学、生物、地理、物理、化学、人文艺术等学科知识融合为主体的STEAM 课程设计，更重要的是以此为案例传递了 STEAM 的"融创为先""实践为本""本土融合"的教育理念，探讨STEAM 教学方法，为践行从STEAM 教育走向"创客"教育探寻出路，为促进学习者深度学习提供参考，为学生的终身发展奠基。

第1章 江苏
——因水而生的大地 / 1

第1节 图说江苏——风情篇 / 2

第2节 落雨成韵——气候篇 / 6

第3节 因水而生——河湖篇 / 11

第4节 水的创造力——地形篇 / 20

第2章 走向深蓝
——江苏海洋环境与资源的保护和利用 / 27

第1节 自然的甘露——海洋水资源 / 28

第2节 生命万花筒——海洋生物资源 / 40

第3节 生命的元素——化学资源 / 48

第4节 沉睡的宝藏——海底矿产资源 / 56

第5节 磅礴的力量——能量资源 / 64

第6节 拯救蔚蓝——守护海洋 / 71

第3章 自由飞翔
——从鸟类到飞行器 / 79

第1节 飞鸟的秘密——探究鸟类适于飞行的特征 / 80

第2节 万物皆可"飞"——不同物体飞行的条件 / 88

第3节 飞行密码——探索物体飞行的力学原理 / 95

第4节 飞行前沿——尖端飞行器与隐形技术 / 103

第4章 传感与生活
——生活中的传感器 / 111

第1节 锦绣江苏——穿戴中的传感器 / 112

第2节 食在江苏——舌尖上的传感器 / 119

第3节 宜居江苏——屋顶下的传感器 / 126

第4节 驰骋江苏——行走间的传感器 / 134

第 5 章 "新神农"尝百草
——植物有效成分的提取与应用 / 142

第 1 节 　主宰生命的物质——DNA 的粗提取 / 143

第 2 节 　生命活动的舞者——蛋白质的提取 / 148

第 3 节 　浴兰汤兮沐芳——植物芳香油的提取 / 152

第 4 节 　百般红紫斗芳菲——植物色素的提取 / 157

第 6 章 　精致生活
——动植物的饲养、栽培和管理 / 163

第 1 节 　寄怀鱼鸟欲忘形——江浙地区的鱼类和鸟类 / 164

第 2 节 　坐卧青毡旁，优游度寒暑——猫、犬札记 / 172

第 3 节 　"我不是胖乎乎，只是肉多多"——我们身边的多肉植物 / 178

第 4 节 　三尺露台归田园——阳台种菜 / 185

第 5 节 　草长莺飞，姹紫嫣红——智能栽培 / 191

再次为春天里的小草歌唱（代后记）/ 198

第1章 江 苏
——因水而生的大地

"江南好,风景旧曾谙。日出江花红胜火,春来江水绿如蓝。能不忆江南?"只有行走在江苏大地,你才能体会《忆江南》中那悠远绵长的韵味。江之壮阔,海之浩瀚,湖之柔美,水造就了江苏的灵性。这个集多元文化于一体的冲积平原,传承了昆曲的典雅、评弹的绵长,织就了苏绣的巧夺天工和云锦的富丽堂皇,更是用紫砂茶壶浸泡出久远的醇香,那醇香萦绕在世人心头,酝酿出了江苏大气而温润、柔和而充满张力的独特性格。

对本章的学习将会使你深刻理解水是如何塑造江苏大地的。水对江苏至关重要,有了水才有这片富庶的大地。水文特征的差异性又使各地形成了多彩的民风。因为河流、湖泊、湿地众多,江苏大地为保护生物的多样性提供了空间,使得人与自然和谐共处。

让我们一起走近江苏,了解这一片因水而生的大地。

内容提要

* 江苏的气候条件
* 江苏的河湖现状
* 江苏的湿地现状
* 江苏的地质变化
* 江苏的地势地貌
* 江苏的人文历史

学习本章意义

上苍为什么如此眷顾江苏这片沃土,给予她丰富的物产和优越的自然条件呢?学习本章后,你将会理解自然环境是如何影响人类生产生活,而人类又是怎样适应环境,改善环境的。

第 1 节 图说江苏
——风情篇

学习目标

认识 各类示意图
了解 江苏的风土人情

关键词

- 江苏
- 示意图

知识链接

江苏的 5A 级景区

常州春秋淹城
常州环球恐龙城
常州天目湖
淮安周恩来故居
连云港花果山
南京夫子庙—秦淮风光带
南京钟山风景名胜区—中山陵园风景区
南通濠河
苏州金鸡湖
苏州沙家浜—虞山尚湖旅游区
苏州同里古镇
苏州吴中太湖
苏州周庄古镇
苏州园林
泰州姜堰溱湖国家湿地公园
无锡灵山
无锡鼋头渚
徐州云龙湖
盐城大丰中华麋鹿园
扬州瘦西湖
镇江三山（金山·焦山·北固山）风景名胜区
镇江句容茅山
中央电视台无锡影视基地

江苏，简称"苏"，以"江宁府"与"苏州府"之首字得名，省会南京。江苏辖江临海，扼淮控湖，经济繁荣，教育发达，文化昌盛，素有"山水江南、鱼米之乡"的美誉。地理上跨越南北，同时具有南方和北方的特征，在自然地理特征上具有明显的过渡性。这里是吴越文化、长江文化的发祥地之一，丰富的自然景观与深厚的人文历史相互交融，集古镇水乡、千年名刹、古典园林、帝王陵寝、都城遗址与湖光山色于一体，可谓是"吴韵汉风，各擅所长"。学习本节的各类示意图，将有助于你初步认识江苏南北的风土人情。

江苏位于中国东南沿海，地处长江下游，是中国海拔最低的省份。江苏气候温和湿润，四季分明。苏南太湖、苏北洪泽湖周围水网密布，有"水乡泽国"之称。全省面积 10 多万平方千米，下辖 13 个设区市，常住人口 8 050.7 万人（2018 年底统计数据），有汉族、回族、满族等民族。

得天独厚的地理位置，优越的自然条件，悠久的历史文化使江苏拥有小桥流水人家的古镇水乡、精巧雅致的古典园林、闻名天下的千年古刹、烟波浩渺的湖光山色……自然景观与人文景观交相辉映，名胜遍布全省（图 1-1-1）。

图 1-1-1 江苏各地著名风景区

"少小离家老大回，乡音无改鬓毛衰。"自古乡音就是人文地理大环境的组成部分。江苏地跨长江、淮河，南北地域文化和方言文化有明显差别。你知道,"你吃了吗?"这句全国各地通用的寒暄语用江苏各地方言(图1-1-2)该怎么说吗?

知识链接

江苏分为三个方言区,即中原官话区、江淮官话区、吴语区。

中原官话区:徐州、宿迁、连云港北乡。

江淮官话区:扬州、淮安、盐城、南通(除启东、海门、通州东部)、泰州大部、南京大部、镇江大部、连云港大部。

吴语区:苏州、无锡、常州、镇江(丹阳)、南京(高淳和溧水南部)、泰州(靖江)、南通(启东、海门、通州东部)。

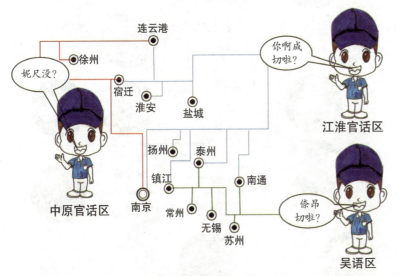

图1-1-2　江苏各地方言

江苏为鱼米之乡,物产丰饶,饮食资源十分丰富。始于南北朝、唐宋时的江苏菜(简称"苏菜",图1-1-3),是"南食"两大台柱之一。明清时期,苏菜风靡长江南北、运河东西。近现代,沿海的地理优势又进一步扩大了苏菜在海内外的影响。

知识链接

松鼠鳜鱼的由来

据传,清朝乾隆皇帝巡游江南时来到松鹤楼菜馆,他看到湖中有很多鳜鱼,便要吃鱼。鳜鱼是祭神用的祭品,不可食用。厨师想出了一个办法:取松鹤楼的首字"松",将鱼烹制成松鼠的形状,既避免烧"神鱼"之罪,又满足了乾隆的要求。厨师把鳜鱼炸好后放在桌上,然后浇以卤汁,只听见炸好的鳜鱼在"吱吱"作响,就像松鼠在欢叫。乾隆吃后,赞不绝口。从此,"松鼠鳜鱼"(图1-1-4)便成为一道名菜,被誉为"苏菜之冠"。

图1-1-3　江苏各地美食

图1-1-4　松鼠鳜鱼

市花(图1-1-5)既是城市形象的重要标志,也是城市的一张名片。它代表了一个城市独具特色的人文景观、文化底蕴、精神风貌,体现了人与自然的和谐统一,优化了城市的生态环境,提高了城市的品位和知名度,增强了城市的综合竞争力。

知识链接

市花花语

梅花：坚强、高雅。
桂花：崇高、美好。
杜鹃：忠诚、思乡。
月季：纯洁、希望、幸福。
菊花：清净、高洁、长寿。
琼花：无私的爱、魅力无限。
紫薇：好运、雄辩。
牡丹：圆满、浓情、富贵。
玉兰：报恩、真挚、高洁。
芍药：友情、爱情。

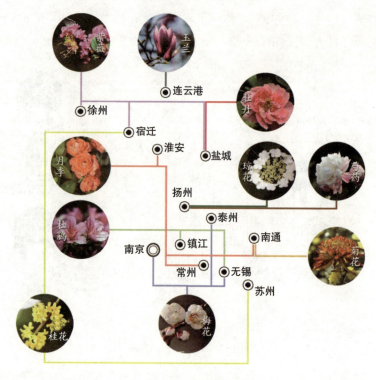

图 1-1-5　江苏各市市花

江苏境内有众多高等院校（图 1-1-6），省内教育现代化水平已达到世界中高收入国家平均水平，并向着更高水平继续迈进。

知识链接

南京大学

南京大学（简称"南大"）是中华人民共和国教育部直属、中央直管、副部级建制的综合性全国重点大学，是历史悠久、声誉卓著的百年名校，也是"C9 高校联盟"成员之一。

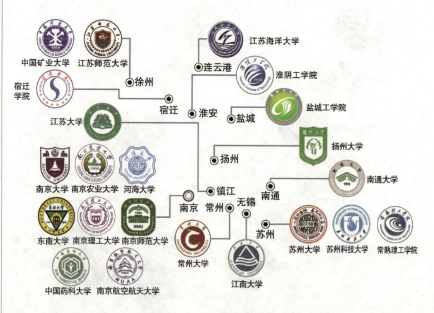

图 1-1-6　江苏高等院校分布

思维拓展

1. 语言的差异受到众多因素的共同影响。江苏在漫长的历史中形成了不同的地方方言。查阅相关资料，回答下列问题。

   （1）你所居住地区属于哪种方言区？

   （2）这个方言区内的方言是否还存在更细微的差异？请举例说明。

   （3）若区域内的方言还有差异，请思考造成这种差异的原因。

2. 江苏河湖众多，湿地广阔，保护区众多，既有国家级自然保护区，又有省级自然保护区。请你查阅资料，了解江苏主要的自然保护区，并填注在图中（图1-1-7）。

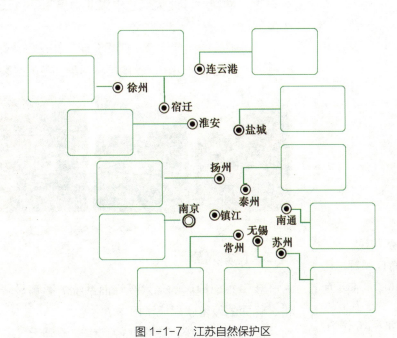

图1-1-7 江苏自然保护区

第 2 节 落雨成韵
——气候篇

学习目标

了解　江苏主要气候类型
概述　江苏气候特征
阐述　江苏四季降水的特点

关键词

- 四季分明
- 梅雨
- 伏旱
- 台风
- 寒潮

江苏深受来自海洋的东南季风影响,降水丰沛。或淫雨霏霏,或狂风暴雨,每个季节的雨都各有特色,给人留下许多柔情的想象。让我们吟诵着"燕子不归春事晚,一汀烟雨杏花寒"的诗词,一起走进江苏雨水的细、软、愁、绵中吧!

一 四季分明

江苏地处亚欧大陆东部,受海陆热力性质差异的影响,季风气候显著。淮河—苏北灌溉总渠以北为温带季风气候,以南为亚热带季风气候。

江苏地处中纬度地区,四季分明。在这里,你总能感受到春的桃红柳绿、夏的荷叶田田、秋的层林尽染、冬的银装素裹(图1-2-2)。

图 1-2-2　江苏四季风景

二 降水充沛

我国东部地区的降水受锋面系统的影响显著,对某一个地区来讲,锋面的停留就形成了雨季。

除了锋面系统,热带气旋、南支槽等天气系统也会影响江苏的降水。

清明时节雨纷纷

每年3~4月,随着气温的回升,从海洋上来的暖湿气团与江苏地区的冷气团相遇,形成暖锋。"雨欲落时烟波起",如果此刻你在江南,那你肯定能感受到雨中的小桥流水、青瓦白墙,宛如一幅水墨画(图1-2-3)。

"一场春雨一场暖",几场春雨过后,

知识链接

秦岭—淮河分界线

从自然地理的角度来看,秦岭—淮河一线是我国南方和北方的分界线(图1-2-1)。由于江苏境内的淮河干流已通过洪泽湖三河注入了长江,于是苏北灌溉总渠便继续充当南北分界线。

图 1-2-1　淮安南北分界线标志园

图 1-2-3　江南的春雨

江苏的夏天就来了。

🌼 黄梅时节家家雨

初夏，从海洋上来的暖湿气团与江淮地区的冷气团相遇，它们势均力敌，处于"拉锯"状态，形成准静止锋（图1-2-4），带来持续性降水，这时江苏的雨季才算真正开始。由于此时正值江南梅子黄熟的时节，故称"梅雨"或"黄梅雨"。

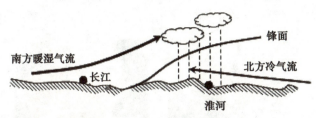

图1-2-4　江淮准静止锋示意图

梅雨初到，蛙声伴着雨声，春蚕结茧，大麦上场，小麦黄熟，水稻秧苗疯长。适时适量的梅雨滋养农田，对农业生产十分有利。但非正常的"早梅雨""迟梅雨""空梅雨""长梅雨"则给农业带来不利影响。

梅雨季节空气湿度大、气温高，器物易发霉，故梅雨又称"霉雨"。梅雨季节的良好发酵霉变条件，有利于氨基酸和多肽的形成。聪明的祖先们发明了黄豆酱，在漫长的梅雨季节里，慢慢等待美味的酝酿，让生活充满了期待。

🌼 清风破暑连三日

阴雨连绵的梅雨过后，伏旱带来了酷暑，此时台风的到来，能大大地缓解旱情，给人们带来一丝清凉。

每年的夏秋季节，西北太平洋上会生成一种热带气旋，名为"台风"。这些热带气旋有的消散于海上，有的则登上陆地，带来狂风暴雨。江苏在每年的5~11月会受到台风的影响，尤以7~9月居多。

台风是如何"诞生"的呢？

台风形成于西北太平洋热带或副热带洋面。当海水加速蒸发时水汽上升，气流上升区形成一个热带低压中心（图1-2-5）。

热空气越升越高，遇冷凝结并放热，使近地面气温越来越高、气压越来越低，气流便由四周流向中心。北半球的气流受地转偏向力的影响，逆时针辐合旋转上升（图1-2-6）。

图1-2-5　西北太平洋热带低压中心的形成

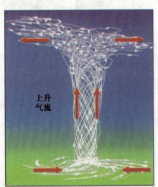

图1-2-6　热带气旋的形成

知识链接

锋与天气

当性质不同的两个气团在移动过程中相遇时，它们之间就会出现一个交界面，叫作锋面。锋面与地面相交的线，叫作锋线。由于锋两侧的气团在性质上有很大的差异，所以锋附近的空气运动活跃，常出现云雨天气。（图1-2-7）

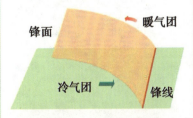

图1-2-7　锋面示意图

当冷暖气团相遇时，暖气团势力较强，则形成暖锋；冷气团势力较强，则形成冷锋；冷暖气团势均力敌，则形成准静止锋。

文学鉴赏

春　雨
〔宋〕陆游

细雨吞平野，余寒勒早春。
未著豪饮兴，先著苦吟身。
幽径萱芽短，方桥柳色新。
闭门非为老，半世是闲人。

思考　结合诗句，比较春雨和秋雨，看看它们有什么区别。

文学鉴赏

青玉案·凌波不过横塘路
〔宋〕贺铸

凌波不过横塘路，
但目送、芳尘去。
锦瑟华年谁与度？
月桥花院，琐窗朱户，
只有春知处。
飞云冉冉蘅皋暮，
彩笔新题断肠句。
试问闲愁都几许？
一川烟草，满城风絮，
梅子黄时雨。

知识链接

伏 旱

每年7月中旬到8月中旬，长江中下游地区受西太平洋副热带高压控制，出现干旱酷热天气。因这一期间处于伏天，故名"伏旱"。（图1-2-8）

图1-2-8 伏旱成因示意图

知识链接

台风眼内无风

台风眼即台风中心，直径约为10千米。由于外围的空气高速旋转，外面的空气不易进到台风眼内。从垂直方向看，台风眼像一根孤立的大管子，空气下沉运动，因此台风眼里风速很小，碧空无云。（图1-2-9）

图1-2-9 台风云图

知识链接

赤道附近没有台风的原因

赤道附近不会遭遇台风的骚扰，这是为什么呢？台风的形成除了需要较高的水温（26 ℃以上）外，还要有一定的地转偏向力。只有地转偏向力能使水平气流产生旋转，形成大气旋涡。地转偏向力随纬度降低而减小，在赤道上为零。这就是赤道上南北纬5°以内没有台风生成的原因。

探究·实践

地转偏向力对水平运动的物体的影响

实验目的 探究南、北半球沿地表做水平运动的物体的偏移规律。

实验器材 卡纸、圆规、剪刀、滴管、铅笔、墨水、盆等。

实验步骤

1. 先将卡纸剪成两个圆形纸片。
2. 再用剪刀在纸片圆心处钻一个小孔，并在小孔里插入铅笔（图1-2-10）。
3. 然后将一滴墨汁滴在纸片的圆心附近，逆时针（北半球）旋转铅笔。

图1-2-10 地转偏向力模拟实验

4. 最后按照相同步骤，顺时针（南半球）旋转铅笔，观察墨汁的运动路径。

实验结论 _____

思维拓展

沿赤道做水平运动的物体会产生偏转吗？请设计一个实验验证你的结论。

在副热带高压的牵引下，台风以较快的速度向西北方向移动，携风带雨登上陆地，给城市和村庄带来巨大的破坏（图1-2-11）。

图1-2-11 被台风刮倒的树木

台风登陆后，由于缺乏海洋水汽的补充，又受到地表摩擦力的影响，狂风暴雨释放完能量后就消退了。

台风在带来清凉的同时也会带来严重的灾害。加强对台风的监测和预报，提高人们防灾减灾的意识能有效地减少损失。

秋雨梧桐叶落时

9月以后，蒙古—西伯利亚高压的冷气团活动频繁，当其南下与较暖的气团相遇时便形成了冷锋。

秋雨（图 1-2-12）不像春雨那样温和，不像夏雨那样急骤，秋雨瑟瑟，给成熟的庄稼最后一次浇灌，那是丰收的前兆。

图 1-2-12　秋雨中的苏州虎丘

一场秋雨一场寒，转眼便到了冬天。

江南江北雪漫漫

冬季，蒙古—西伯利亚高压进一步增强，当这个冷性高压势力增强到一定程度时，就会像决了堤的海潮，一泻千里，汹涌澎湃地向我国袭来，这就是寒潮（图 1-2-13）。寒潮往往会给江苏带来大风、雨雪、降温的天气。由于全球气候变暖，江苏冬天降雪的次数越来越少，江南、江北大雪纷飞的景象正在逐渐消失。

图 1-2-13　寒潮雪景

气候监测显示，2018—2019 年冬季，由于厄尔尼诺现象的影响，冬季西太平洋副热带高压偏强偏西且相对稳定，加之南支槽阶段性活跃，向我国南方低纬度地区输送了大量的水汽，贵州、湖南、湖北、江西、浙江、安徽、江苏七省平均降水量均达到自 1961 年以来同期最高水平（图 1-2-15），其间，阶段性的低温寡照天气对茶叶和蔬菜种植以及人们的出行产生了显著影响。

知识链接

风云四号卫星助力台风监测

风云四号卫星（图 1-2-14）为台风的监测预报提供了重要支撑。静止气象卫星对台风实时定位定强，并监测台风登陆的时间地点和造成的影响。极轨气象卫星揭示了台风内部的热力和云雨结构，为预报台风的路径和强度提供依据。

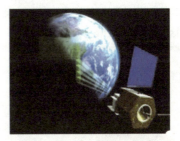

图 1-2-14　风云四号卫星

知识链接

西伯利亚、蒙古等高寒地区，冬季日照少、气温低，空气不断收缩下沉，使气压升高。这样便形成一个势力强大的冷高压气团，即蒙古—西伯利亚高压。

文学鉴赏

望江南·江南雪
〔宋〕王琪

江南雪，
轻素剪云端。
琼树忽惊春意早，
梅花偏觉晓香寒。
冷影褪清欢。

蟾玉迥，
清夜好重看。
谢女联诗衾翠幕，
子猷乘兴泛平澜。
空惜舞英残。

思考　诗人笔下的江南雪有什么特点？

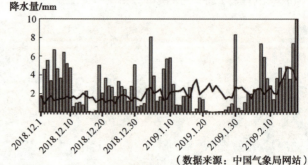

（数据来源：中国气象局网站）

图 1-2-15　2018—2019 年冬季我国江南地区平均降水量的逐日变化图

知识链接

南支槽与天气

冬季，西风带会随着太阳直射点南移，浩浩荡荡地吹向青藏高原。由于受青藏高原的阻挡，西风只能分裂成两股——一股携冷空气北上，另一股则裹挟着暖湿气流来到南方，化身为"南支槽"，给南方地区带来阴雨天气。

江苏的气候是浪漫的，而且这弥漫着诗意的四季之雨也有规律性。原来那杏花春雨的精致、荷塘急雨的适时、秋雨绵长的惆怅、冬雪纷飞中的畅想，都是大自然在特定时间里给江苏大地的馈赠。

细读本节，当雨过云收山泼黛时，你不仅能领略文学的诗意，还能拥有科学的视野。

一、概念理解

1. 下列有关江苏地区气候特征的描述**错误**的是（　　）。
   A. 四季分明　　　　　B. 夏季高温多雨　　　　C. 季风显著　　　　D. 冬季温和多雨

2. "忽如一夜春风来，千树万树梨花开。"诗人描写的景色出现在（　　）。
   A. 春季　　　　　　　B. 夏季　　　　　　　　C. 秋季　　　　　　D. 冬季

3. 台风来临时，下列各项措施中正确的是（　　）。
   A. 站在大树底下躲雨　　B. 蹲在电线杆旁避雨
   C. 将船驶入港口避风　　D. 站在广告牌下避雨

二、技能训练

云是天气的"脸谱"，反映大气的"喜怒哀乐"。卫星云图是由气象卫星发送到地球上的。卫星信号经过电子计算机的分析被处理成云图，并显示在电视屏幕上。

一般情况下，卫星云图有黑白和彩色两种。在黑白卫星云图中，白色部分表示云雨区域，黑色部分为无云晴空区域。彩色卫星云图有白、绿、蓝三色，白色部分表示云雨区域，云系厚密则预示着该区域将有大雨、暴雨、冰雹或台风等现象发生；而绿色表示陆地；蓝色表示海洋。在螺旋状云带图中，一般会有个小而清晰的黑色小圆点，这叫作"台风眼"。当螺旋状云系呈"6"字形分布时，台风将北上；呈"9"字形分布时，在高空主导气流操纵下，台风将西行。在气象卫星云图上看到前沿部分呈弧形或卵状的巨大云团或头粗尾尖的胡萝卜状云团时，该区域可能会发生冰雹、雷阵雨、飓风、龙卷风等灾害性天气。

请你根据气象卫星云图（图 1-2-16），尝试预报它所反映的天气情况。

图 1-2-16　气象卫星云图

第 3 节 因水而生
——河湖篇

千百年来，江苏大地一直深受大自然的眷顾。它坐拥江河湖海之利，壮阔的江河、静美的湖泊、浩瀚的大海，不同类型的水在此吐纳交汇，浸润青山，滋养良田，扮靓城乡，汇聚成一幅"水韵"十足的锦绣画卷。

水是江苏的魂，学习本节，你将了解江苏是如何因水而生，因水而兴的。

学习目标

- **说出** 江苏主要的河流、湖泊及其分布情况
- **描述** 湿地的生态价值
- **阐述** 河流对城市的影响
  古人治水、用水的措施
  保护湿地的措施

关键词

- 水系
- 护城河
- 溇港
- 垛田
- 湿地

一 百川赴海，悠悠水韵

江苏地处中国东部沿海，境内河湖众多，水网密布。长江、淮河穿腹而过，京杭大运河纵贯南北，构成了"三横两纵"的水域格局。沂沭泗、长江、淮河流经地势低平的江苏段，没有了奔腾激越，却增添了沉稳与静美，最终汇聚成密集的水网，向东汇入大海。水网以洪泽湖—苏北灌溉总渠、长江为界，可划分为四大水系：沂沭泗水系、淮河水系、长江水系、太湖水系。

翻开历史的画卷，江苏水系的形成既得益于大自然的鬼斧神工，又深深地镌刻着人类活动的印记。江苏地势低平、水系发达，为运河的开凿创造了良好的条件。历代的政权为了防洪、航运、灌溉之利，投入了大量的人力和物力，开凿修渠，约束水流。据清代光绪年间修撰的《高淳县志》记载："胥河，吴王阖闾伐楚，伍员（即伍子胥）开之，以通粮道。"胥河从苏州通到太湖，经宜兴、溧阳、高淳，穿固城湖，在芜湖注入长江，全长100多千米，是世界上最古老的人工运河。

二 造化神奇，城水相依

古往今来，河流在城市的形成与发展中一直扮演着不可或缺的角色。打开地图，我们不难发现，无论中外，都有许多城市滨水而建，河流似"金线串珠"，联系着一串城市。到底是水选择了城市，还是城市选择了水呢？

❀ 一河绕郭九城护

挖地成河，出土筑城，"城"与"河"向来是一对相伴而生的事物。古时城市因四围设有城墙和护城河，又名"城池"（图1-3-1）。护城河是引水注入人工开挖的壕沟后形成的人工河，它可以阻止攻城者的进入，是古人在军事防御上对水的妙用。

江苏水网稠密，为护城河的建设创造了得天独厚的条件。一些历史文化名城，诸如泰州、睢宁、徐州、丰县、扬州、南通、如皋、泰兴、苏州等都建有护城河。

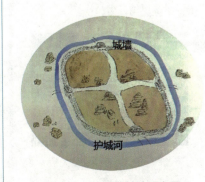

图 1-3-1 古代城池示意图

如今的护城河已成为城市历史的印记和现代滨水景观的亮点。今天的苏州仍保持"水陆并行""河街相邻"的双棋盘格局和"前街后河""小桥流水人家"的独特水乡风光,尽显千年古城风貌和东方水城风韵。

姑苏人家尽枕河

河流是一座城市的血脉,它为城市提供必需的水源,而便利的水运又活跃了商贸往来,方便旅客出行,繁荣两岸的经济。

> **知识拓展**
>
> 河流两岸是人类文明的发源地,城市最初大多沿河慢慢形成。下图为北半球某河流示意图(图1-3-4)。
>
>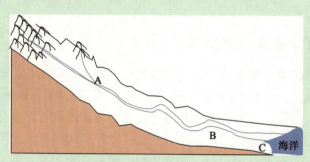
>
> 图1-3-4 河流示意图
>
> 思维拓展:
> 1. 据图分析A、B、C三个聚落形成的有利条件。
> 2. A、B、C三个聚落,哪个最有可能发展为城市?请说出你的理由。

江苏境内河流纵横交错,四通八达,水运条件优越。长江江阔水深,西起青藏高原,东至东海,经济腹地广阔。长江流经江苏段,像一条绸带串联起南京、镇江、扬州、无锡、泰州、苏州、南通七个城市(图1-3-5)。

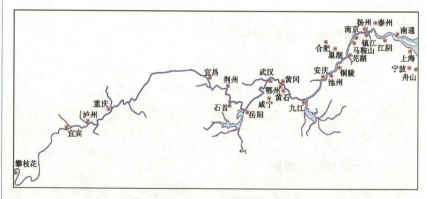

图1-3-5 沿长江的主要中心城市

"长江天堑,古来限隔",随着现代大跨度桥梁技术的发展,一座又一座跨江大桥,带动了相连城市、地区乃至整个长三角地区的经济发展。

> **知识链接**
>
> **常州淹城**
>
> 2 700多年前的常州淹城(图1-3-2),由三座城、三条护城河环环相套,宛若迷宫一般。出入淹城时,只有一条水道相通,必须乘船才能入城。整座淹城如同一座森严的堡垒。这"三城三河"的建筑形制举世无双。
>
>
>
> 图1-3-2 常州淹城示意图

> **文学鉴赏**
>
> **庐山桑落洲**
>
> 〔唐〕胡玢
>
> 莫问桑田事,但看桑落洲。
> 数家新住处,昔日大江流。
> 古岸崩欲尽,平沙长未休。
> 想应百年后,人世更悠悠。
>
> **思维** 请用地转偏向力的原理解释"古岸崩欲尽"的原因。

> **知识链接**
>
> **苏通长江大桥**
>
> 苏通长江大桥(图1-3-3)主桥采用主跨1 088米的双塔斜拉桥,是世界第一斜拉桥。
>
>
>
> 图1-3-3 苏通长江大桥

技能训练

了解斜拉索式大桥的结构

斜拉索式大桥是现代大跨度桥梁重要的结构形式,由拉索、索塔、主梁、桥面组成,桥面荷载经主梁传给拉索,再由拉索传到索塔。根据力矩平衡受力原理进行物理建模(图1-3-6),得到的公式如下:

$$mg \cdot L_1 = F \cdot L_2$$

(其中 m 为半幅桥的质量,L_1 为重力力臂,L_2 为拉力力臂)。

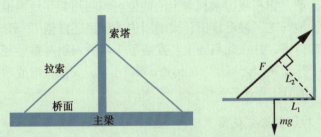

图1-3-6 斜拉索式大桥结构及力矩平衡物理建模

思维拓展:
1. 当桥的质量一定时,你有什么办法能减小拉索拉力?
2. 假如让你来设计斜拉索式大桥,你还能想出什么办法来减小拉索拉力?

知识链接

南水北调东线工程

南水北调东线工程是指从江苏省扬州江都水利枢纽提水,沿着京杭大运河向华北地区输送生产生活用水的国家级跨省界区域工程。

思考 与南水北调中线工程相比,东线工程的优缺点分别有哪些?

"一波清流南去,千帆道尽繁华。"京杭大运河(图1-3-7)从南到北联结起长江、黄河、淮河,在我国历史上对沟通南北、促进物资交流和文化交流起过十分重大的作用。江苏境内大运河全长690千米,流经徐州、宿迁、淮安、扬州、镇江、常州、无锡、苏州八个地级市。直至今天,京杭大运河江苏段仍是黄金水道,年运输量超过十条铁路。

图1-3-7 京杭大运河

知识链接

毗山大沟

2004年,考古人员在湖州的毗山脚下,发现了一条开挖于4 000多年前的"毗山大沟"遗迹。毗山大沟是在泥水各占一半的软流质淤泥地上开挖最早的一条人工沟渠。这条沟渠用竹子和木头做成两道透水的挡墙,把中间的软流质泥土挖到挡墙的外面。挡墙的外面,泥土中的水透过竹木围篱的缝隙渗入河道,形成河流。

三 天人合一,以水为友

江、河、湖、海交错留下的泥沙等物质构成了江苏大地丰饶的水土环境。历代农民筑堤围圩,疏浚河道,垫高农田,开垦了湖、河、港、汊之间的良田沃土,使水乡泽国变身为富饶的鱼米之乡,充分展示了古人治水、用水,与水为友的智慧。

❋ 水傍太湖分港流

春秋战国时期,太湖周边的居民发明"竹木透水围篱"(图1-3-8)

图1-3-8 竹木透水围篱

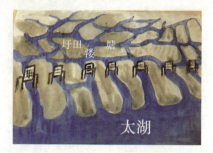

图 1-3-9　太湖溇港示意图

技术，开始在太湖的滩涂上开挖通往太湖的溇港（南北方向的沟渠叫作"浦""溇""港"）与连接溇港的横塘（东西方向的沟渠叫作"塘"）。这样，太湖的滩涂上两条开挖的溇港之间的陆地又被分割成了棋盘一样的形状。在土地的四周，挖起的泥土形成了犹如城墙般的堤坝。水被挡在堤坝的外面，人们在堤坝之内开垦农田，这些被围起来的耕地相互连接，形成了太湖滩涂上的"溇港圩田"。

太湖溇港（图1-3-9）是古代太湖劳动人民变滩涂为沃土的一项独特创造，它在我国水利史上的地位可与四川都江堰相媲美。除了创造性地开挖了溇港圩田，太湖周边的居民还自创了一套完善的溇港管理体系，并在此基础上，发展了千年的农耕与蚕桑经济，孕育出了"苏湖熟，天下足"的传奇。2016年，太湖溇港成功入选第三批世界灌溉工程遗产名录。

❀ 垛田船影菜花黄

在里下河平原有一种特殊的耕地，据说是宋代修筑的军事工程，称为"芙蓉寨"（军事上常用的一种障碍物），后来被用作农田。由于它位于洼地中心，四周环水，状如小岛，像一个个高于水面的田垛，所以称为"垛田"（图1-3-10）。

"九夏芙蓉三秋菱藕，四围香稻万顷鱼虾"，是垛田田园风光的真实写照。垛田由荒滩草地堆积而成，土质疏松，养分丰富，光照充足，排水良好，蔬菜瓜果品种多、产量大。在美食节目中，垛田出产的"兴化龙香芋"一举成名。加入芋头做成的红烧肉、蟹黄汪豆腐等水乡特色美食令人垂涎。

"河有万湾多碧水，田无一垛不黄花。"每到春季，泛舟垛田中，如入迷宫，浓郁的花香让人迷醉，旖旎的风光令人流连忘返。位于兴化市垛田镇的千岛油菜花，素有"全国最美油菜花海"之称，与享誉世界的普罗旺斯薰衣草园、荷兰郁金香花海、京都樱花并称为全球四大花海。

垛田是人类改造自然的产物，是劳动人民智慧的结晶。2014年，兴化垛田被联合国粮农组织认定为"全球重要农业文化遗产"。

四　蒹葭苍苍，在水一方

从水田阡陌到池塘小溪，从江河湖泊到滨海滩涂，江苏密集的水网孕育着丰富的湿地资源。江苏的湿地主要有五大类：浅海和滩涂湿地、河流湿地、湖泊湿地、沼泽湿地、人工湿地。（图1-3-11）

湿地可以持续为人类提供水源、食物（图1-3-12）、能源以及各种原材料等。

知识链接

垛田也会长高

垛田离水面的高度不过1米多，宽不过几米。耕种方便，易浇水，易施肥，作物易搬运。由于菜农们喜用有机肥，他们在湖荡河沟间罱泥巴，一年往垛上浇几次泥浆，堆几次泥渣，使垛田逐渐长高。

思考　垛田长高后对农业生产有什么影响？

图 1-3-10　里下河平原的垛田

知识链接

架田

架田，又称"葑田"或"浮田"，是一种漂浮在水面上的农田。这种农田最初是由泥沙和水草自然淤积形成的一种浮于水面的土地。后来人们便模仿天然葑田的形成机制，做成木架，在木架里填满带泥的菰根，让水草生长，填满框架而制成浮在水面的人造耕地。

思考　比较垛田与架田的异同点。

第1章 江苏
——因水而生的大地

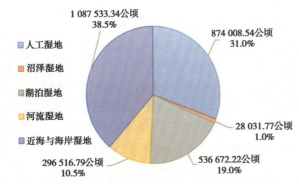

图 1-3-11 江苏湿地面积与比例构成

知识链接
湿 地
按照《湿地公约》的定义："湿地是指天然或人工的，永久或暂时的死水或流水，淡水、微咸或咸水沼泽地，泥炭地或水域，包括低潮时水深不超过6米的海水区。"湿地的类型很多，通常分为自然和人工两大类。自然湿地包括沼泽地、泥炭地、湖泊、河流、海滩和盐沼等，人工湿地主要有水稻田、水库、池塘等。

苏州水八仙

八卦洲芦蒿

扬中河豚

如东文蛤

盱眙小龙虾

阳澄湖大闸蟹

图 1-3-12 江苏湿地食物（部分）

湿地与森林、海洋并称为全球三大生态系统，它具有调节径流、调节气候、净化水质等重要的生态价值。

湿地富有生物多样性，仅我国有记载的湿地植物就有2 760余种。按照湿地植物的生长特征和形态特征，我们可将其分为沼生、挺水、浮叶、漂浮、沉水5种类型。湿地植物可以为人们提供舌尖上的美味，其发达的根系纵横交错，形成的密集过滤层使不溶性胶体、重金属和悬浮颗粒等被底泥吸附沉降，起到净化水质的作用。

湿地动物种类也异常丰富，主要包括湿地昆虫、鱼类、两栖类、爬行类、鸟类、哺乳类等（图1-3-23）。

知识链接
湿地植物
沼生型植物：生长在潮湿环境中，抗旱能力最小的陆生植物，诸如鸢尾（图1-3-13）、水稻、灯芯草（图1-3-14）等。

图 1-3-13 鸢尾

图 1-3-14 灯芯草

挺水型植物：根或茎扎入泥中生长发育，上部挺出水面，株形高大，花色艳丽，绝大多数有茎、叶，诸如荷花、菖蒲（图1-3-15）、芦苇（图1-3-16）等。

图 1-3-15 菖蒲

图 1-3-16 芦苇

探究·实践
探究鸢尾净化水质的作用

实验目的 利用鸢尾的光合作用吸收水中的氮、磷和部分重金属及有机物质，并利用其根系微生物分解有机化学物质，以达到净化水体的目的。

实验器材 鸢尾植株、pH试纸、TDS笔、电感耦合等离子光谱仪、烘干箱、研钵等。

实验步骤
1. 搭建人工浮岛，将一定数量的鸢尾植株固定在浮岛上。
2. 用pH试纸测试当前水体pH。
3. 用TDS笔测试当前水体ppm。
4. 将浮岛和鸢尾植株放于水体中等待鸢尾生长一段时间（不少于15天）。

知识链接

浮叶型植物：无明显地上茎，体内储藏的气体使叶片或植株能平衡地漂浮于水面上，诸如睡莲（图1-3-17）、芡实（图1-3-18）等。

图1-3-17　　图1-3-18
　睡莲　　　　芡实

漂浮型植物：植株漂浮于水面之上，随水流漂泊，诸如浮萍（图1-3-19）、凤眼莲、水蕨（图1-3-20）等。

图1-3-19　　图1-3-20
　浮萍　　　　水蕨

沉水型植物：根、茎生于泥中，整个植株沉入水体之中，诸如海菜花（图1-3-21）、黑藻、金鱼藻（图1-3-22）等。

图1-3-21　　图1-3-22
　海菜花　　　金鱼藻

---

5. 收集一定量鸢尾植株的根、茎、叶，洗净，烘干。
6. 将烘干至恒重的鸢尾植株的叶和根系用玛瑙研钵磨碎，充分混匀后，以87:13的比例加入硝酸和高氯酸的混合液10 mL，在80 ℃～200 ℃条件下消煮提取，消化处理至快干状态，再加入体积分数为5%的硝酸将其溶解并定容至20 mL，用电感耦合等离子光谱仪测定其含铅量。
7. 用pH试纸测试种植鸢尾植株一段时间后的水体pH。
8. 用TDS笔测试种植鸢尾植株一段时间后的水体ppm。

实验结果

1. 比较鸢尾植株种植前后水体的pH和ppm。查找相关资料，了解相关指标变化的原因。
2. 根据鸢尾植株平均含铅量变化，感受植物净化水中重金属的作用。

麋鹿（哺乳类）　　　　　　　　青蛙（两栖类）

蜻蜓（湿地昆虫）　　　　　　　野鸭（鸟类）

图1-3-23　湿地动物

"晴空一鹤排云上，便引诗情到碧霄。"鸟类是湿地野生动物中最具代表性的类群之一，也是湿地最靓丽的风景。绝大多数湿地水禽，每年都会沿着较为固定的路线进行迁徙，途中停歇和补充食物的驿站就是迁飞路上星罗棋布的湿地。江苏是东亚候鸟迁徙的必经之路，其沿海滩涂及大量的内陆河流湿地、湖泊湿地为迁徙的鸟类提供了非常重要的越冬场所（图1-3-24）。

图1-3-24　丹顶鹤

随着城市化进程的加快，江苏湿地的水质发生了巨大的变化，人为的开垦活动使湿地面积不断地减少，保护湿地迫在眉睫。

调查走访
要湿地还是要高尔夫球场

金鸡湖高尔夫球场（图1-3-25）位于苏州工业园区金鸡湖与独墅湖之间，由林克斯球场、湿地球场及森林球场3个风格迥异的9洞球场组成。

图1-3-25 金鸡湖高尔夫球场规划图

某研究小组以"要湿地还是要高尔夫球场"为题进行调查研究，分别采访了不同身份的群众，下面是调查搜集到的资料，你赞同哪一方的观点？你还能为这一观点找出更加有力的证据吗？

- 当地居民：增加就业机会，增加收入。
- 政府官员：提升区域知名度，增加财政收入。
- 开发商：借助开发高尔夫球场，建设高级住宅区，提升品位。
- 环保人士：建设高尔夫球场破坏了湿地生态。

"关关雎鸠，在河之洲，窈窕淑女，君子好逑。"这首《诗经·关雎》也许是人类对湿地生态的最早咏叹。几千年以后的今天，为了保存这份美感，作为"湿地大省"的江苏，通过保护水源地、建立自然保护区和湿地公园等措施，走出了一条卓有成效的湿地保护之路。（图1-3-26）

关注环境
丹顶鹤

丹顶鹤是国家一级保护动物，被称作"湿地之神"，是对湿地环境变化最为敏感的生物之一。目前，只有中国、朝鲜等国家有野生丹顶鹤，全球野生丹顶鹤只有2 000只左右。

黑龙江扎龙国家级自然保护区是丹顶鹤的主要繁殖地，30年间，保护区通过人工繁殖丹顶鹤900多只。目前科研人员正通过给人工驯养、野放的丹顶鹤佩戴GPS追踪器，来绘制出丹顶鹤准确的迁徙路线图，保护和完善丹顶鹤的生存通道。

关注环境
近5年的湿地日主题

1996年在澳大利亚召开的第6届国际《湿地公约》缔约方大会，将2月2日确定为世界湿地日。

2015年世界湿地日主题：湿地——我们的未来。

2016年世界湿地日主题：湿地与未来——可持续的生计。

2017年世界湿地日主题：湿地减少灾害风险。

2018年世界湿地日主题：湿地——城镇可持续发展的未来。

2019：湿地——应对气候变化的关键。

活动 根据当年的湿地日主题，设计一份保护湿地的海报。

知识链接

江苏湿地保护卓有成效

目前，(江苏省)全省共有世界级重要湿地2处、国家级重要湿地5处，建立各类湿地自然保护区27处、省级及以上湿地公园55处、湿地保护小区235处，自然湿地保护面积达90.3万公顷，全省自然湿地保护率达43.8%，覆盖全省的重要自然湿地保护体系逐步形成。

——摘自《人民日报》
2016年9月18日

图1-3-26　盐城湿地国家级珍禽自然保护区

调查走访

调查城市湿地公园

城市湿地公园（图1-3-27）是指纳入城市绿地系统规划，具有湿地的生态功能和典型特征，以生态保护、科普教育、自然野趣和休闲游览为主要内容的公园。

1. 参观你所在城市的湿地公园，观察湿地植物与动物，拍摄景观照片与同伴分享。
2. 你认为湿地公园的生态功能与天然湿地的生态功能是否相同？
3. 为什么现在许多大城市越来越关注湿地的恢复与建设？

图1-3-27　城市湿地公园

知识链接

国家城市湿地公园需具备的条件

1. 在城市规划区范围内，符合城市湿地资源保护发展规划，用地权属无争议，已按要求划定和公开绿线范围。
2. 湿地生态系统或主体生态功能具有典型性；或者湿地生物多样性丰富；或者湿地生物物种独特；或者湿地面临面积缩小、功能退化、生物多样性减少等威胁，具有保护紧迫性。
3. 湿地面积占公园总面积50%以上。

水是生命之源，它滋养河流、湖泊、湿地中的生灵，它汇聚成河带动沿线城市的繁荣。一代又一代的江苏人因水势而建城池，引水灌溉农作物，保护自然，与自然和谐共生，以海纳百川的胸怀书写着人类文明的灿烂篇章。

本节自我评估

一、概念理解

1. 下列位于长江与京杭大运河的交汇处的城市是（　　）。
   A. 苏州　　　　　B. 扬州　　　　　C. 南通　　　　　D. 盐城

2. "桑基—圩田—鱼塘"的生产经营模式是古代太湖沿岸劳动人民变淤泥为沃土的一种独特高效的人工生态系统。塘基种桑，圩田种稻，塘中养鱼；桑叶喂蚕、蚕屎饲鱼，塘泥肥田（图1-3-28）。这种生态农业如果要向全国推广，适宜的地区有（　　）。

   图1-3-28　生态农业示意图

   A. 东北平原　　B. 华北平原　　C. 河西走廊　　D. 珠江三角洲

3. 按照《湿地公约》的定义，下列不属于湿地生态系统的有（　　）。
   A. 黄海　　　　B. 垛田　　　　C. 溇港　　　　D. 长江

二、技能训练

苏州护城河是全国仅存的四条古护城河之一。公元前514年，伍子胥奉吴王阖闾之命"相土尝水，象天法地"凿胥江，引太湖，注长江，将苏州古城建在一片水网之上，并形成了水陆并列的八座城门。

（1）结合苏州的气候特征，分析苏州的护城河在古代除了有军事防御功能外，还有什么功能。

（2）明朝唐寅在《阊门即事》中写道："世间乐土是吴中，中有阊门又擅雄。翠袖三千楼上下，黄金百万水西东。五更市卖何曾绝，四远方言总不同。若使画师描作画，画师应道画难工。"阊门的意思是"气通阊阖"，就是与天之气息相互贯通，其历史可以追溯到春秋时期的吴国。《红楼梦》开篇就说阊门"最是红尘中一二等富贵风流之地"。请你上网查看苏州的水系图，分析阊门周边自古繁华富庶的原因。

第 4 节 水的创造力
——地形篇

学习目标

- **说出** 江苏主要的地形分布状况
- **描述** 重要河流对地形的影响
- **概述** 长江三角洲形成的原因
- **学会** 分析影响海岸线变化的原因并提出保护建议

关键词

- 冲积平原
- 水土流失
- 三角洲
- 流水搬运作用

传说故事

沧海桑田

《神仙传·麻姑》中记载了一个传说。麻姑对王远说:"自从得了道,接受天命以来,我已经亲眼见到东海三次变成桑田。刚才到蓬莱,又看到海水比以前段时期浅了一半,难道它又要变成陆地了吗?"

后人就以"沧海桑田"来比喻世事变化很大。

思考 故事中麻姑所说的现象是真是假?为什么?

"州界多水,水波扬也。"扬州因"故人西辞黄鹤楼,烟花三月下扬州"的千古绝唱而令世人向往。试问,谁不想在那烟花三月,去那春风十里的扬州看一看,走一走呢?看青山隐隐,绿水迢迢,在水东流、晚烟收的沉沉暮霭中,站在二十四桥上看月移花影。扬州的美景与水关系密切。在 7 000 万年前,扬州和如今江苏的很多其他城市一样,还是一片被海水覆盖的区域。扬州仅仅是江苏的一个缩影。

流水是如何积沙成原,从而影响地质地貌的?踏上江苏这片大地,让我们了解它如何因水而成。

一 沧桑变化成大势

江苏的平原在漫长的历史演变中几经沧桑,沉沉浮浮,最终形成了今天的格局。江苏海岸线变迁的过程便是"沧海桑田"变化的有力证据(图 1-4-1)。

新石器时期,江苏北部的云台山还是海中的一座孤岛。在汉代,今天的盐城还是一片沙洲。1855 年黄河河道北移,由渤海湾入海,原先形成的黄河三角洲海岸缩退,由陆地变沧海。中部陆地则不断地向海洋延伸。而在长江的入海口处,三角洲的面积不断增长,形成了今天坦荡、辽阔的长江三角洲陆地。

图 1-4-1 历史时期江苏海岸线变迁图

二 河流冲积成平原

纵观江苏大地,无论是在长江以南还是长江以北,要么是河水,要么是海水,沃土的形成总与水有着必然的联系。在漫长的地质年代中,流水周而复始地搬运,沉积,侵蚀,最终才在千百万年后给我们留下了美丽富庶的烟雨江南。

探究·实践

沉积现象模拟实验

实验目的 探究沉积物是如何沉积的。

实验材料 透明塑料广口瓶,沙、土、小石块混合物,水,等等。(图 1-4-2)

图 1-4-2　探究沉积现象的实验材料

实验步骤
1. 先在透明塑料广口瓶中装入 2/3 的水。
2. 然后将混合物倒入透明塑料广口瓶中，拧紧盖子，摇晃 1~2 分钟，让瓶中所有的物质都充分晃动起来。
3. 最后将透明塑料广口瓶倒过来观察现象。

实验现象　混合物以什么样的顺序沉积？
思维拓展　什么原因造成了这样的沉积现象？

知识链接

冲积平原形成过程

仔细观察 4 幅图片（图1-4-4），尝试描述沧海变桑田的过程。

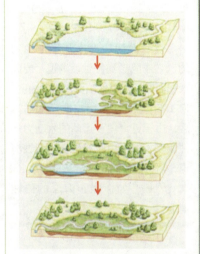

图 1-4-4　冲积平原形成过程

滴水穿石，汇溪成河，水的侵蚀力量巨大。它切割高原和山地，它搬运泥沙千万里。在这绵长而持久的过程中，山被削平，洼地被填平，大地因此而改变。在侵蚀严重的地区，往往一两次强降水就能对地表形成巨大的破坏（图 1-4-3）。就是这样的侵蚀力量，使地表流失的土壤被流水带入河流，跟随波涛汹涌的河流一泻千里，最终在河流的下游或入海口沉积。正是河流的搬运作用，为下游地区带来源源不断的肥沃土壤，促进了该地区的农业发展，为人类文明的产生、发展提供了最基础的物质保障。

图 1-4-3　地表被流水侵蚀的结果

江苏中部和北部广阔的徐淮平原、江淮平原就是由黄河、淮河、长江及其支流在数千年的时间里从上游、中游地区不断地通过搬运、沉积、冲蚀等作用，携带大量肥沃的土壤沉积而成的。

探究·实践

水土流失模拟实验

实验目的　探究水土流失的原因及危害。
实验材料　半盒无植被生长的土壤（图 1-4-6）、半盒有植被生长的土壤（图 1-4-7）、水、喷壶、量杯、塑料方盒。

知识链接

海岸蚀退的布容法则

布容法则在理论上较好地阐明了海面上升与海岸侵蚀的关系。

如果要在 100 年规划的基础上划定海岸建设退缩线，则应分别计算极端风暴潮侵蚀距离（D_1）、海岸的长期侵蚀距离（D_2）、海平面变化引起的海岸线后退距离（D_3），并将三者相加得出最终距离（T）。

100 年的风暴潮侵蚀距离为 28 米，海岸的长期平均侵蚀速率为 0.3 米/年，100 年中，海平面上升引起的海岸线后退距离为 38 米，则可以得到：D_1=28 米，D_2=30 米，D_3=38 米，T=96 米。

粉砂淤泥质海岸并不是稳定的，它或因受到侵蚀而消退，或因淤积而增长。以射阳河口以北为例，自 1855 年黄河入海口北迁入渤海后，由于近海泥沙运动的水动力条件改变，海岸由淤长转变为侵蚀消退，河口海岸后退了近 20 千米。

思考 如何阻止海岸的侵蚀消退？

图 1-4-6　无植被生长的土壤

图 1-4-7　有植被生长的土壤

实验步骤
1. 先在两个侧面开口的塑料方盒中分别盛上不同的备用土壤，并将其开口向下，以相同的坡度放置，固定。在开口下方分别放置量杯。
2. 然后用喷壶以同样的流量和用水量往两个塑料方盒中洒水，统计实验数据。
3. 调整坡度和洒水时的流量和用水量，重复上述步骤，统计实验数据。

注意事项
1. 两个塑料方盒大小一样，侧面开口也一样。
2. 每次实验时各项条件要保持一致，例如，用水量、倾斜坡度、洒水高度、流量等。

实验数据　根据实验，在表格中填写水土流失状况（表 1-4-1）。

表 1-4-1　水土流失实验数据统计表

土壤状况	降水量/毫米		坡度/度		其他条件
	大	小	大	小	
无植被覆盖					
有植被覆盖					

实验论证
1. 土壤植被状况与水土流失的关系。
2. 地表坡度与水土流失的关系。
3. 降水量大小与水土流失的关系。

思维拓展　根据实验数据和实验结果，请你就如何保持水土、避免水土流失提供一些合理的建议。

三　海水堆积形成陆地

在水流塑造江苏大地的过程中，黄海也加入了创造者的队伍。在海浪的搬运、淤积等作用下，海拔不超过 4.5 米的滨海平原区（图 1-4-5）形成了。这里海岸线平直，岸上有广阔的滩涂地带，岸下则是尚未露出海面的沙堆和沙滩。

江苏海岸线南起长江口，北至苏鲁交界的绣针河口，全长 954.3 千米，其中 90% 以上属于粉砂淤泥质海岸，是典型的潮滩地貌。这种潮滩地貌又因其性质分成砂质海岸、基岩海岸和粉砂淤泥质海岸。人们根据不同性质的海岸地貌，采取多种手段延缓海岸侵蚀后退。

图 1-4-5　江苏滨海平原一隅

四　长江冲积形成三角洲

长江作为世界第三大河，从世界屋脊以磅礴的气势东归入海。这一路上，她日夜不停地越千山，汇万水，当来到江苏大地时，在低平的地势和海潮的影响下，优雅地放慢脚步，静静地继续东流。于是，从中上游地区携带的大量泥沙和肥沃的土壤在这里不断沉积，千百万年来，岛屿和陆地间的海域被填平了，沙洲的面积不断扩大，最终形成了大面积的三角洲，成为承载起文明发展的富庶之地。

由于长江的冲积等作用，三角洲海岸线也在不断发生变化（图1-4-8、图1-4-9）。

图1-4-8　长江三角洲海岸线变化

知识链接

三角洲的形成

三角洲即河口冲积平原，是一种常见的地表形貌。江河中所裹挟的泥沙等杂质，在入海口处遇到含盐量较淡水高得多的海水，便凝絮淤积，逐渐成为河口岸边的湿地，继而形成三角洲平原。三角洲呈三角形，其"顶点"指向河流上游，"底边"面向大海。

思考

1. 世界上哪些大江、大河形成了三角洲？

2. 长江三角洲和黄河三角洲有哪些自然条件差异？

3. 写一段介绍三角洲的文字，并和同学交流对三角洲的认识。

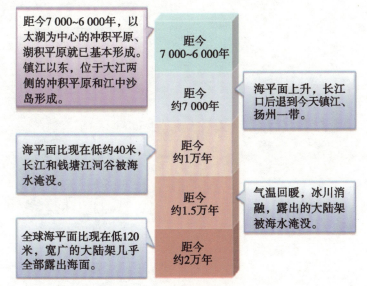

图1-4-9　长江三角洲地质大事记

五　丘陵地形作点缀

长江三角洲以平原为主，但在其西南部和北部地区还分布了14.3%的低山丘陵和岗地。

北部低山丘陵为鲁中南低山丘陵向南延伸的侵蚀残丘，大多是断块山，孤峰突立，海拔在200米左右。连云港市郊的云台山主峰——

知识链接

丘 陵

丘陵为五大陆地基本地形之一，由地球岩石圈表面形态起伏和缓的坡面组成。这些丘陵绝对高度在 500 米以内，相对高度不超过 200 米，坡度较缓，地面崎岖不平。

丘陵一般分布在山地或高原与平原的过渡地带。丘陵地区降水量较充沛，适合各种经济林木的栽培，对发展多元化经济十分有利。

我国南方地区的很多丘陵都被开垦为梯田，种植水稻或茶叶。但丘陵的开发应先经过合理的规划，否则开发不当，就容易造成水土流失。

思考 请思考开发丘陵时需要注意哪些问题。

玉女峰海拔 624.4 米，为江苏省最高峰。

西南部是低山丘陵。山体低矮，山势和缓，岭谷相连，连绵不绝，山麓有黄土岗地分布，海拔一般在 200~400 米。这些地区动植物资源较为丰富，是江苏粮、油、棉、竹、茶、禽畜等重要生产地。

江苏地区的丘陵（图 1-4-10）虽然海拔不高，但不乏风景秀丽的名山。

图 1-4-10　苏州市西郊的低山丘陵

地球已经存在了 46 亿年之久，而地球表面也在漫长的光阴中起起沉沉。虽然人类的出现晚之又晚，但是人类却在较短的时间内用智慧和劳动不断创造出美好的生活环境。在江苏这片因水而成的大地上，勤劳的人民架大桥跨越天堑，造船舶通达四海。

一、概念理解

1. 江苏是一个临海的省份，主要濒临的海洋是（　　）。
   A. 渤海　　　　　　B. 黄海　　　　　　C. 东海　　　　　　D. 南海
2. 江苏的地形以（　　）。
   A. 平原为主　　　　B. 丘陵为主　　　　C. 高原为主　　　　D. 盆地为主
3. 下列河流对江苏陆地形成影响比较大的一组是（　　）。
   A. 淮河、长江、钱塘江　　　　　　　　B. 淮河、黄河、海河
   C. 黄河、淮河、长江　　　　　　　　　D. 黄河、长江、钱塘江
4. 江苏农业发达，这与江苏所处的纬度位置有必然联系，江苏位于（　　）。
   A. 北温带，热量充足　　　　　　　　　B. 热带，热量充足
   C. 南温带，热量充足　　　　　　　　　D. 暖温带，夏季热量充足

二、思维拓展

长江和钱塘江相距并不遥远，都注入东海，入海口都呈喇叭形（图1-4-11），且同位于我国降水丰沛的亚热带季风气候区。长江塑造了富饶的三角洲，而钱塘江出现了钱塘江大潮这一千古奇观。

图 1-4-11　长江与钱塘江入海口卫星图

（1）长江水量要比钱塘江水量大很多，是中国的第一大河，为什么却不能形成像钱塘江一样的大潮？钱塘江的入海口能形成三角洲吗？

（2）历史上黄河曾经多次"夺淮入海"，冲积出了徐淮平原。长江年入海水量近10 000亿立方米，为什么没有夺取钱塘江河道入海？将来有可能"夺钱入海"吗？

一、科学思维

秦岭—淮河一线是我国一条重要的地理分界线，其中淮河流经江苏淮安境内。此线是我国南方和北方地区的一条分界线。请根据你对此线的理解，回答下列问题。

1. 请在江苏轮廓图（图1-4-12）中标出这条地理分界线，并在此线南北各标注出一个城市。
2. 比较这两个城市的地理位置、地形差异、临近的河流湖泊或海域。
3. 查找资料认识这两个城市及周边地区在农业、工业和服务业发展中的差异，并和同学讨论形成这种差异的原因。

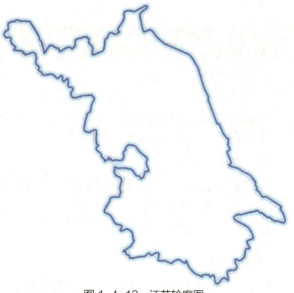

图1-4-12 江苏轮廓图

二、创客空间

江苏是中国古代吴越文化、长江文化的发祥地。南京汤山直立人化石的发现将这块富饶土地的文明史上溯到距今约35万年的远古时期。江苏旅游资源丰富，自然景观与人文景观交相辉映，名胜古迹遍布全省，是全国七大旅游省份之一。

1. 请收集能够代表江苏13个城市的主要景点，并分别对其进行介绍。
2. 请你依据各地具有特色的旅游资源，设计一份江苏7日游的活动方案。

设计活动方案的基本步骤：

（1）确定旅游目的地。

根据自己的喜好、费用预算、旅行时间等确定旅游的目的地。

（2）查找旅游信息与资料。

通过报纸、杂志、网络、亲朋好友、旅行社等查找旅游信息。

（3）设计旅游路线。

设计旅游路线时须使自然景点与人文景点相结合，景点特色不重复，力求以最少的时间欣赏到最多的美景，不走回头路。

（4）出发前的准备。

出发前，须备齐衣服（了解旅游目的地的天气情况）、食物与饮用水、常用的药品和足够的旅费等。

第2章 走向深蓝
——江苏海洋环境与资源的保护和利用

海洋是天空写给大地的情书，鸟飞、鱼跃、天蓝、气清、海碧、滩金……大海的美是丰盈的，又是诗意的。所以诗人说："我有一所房子，面朝大海，春暖花开。"枕上听涛，前尘旧梦随风逝；推窗望海，渔烟鸥雨逐珠尘；徜徉沙岸，追风逐浪如脱兔；云帆高挂，海天茫茫无际涯。真是天地有大美而不言兮，人间有大美曰万物宜生。

海洋是自然对大地的恩赐，是生命的最早摇篮，也是资源的宝库，更是环境的重要调节器。海洋是天然的鱼舱、蓝色的煤海、盐类的故乡、能量的源泉、娱乐的胜地，是全球生命支持系统的一个基本组成部分，蕴藏着许许多多的奥秘。

时光流逝，沧海桑田，数不清的岁月，印证着一水一岸的变迁。面对苍茫大海，每个人心里都会迸发出一种探索其奥秘的冲动。可面对着波涛汹涌的大海，我们不免会产生恐惧之感，想退缩，但《老人与海》的故事却告诉我们一个朴素的道理——"一个人可以被消灭，但不能被打败"。同学们，让我们一起走向深蓝，共同探索海洋的奥秘吧！

本章将带你走近江苏濒临的海洋，了解各种海洋资源，认识海洋与人类彼此密不可分的关系。

内容提要

* 海洋的水产资源、化学资源、水资源、矿产资源和能量资源及其应用
* 探究甲状腺激素对蝌蚪生长发育的影响
* 模拟潮汐能发电的过程以及海啸造成破坏的过程
* 关注海洋环保并付诸行动
* 制作海水淡化蒸馏器、手机温差充电器
* 用冷冻法制盐卤，用粗盐制作泡菜

学习本章意义

广阔无垠、烟波浩渺的大海，总会带给你无限美好的遐想。大海同时也是资源的宝库，本章将揭开大海的神秘面纱，为你一一呈现海洋生物资源、海底矿产资源、海洋能量、海洋环保等内容，让你更深入地认识海洋，掌握海洋资源开发、利用的技术，使你在将来能更好地开发和利用大海并对其加以保护。

第 1 节　自然的甘露
——海洋水资源

百川归海，海洋是生命的母体，是生命的摇篮。她深邃而神秘，高贵而威严，温柔而静美，磅礴而有力。海洋是地球上最大、最重要的生态系统。它蕴含着宝贵而丰富的水资源，调控着全球的气候与降雨，保持着气温的稳定，滋润着大气并为河流、湖泊补充水分。

一　微观看世界——神奇的水分子

地球是太阳系八大行星之中唯一被液态水所覆盖的星球。在人类早期文明中，西方哲学家认为一切物质都是由四种元素构成的，其中的一种元素就是水；在中国古代的五行学说中，水代表了所有的液体以及具有流动性的、润湿阴柔的事物。水有千姿百态，固态的冰雪、沸腾的温泉、涓涓细流、潺潺飞瀑，没有水就没有生命的存在，也不会有人类有滋有味的生活。

❋ 水的物理性质

水在常温常压下为无色无味的透明液体，是一种可以在液态、气态和固态之间相互转化的物质。水的凝固点是 0 ℃，沸点是 100 ℃。固态的水被称为"冰"，气态的水被称为"水蒸气"。水在 4 ℃ 时密度最大，结冰时密度减小，体积膨胀。水的沸点随气压增大而升高，当温度高于 374.2 ℃ 时，气态水便不能通过加压的方式转化为液态水。水是常见物质中比热容较大的一种。它还是良好的溶剂，可以溶解大部分的无机溶质。

学习目标

- **说出**　反渗透法
- **描述**　水的物理性质
　　　　水的化学性质
　　　　水在细胞中的存在形式
　　　　原始生命的起源
- **自制**　简易的蒸馏器获取淡水
- **观察**　半透膜渗透作用
　　　　冰的融化
- **探究**　地被植物的耐盐性
　　　　水温的变化对海虾心率的影响

关键词

- 神奇的水分子
- 海水淡化
- 海水直接利用技术
- 海洋与全球水循环

创新思维

蒸汽熨斗对水潜热的利用

在标准大气压下，1 kg 水温度升高 1 ℃ 所吸收的热量约为 4.2 kJ。同等气压下，1 kg 水从 0 ℃ 上升到 100 ℃ 所需要的热量约为 420 kJ，而将 1 kg 100 ℃ 的液态水变成同温度的水蒸气所需要的热量约为 2 260 kJ。在这期间，水的温度并没有上升，只是其物理形态发生了变化，这个过程所需要的热量即水的潜热。

水蒸气遇冷会液化，这一过程将快速地释放出潜热，可见水蒸气中蕴藏着大量的热量。人们利用水的这一特性制成了蒸汽熨斗。生活中利用水潜热的例子很多，诸如暖水袋、水冷却汽车发动机等。

思考　你还能举出生活中其他利用水潜热的例子吗？

探究·实践

让不合脚的小鞋子变大

- **实验目的**　学习和应用水的物理性质。
- **实验器材**　不合脚的小鞋子、厚塑料袋、水。
- **实验步骤**
  1. 先在厚塑料袋中装入适量的水，扎好袋口。
  2. 然后将装了水的厚塑料袋塞入不合脚的小鞋子的鞋洞里。
  3. 最后给鞋套上新的厚塑料袋，鞋面向上放入冰箱冷冻室冷冻，几个小时后拿出。
- **实验现象**　鞋子变大。
- **思维拓展**　鞋子变大的原因是什么？

水的物理性质应用很广泛，旅游时偶尔会看到景点的许愿池上漂浮着硬币，这与水面存在的表面张力有关。昆虫停在水面上、叶片上露珠呈球形、吹出的肥皂泡、植物藤蔓上垂下的水滴等也都与水的表面张力有关（图 2-1-1）。

图 2-1-1　表面张力的现象

创新思维

水上漂——蛇怪蜥蜴

热带雨林里的蛇怪蜥蜴常被称为"耶稣蜥蜴"。由于其个头非常小，不会打破水面张力，从而能从容地跑过水面。

蛇怪蜥蜴的脚趾细长，脚底有鳞片，并且它奔跑的速度很快，爪子接触到水面的时候就能够产生气泡，因此它就可以脚踏气泡在水面上奔跑。

探究·实践

尝试让硬币在水上漂浮

实验目的　观察水的表面张力。

实验器材　玻璃碗、水、一分钱硬币若干、小叉子等。

实验步骤

1. 先盛一碗水，用小叉子托着一分钱硬币，轻轻地放在水面上。
2. 然后轻轻地拿出小叉子，继续放一分钱硬币。
3. 最后将多枚一分钱硬币放在水面上。（图 2-1-2）

图 2-1-2　水的表面张力实验

思维拓展　为什么放在水面上的一分钱硬币会自动聚集在一起？

❋ 水的化学性质

水的化学式是 H_2O，结构式是 H—O—H（图 2-1-3）。

水的氧化性：水跟较活泼金属或碳反应时，表现氧化性，氢被还原成氢气。

$$2Na+2H_2O = 2NaOH+H_2\uparrow$$

水的稳定性：水的热稳定性很强，当水蒸气被加热到 2 000 K 以上时，也只有极少量水分子离解为氢和氧。

水的还原性：水跟氟单质反应时，表现还原性，氧被还原成氧气。

$$2F_2+2H_2O = 4HF+O_2\uparrow$$

水的电解：水在直流电作用下，可电解生成氢气和氧气，工业上用此法制氢和纯氧。

$$2H_2O = 2H_2\uparrow + O_2\uparrow$$

水化反应：水可跟活泼金属的碱性氧化物、大多数酸性氧化物以及某些不饱和烃发生水化反应。

$$CO_2+H_2O = H_2CO_3$$

水的电离：纯水有极微弱的导电能力，因为水会发生微弱的电离，存在着水的解离平衡。

$$H_2O \rightleftharpoons H^+ +OH^-$$

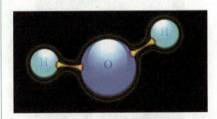

图 2-1-3　水分子的结构

创新思维

椰子汁与钠 "燃情" 相遇

如果钠放到椰子汁里会如何呢？先是孔内瞬间冒出了很多烟雾，接着一声巨响，椰子发出爆炸声。（图 2-1-4）

图 2-1-4 椰子汁与钠的化学反应

思考 真空中钠还会和水发生反应吗？

探究·实践

水与活泼金属钠的反应

实验目的 探究金属钠的性质。

实验器材 盛有金属钠的煤油瓶、水、酚酞、培养皿、镊子等。

实验步骤

1. 先用镊子将金属钠从煤油瓶中取出。
2. 然后滴几滴酚酞于培养皿的水中，放入金属钠。

实验现象 金属钠浮在水面上迅速游动，并伴有轻微的嘶嘶声，不久又熔成闪亮的小球，溶液会变红。（图 2-1-5）

图 2-1-5 水与钠的反应

思维拓展 为什么钠要放在煤油里保存？

❀ 水在细胞中的存在形式

美国 "勇气号" 登陆火星表面时，首先去寻找的就是水的踪迹。为什么科学家想知道火星上是否有水呢？这是因为有水就意味着有可能有生命的存在。

水在细胞中有结合水和自由水两种存在形式。

结合水（图 2-1-6）是指与细胞内的亲水性物质结合的水。这些水不能自由流动，大约占细胞内全部水分的 4.5%。结合水是细胞结构的重要组成部分，例如，形成水合蛋白质的水和心肌所含的水主要为结合水。

新鲜鸡蛋清呈液态胶状，细胞中的水主要以结合水形式存在。

晾晒后的种子，放在试管里用酒精灯烘烤，试管壁上冷凝的水就是结合水。

2-1-6 结合水

自由水（图 2-1-7）是指在生物体内或细胞内可以自由流动的水，是良好的溶剂和运输工具。这些水以游离形式存在，大约占细胞内全部水分的 95.5%，例如，人和动物血液中所含的水，多为自由水。

自由水是细胞内的良好溶剂，许多物质溶解在这部分水中，例如，西瓜汁有甜味是因为糖类等物质溶解于自由水中。细胞内的许多生物化学反应也需要自由水的参与，例如，植物的光合作用和呼吸作用就需要自由水。（图 2-1-8）自由水在生物体内还起到运输营养物质和代谢废物的作用，例如，血液的运输作用也需要自由水。（图 2-1-9）

细胞中的自由水和结合水在一定条件下可以相互转化，例如，细胞内的自由水可以与蛋白质、多糖等通过氢键结合；细胞内溶酶体将衰老的细胞器、蛋白质水解时，自由水直接转变为氨基酸上的组成部分。当生命活动旺盛时，结合水向自由水转化；当生命活动缓慢时，自由水向结合水转化（图2-1-10）。例如，寒冷时种子内的自由水转变成结合水,使种子代谢减慢。种子萌发时新陈代谢变快，种子中的一部分结合水转变为自由水。

切西瓜流出的汁是自由水

菠菜挤出的菜汁是自由水

新鲜的鱼晾晒后质量减少，这是鱼体内的自由水蒸发所致。

臭鸡蛋的蛋清为较稀的液态水状，细胞中的水主要以自由水的形式存在。

图 2-1-7 自由水

图 2-1-8 光合作用需要自由水的参与

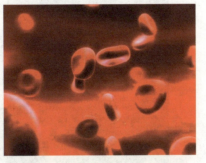
2-1-9 血液运输需要自由水的参与

> **知识链接**
>
> **微波炉烹饪食物的原理**
>
> 食品中总是含有一定量的水分，而水是由极性分子组成的，当微波辐射到食品上时，这种极性分子的取向将随微波场变动。
>
> 食品中水的极性分子的运动以及相邻分子间的相互作用，使水分子之间发生激烈的摩擦和碰撞，从而产生了热量。
>
> 用微波加热的食品，因其内部也同时被加热，整个物体受热均匀，升温速度也快。
>
> **思考** 用蒸笼蒸食物时，是上层先熟还是下层先熟？

入冬前，柳树的枝条结合水比例上升，自由水比例下降，代谢活动减弱。

到了春天，柳树的枝条自由水比例上升，结合水比例下降，代谢活动增强。

图 2-1-10 柳树枝条内自由水和结合水的转化

原始生命起源于海洋

茫茫宇宙，大千世界，生命从无到有，从单一到多样，从简单到复杂，从低级到高级，从水生到陆生。生命的进化从不曾停下脚步。然而，生命是如何起源的呢？几千年来，人类一直在致力于这一问题的探索，并且提出了各种各样的假说及理论，比较典型的有神创论、自然发生论、宇宙生命论、深海热泉论和化学起源论等。

知识链接

生命起源的假说

1650年,一位爱尔兰大主教根据圣经的描述,计算出上帝创世的确切时间是公元前4004年。而迄今为止发现的最古老的生物化石是来自澳大利亚西部的距今约35亿年的蓝细菌化石。显然,神创论在大量的化石证据面前很难自圆其说。

宇宙生命论认为地球上的生命来自宇宙中的其他天体,但科学家认为,在已发现的星球上是没有保存生命的条件的,因为这些星球的表面没有氧气,温度接近绝对零度,又充满具有强大杀伤力的紫外线、X射线和其他宇宙射线等。

深海热泉论认为,早期的地球表面环境恶劣,无法孕育原始生命,只有深海热泉附近才具备孕育原始生命的物质和能量。深海的环境还能减少天体撞击地球时给原始生命造成的有害影响,是孕育生命的理想地点。

在众多的生命起源学说中,化学起源与生物进化理论已成为目前大多数学者普遍接受和认可的学说。

知识拓展

百家论坛——我看生命的起源

收集关于生命起源的资料,围绕生命起源的假说展开讨论。

思维拓展
1. 历史上关于生命起源的学说主要有哪些?
2. 这些学说的中心观点和证据分别是什么?
3. 目前多数学者接受和认可的生命起源学说是什么?
4. 化学起源论还有什么不足之处?

地球大约是在46亿年前形成的,原始地球的表面缺乏氧气,大气中存在着许多还原性气体,诸如氢气、氨气、甲烷、水蒸气等。原始大气在高温、紫外线以及雷电等一些自然条件的长期作用下,逐渐形成了许多简单的有机物。这些物质随着雨水落到地面,最终汇入原始海洋(图2-1-11)。原始海洋就像一盆稀薄的肉汤,简单的有机物在原始海洋中不断积累,进一步相互作用,生成复杂有机物。经过极其漫长的岁月,原始生命大约在35亿年前形成了。

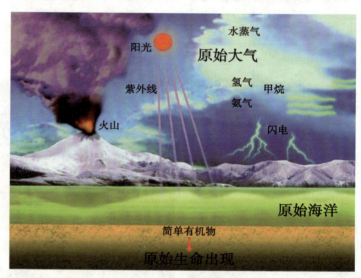

图2-1-11 原始地球表面想象图

1953年,米勒根据原始地球的大气条件设计了一套密闭循环实验装置(图2-1-13),模拟原始地球环境,以探索无机物是否可以形成构成蛋白质等的简单有机物。

米勒的实验说明,在一定的条件下,原始大气中的各种成分是能够转变为有机小分子的。科学家通过大量的实验证明,在出现生命之前,地表物质确实经历了由无机物转变成简单有机物,再转变成复杂有机物的化学进化过程。至于有机物如何进一步演化成具有生命特征的生物体,至今还不能用科学实验来证实。

据科学家推测,复杂有机物在原始海洋里进一步聚集成更复杂的多分子体系,经过逐渐进化,最终形成了地球上的原始细胞。虽然现代最先进的实验室都还不能模拟出生命起源的全部过程,但生命的化学起源和生物进化学说以其科学的推测和一些模拟实验得出的证据,成为当今生命起源学说中的主流学说。

创新思维

人工合成结晶牛胰岛素

1965年9月17日,中国科学家首次人工合成了结晶牛胰岛素。科学工作者将人工合成的产物注入小白鼠体内,测验它的生物活力,小白鼠因体内胰岛素增多而发生了低血糖的惊厥反应,证明这种人工合成的产物就是具有生物活力的胰岛素。实验的成功使中国成为第一个人工合成蛋白质的国家。

思考 人工合成结晶牛胰岛素是否为生命的化学起源论提供了证据?

第 2 章 走向深蓝
——江苏海洋环境与资源的保护和利用

知识拓展
尝试分析米勒实验

解决问题
1. 米勒提出的问题是什么？
2. 实验中通入的气体模拟了什么？
3. 实验中的水模拟了什么？
4. 实验时加热和放电模拟了什么？
5. 米勒在实验中收集的证据是什么？
6. 米勒得出了什么结论？

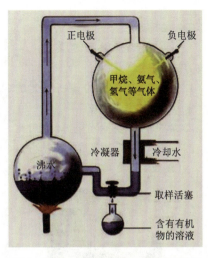

图 2-1-13 米勒模拟实验装置示意图

二、淡从咸中来——海水淡化

从浩瀚的海洋中提取淡水，这是人类一直以来的梦想。几百年来，作为人类探索海洋的一项工程，海水淡化的事业一直在不断进步。

世界大航海时代，英国王室曾悬赏征求经济的海水淡化方法。当时的欧洲探险家在漫长的航海旅行中，用船上的火炉煮沸海水后冷却凝结水蒸气来制造淡水，这是海水淡化技术的开始。1675 年和 1680 年海水蒸馏淡化的专利在英国诞生。

创客空间
自制简易的海水淡化蒸馏器

活动目的 学习蒸馏法海水淡化工艺的原理。

活动器材 一个小玻璃杯、一个大玻璃杯、透明薄膜、海水、小石块等。

活动步骤
1. 先将一定量的海水倒入大玻璃杯中，将小玻璃杯置于大玻璃杯中央的位置。
2. 然后用透明薄膜封住大玻璃杯杯口并固定，上面压石块，放在阳光下。（图 2-1-12）

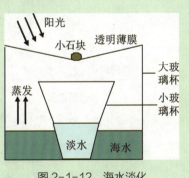

图 2-1-12 海水淡化蒸馏器示意图

知识链接
海水是蓝色的原因

人眼看到的海水的颜色是海水反射太阳光的颜色。

光通过介质时，部分能量被介质吸收而转变成介质的内能，使得光的强度随着介质的厚度衰减，这种现象被称为光的吸收。

若某种介质在一定波长范围内，对光的吸收程度很小，这种吸收便称为一般吸收；若某种介质对某些波长的光的吸收特别强烈，这种吸收便称为选择吸收。

太阳光射到海水上时，由于海水对红、黄色光进行选择吸收，而对蓝、紫色光进行强烈的散射和反射，因而海水看起来呈蓝色。

海水淡化是利用海水脱盐工艺获取淡水的技术和过程，主要有反渗透法、低温多效蒸馏法和多级闪蒸法等常见方法。海水淡化是一种可靠的水资源战略，是开发新水源、解决沿海地区淡水资源紧缺问题的重要途径。目前，江苏海水淡化工程的规模较小，产业发展相对薄弱，还有很大的发展空间。

低温多效蒸馏法是将一定量的蒸汽输入一系列水平管喷淋降膜蒸发器中，通过多次蒸发，使之最终冷凝成淡水的方法。因为是以前一个蒸发器蒸发出来的蒸汽作为下一蒸发器的热源，所以低温多效蒸馏法是蒸馏法中最节能的方法之一。

多级闪蒸法利用了在一定的温度下，在压力突然降低的条件下，部分海水急速蒸发的现象，将经过加热的海水，依次在多个压力逐

创新思维

用鸡蛋做半透膜

方法一：
1. 先将鸡蛋比较大的一头轻轻地磕一磕，令其有裂纹。
2. 然后小心地将蛋壳剥掉，用针扎穿鸡蛋膜，放掉蛋黄和蛋清即可。（图2-1-14）

图2-1-14　取鸡蛋膜方法一

方法二：
1. 先取一个鸡蛋，在一端打个小孔，倒出蛋白和蛋黄。
2. 然后把鸡蛋浸在白醋中，等蛋壳变软了再拿出来。（图2-1-15）

图2-1-15　取鸡蛋膜方法二

3. 最后小心地将蛋壳扒掉。

思考　还有哪些实验材料可以用来制作半透膜？

知识链接

实验中半透膜的选择

在渗透作用实验中，实验成效取决于半透膜的选择。常用的实验材料有猪肠衣、猪膀胱膜、鸡胆囊、鱼鳔膜、鸡蛋卵壳膜、梧桐叶片（在沸水中煮1分钟）和萝卜块根等实验材料。

渐降低的闪蒸室中进行蒸发，然后使蒸汽冷凝而得到淡水。

反渗透法是1953年开始采用的一种膜分离海水淡化法。当我们在半透膜的原水一侧施加比溶液渗透压高的外界压力时，半透膜只允许水透过，而其他物质被截留在膜的表面（图2-1-16）。此法利用半透膜只允许溶剂透过，不允许溶质透过的性质将海水与淡水分隔开。反渗透法成本低，流程便捷，几乎没有污染，其最大的优点是节能。

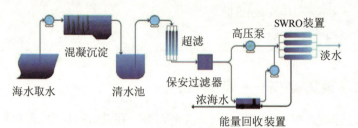

图2-1-16　反渗透法海水淡化工艺流程图

在通常情况下，淡水会通过半透膜扩散到海水一侧，从而使海水一侧的液面逐渐升高，直至一定的高度才停止，这个过程为渗透过程。此时，海水一侧高出的水柱静压被称为"渗透压"。如果对海水一侧施加大于海水渗透压的外压，那么海水中的纯水将反渗透到淡水中。（图2-1-17）

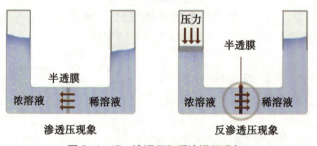

图2-1-17　渗透压和反渗透压现象

探究·实践

观察半透膜的渗透作用

实验目的　探究半透膜的性质。

实验器材　鸡胆囊（或鸡蛋卵壳膜）、漏斗、蔗糖溶液、烧杯等。

实验步骤

1. 先把鸡胆囊（或鸡蛋卵壳膜）紧缚在漏斗上，注入蔗糖溶液。
2. 然后把整个装置浸入盛有清水的烧杯中，使漏斗内外液面相等。观察实验现象。

三　识得水是宝——海水直接利用技术

海水直接利用技术是以海水直接代替淡水作为工业用水和生活用水的相关技术的总称。它包括海水冷却、脱硫、海水回注采油、冲厕、冲灰、消防、制冰等。海水还可以直接作为印染、制药、制碱、橡胶生产及海产品加工等行业的生产用水。

探究·实践

植物的盐水栽培

实验目的 探究地被植物的耐盐性。

实验器材 小蚌兰（图2-1-18）、鸢尾（图2-1-19）、葱兰（图2-1-20）、花叶良姜（图2-1-21）等各40株。

图2-1-18 小蚌兰

图2-1-19 鸢尾

图2-1-20 葱兰

图2-1-21 花叶良姜

实验步骤

1. 先选取长势相对一致的小蚌兰、鸢尾、葱兰、花叶良姜盆栽幼苗各40株。
2. 再将每种植物分成A1、A2、A3、A4四组，每组10株。
3. 然后向A1组浇清水，A2、A3、A4三组分别浇浓度为2‰、4‰、6‰的食盐水。
4. 最后，在1个月后统计各组植物所有参试植株的存活率（表2-1-1）。

表2-1-1 参试植株存活率

植物种类	A1（清水）存活率/%	A2（含盐量2‰）存活率/%	A3（含盐量4‰）存活率/%	A4（含盐量6‰）存活率/%
小蚌兰	100	100	100	100
鸢尾	100	100	100	90
葱兰	100	100	100	80
花叶良姜	100	100	50	20

思维拓展 分析实验数据，你能得出什么结论？

知识链接

海水在棉织物加工中的作用

研究人员研究海水在棉织物加工中的作用，并把它与去离子水在棉织物加工中的作用进行比较。以100%的棉织物进行实验，用海水进行退浆、煮练、漂白的棉织物的白度要比用去离子水处理的棉织物白度高。这是由于存在于海水中的镁离子具有稳定过氧化氢的作用，使过氧化氢不会迅速分解，从而有充裕的时间对棉织物进行漂白，获得较好的漂白效果。

知识链接

耐盐植物的栽培实验

在国外，用海水大面积灌溉农作物的研究已取得较好的成果。美国亚利桑那大学的研究人员发现一种可用海水灌溉的天然植物，其果实既可直接食用又可榨油，这一发现为进一步发展海水灌溉农业提供了新途径。

我国也进行过海蓬子、大米草等耐盐植物的栽培实验，对豇豆、西红柿等经济作物和水稻、小麦等粮食作物也进行了耐盐实验。

四 水兮自在何处去——海洋与水循环

地球表面的水是在各种形式间不断相互转化的，水以气态、液态和固态的形式在陆地、海洋和大气间不断循环的过程就是水循环。（图2-1-22）

水循环形成的内因是水在正常的环境条件下可以在气态、液态、固态之间相互转化。降水、蒸发和径流是水循环过程中三个最重要的环节，这三个环节决定着全球的水量分布，也决定着一个地区的水资源总量。

创新思维

姆佩巴效应

姆佩巴效应是指在同等质量和同等冷却条件下，温度略高的液体比温度略低的液体先结冰的现象。

1963年姆佩巴发现放入冰箱的热牛奶会比冷牛奶更快被制成冰激凌。他的发现惊动了物理学界，这一现象也因此被命名为"姆佩巴效应"。

在水的冻结过程中也能观测到姆佩巴效应，但这种现象并不是在任何的初始温度、容器形状和冷却条件下都可看到的。

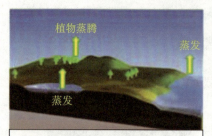
蒸发是水由液体变成气体的过程。海洋、湖泊和河流通过蒸发过程为大气层提供了近90%的水分，另外10%是由植物蒸腾提供的。

水汽随大气环流运动，一部分被输送到陆地上空凝结成降水，称为"外来水汽降水"。而由大陆上空的水汽直接凝结而产生的降水，称为"内部水汽降水"。

图 2-1-22　蒸发和降雨

大气层的水循环是周而复始的蒸发—凝结—降水—蒸发过程。（图 2-1-23）

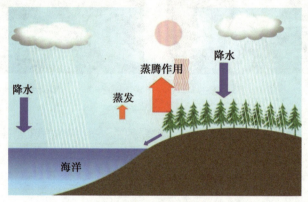

图 2-1-23　水循环示意图

水循环是联系地球各圈层和各种水体的纽带，是"调节器"，它调节了地球各圈层之间的能量，对冷暖气候变化发挥了重要影响；水循环是"雕塑家"，它通过侵蚀、搬运和堆积等作用，塑造了丰富多彩的地表形态；水循环是"传输带"，它是地表物质迁移的强大动力和主要载体。

神奇水魔法——水的三态变化

生活在北方的人有个经验，当冬天室外温度达到 -30 ℃时，热水溅到地上会瞬间结冰，冷水则不会那么快结冰。当地人会玩一种泼水成冰的游戏，将滚烫的热水泼洒到空中，水滴就会迅速凝结，形成美丽壮观的雾状景象（图 2-1-24）。

图 2-1-24　泼水成冰

想要成功地泼水成冰，就要选择 -30 ℃的地方，泼出的水温度不能低于 90 ℃。这是因为水在低温的环境下体积会变大，同时还会释放热量，水滴释放热量的顺序是自外向内的，所以水滴的外层要比内层先结冰。环境温度越低,越容易泼水成冰,水滴体积越小,泼水成冰的速度也就越快。

探究·实践

不同水温的水哪一杯结冰快

实验目的 观测姆佩巴效应。

实验器材 三个杯子、不同温度的水。

实验步骤

1. 选取三个同样的杯子,一个杯子倒入常温水,一个杯子倒入30 ℃温水,一个倒入90 ℃热水,使倒入三个杯子的水量一样。(图2-1-25)

图2-1-25 实验用水

2. 分别将三个杯子放入冰箱冷冻室。
3. 定时观察杯子里的水结冰的情况并记录其结冰的时间。

注意事项 使三个杯子与冰箱冷却管的距离一样。

思维拓展 热水洗衣服为什么比冷水好?

冷凝(图2-1-26)是水蒸气变成液态水的过程。冷凝对于水循环来说非常重要,因为它会形成云,云产生降水,这是水回到地表的主要方式。冷凝是蒸发的反向过程。

眼镜片遇到热蒸汽时,总会附着上一层雾气,这是水蒸气冷凝造成的。

饮料瓶放在冰块里,瓶外温度高的水蒸气遇到冷的瓶壁就会冷凝成水珠。

当窗户玻璃的两面温差较大时,在温度较高的一面,空气中的水蒸气会冷凝成水雾附着在玻璃上。

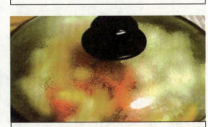

温度高的水蒸气遇到温度较低的锅盖时,就会放出热量,冷凝成小水珠,这是水先汽化后液化的现象。

图2-1-26 冷凝现象

知识链接

冬天玻璃上的冰花

当室外的气温低于0 ℃,室内的湿度大于80%的时候,由于室内外温差很大,室内空气中的水蒸气遇到很冷的玻璃窗就会凝华,在玻璃窗上结冰花(图2-1-27)。

冰花的形状是由窗户上的尘埃等附着物的分布来决定,假如玻璃绝对干净,那么玻璃上就没有冰花了。

图2-1-27 玻璃窗上的冰花

知识链接

死亡冰柱

死亡冰柱是指在地球南北极海域出现的一种自然现象。当南北极的温度降低到零下几十摄氏度时，海水里面的盐分被析出，由于盐的密度比海水更大，盐便会向海床方向下沉，因而使周边海水结冰，并且呈柱状向海底延伸，这一自然现象被称为死亡冰柱。当海水被冻结成死亡冰柱时，它看起来更像海绵，而不是通常意义的冰。

巨大的冰柱不仅会冻死部分海底生物，也会威胁到正常潜水航行的潜水器，特别在布雷区，水雷接触到冰柱便会引起爆炸。

冰柱延伸的长度和直径受到海面温度的影响，当海面回暖后，冰柱会逐渐被海水融化。

探究·实践

点水成冰

实验目的　观察点水成冰的现象。
实验器材　玻璃容器、冰块、装满水的饮料瓶、温度计。
实验步骤

1. 先将冰块倒入玻璃容器中。
2. 再将盛满水的饮料瓶平放入冰块中。
3. 然后插入温度计，再用冰块覆盖饮料瓶。
4. 最后当温度达到 –18 ℃时，取出饮料瓶晃动，使水变成冰。（图 2-1-28）

图 2-1-28　点水成冰

冰川消融

冰川消融是由冰的融化和冰水的蒸发引起的冰川消耗的现象。因为冰川融化，冰川面积比原来减少了 50%，使北极熊的栖息地不断消失。北极熊为了生存，有时需要游过上千千米去觅食，假如途中没有浮冰落脚，它们可能会因为劳累溺死在海水里。

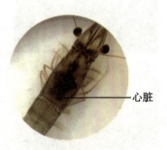

图 2-1-29　海虾

探究·实践

探究水温的变化对海虾心率的影响

实验目的　探究水温变化对海虾心率的影响。
实验器材　海水、海虾（图 2-1-29）、温度计。
实验步骤

1. 先在大烧杯里装入一定量的海水，用温度计测量常温下海水的温度。
2. 再将海虾放入大烧杯中，记录海虾在常温下每分钟的心跳次数，记录三次，将数据填在表格中。
3. 然后将海虾捞出，在大烧杯中加入温海水，用温度计测量，使水温升高2 ℃。
4. 最后将水温调控好，再将原来的海虾放入水中，重复三次记录海虾每分钟心跳的次数，并将数据填在表格中。

思维拓展　比较常温和升温状态下海虾心率的平均值，说一说温度升高对海虾的心率有什么影响？

几百年来，人类对大自然一直抱有一种最为放肆的以人类为中心的傲慢态度，印度思想家甘地曾感慨："自然满足人的需要绰绰有余，但无法满足人类的贪婪。"德国学者狄特富尔特在《人与自然》一书的序言中更是严肃地警告："如果不立即制止按人类随意判断而进行的任性改造地球的活动，则在即将到来的灾难中，人类首当其冲。"

合理保护、开发与利用海洋水资源，刻不容缓！

一、概念理解

1. 水约占人体体重的 65%~84%，是细胞的主要成分之一。那么，人体细胞内水的存在形式是（　　）。
   A. 结合水或自由水　　B. 自由水和蒸发水　　C. 结合水和自由水　　D. 结晶水和自由水

2. 水是生命之源。下列有关水的叙述正确的是（　　）。
   A. 结合水是细胞内与化合物结合的水的存在形式
   B. 储存种子过冬时，细胞内结合水的比例会减少
   C. 总含水量相同时，相同质量的大豆种子比花生种子的自由水多
   D. 越冬时的植物体内自由水与结合水的比值上升，有利于抵抗不良环境

3. 下列各种粒子中，能保持水的化学性质的是（　　）。
   A. 氢分子　　　　　B. 氧原子　　　　　C. 水分子　　　　　D. 氧分子

4. 盛夏，从冰箱里取出一瓶可乐放到房间内，可乐瓶的外壁上会出现小水珠，这是由房间内的水蒸气（　　）形成的。
   A. 熔化　　　　　　B. 液化　　　　　　C. 凝固　　　　　　D. 蒸腾

二、科学思维

《鲁滨孙漂流记》是根据真人真事改编创作的。1704 年 9 月，一个名叫亚历山大·塞尔柯克的苏格兰水手被船长遗弃在南美洲大西洋中的安·菲南德岛上，他在这个荒无人烟的海岛上度过了四年零四个月的时光。请思考回答下列问题：

（1）塞尔柯克在荒岛上首先要解决缺乏淡水问题，请你为他设计一个在荒岛上能将海水淡化的装置，并画出装置图。说一说这是利用了水的哪一种特性？

（2）如果荒岛上有绿色植物，塞尔柯克有不透水的袋子，他该如何利用植物获取淡水？说出获取淡水利用了植物的什么生理特性？荒岛上也会下雨，塞尔柯克或许会积存雨水饮用。请你说一说水循环的过程。

（3）要想在荒岛上生存需要获取营养物质和能量，塞尔柯克可能会经常捕鱼吃，也有可能将鱼晒成鱼干，如果他能取火还有可能烤鱼吃。烤鱼和晒鱼时，鱼所失去的水属于水在生物体内的哪种形式？

（4）塞尔柯克在这个荒无人烟的海岛上度过了四年零四个月的时光，其艰辛可想而知。你认为是哪些品格让他坚持下来并最终被营救？

第 2 节 生命万花筒
——海洋生物资源

学习目标

说出 海洋生物资源
描述 海洋水产资源特点
　　　 海洋药物的功效
概述 海带养殖技术
学会 制作贝壳装饰画
　　　 编织渔网
　　　 制作醉蟹
　　　 制作鲨鱼骨泥

关键词

- 海洋水产资源
- 水产养殖
- 风味美食
- 工艺品
- 海洋药物

苍茫浩渺的大海，沉鳞竞跃，潮涨潮退。它有着无边无际的胸怀，波涛汹涌的磅礴气势和无穷无尽的宝藏。在远古时代，人类就已开始捕捞和采集海产品。海洋中有鱼、虾、贝、藻等组成的海洋生物资源，除了直接捕捞采集外，我们还可以对海洋生物进行养殖、增殖，以实现对其的可持续利用。

一 大海的馈赠——水产资源

海洋生物资源又称海洋水产资源或海洋渔业资源。海洋中蕴藏的经济动物、植物以及微生物的群体，是有生命、能自行增殖和不断更新的生物资源。按传统分类学的方法可将其分为鱼类资源（图 2-2-1）、软体动物资源（图 2-2-2）、甲壳动物资源（图 2-2-3）、海洋哺乳动物资源、海洋植物资源（图 2-2-4）及海洋微生物资源。自古以来，海洋生物资源就是人类食物的重要来源。江苏的海洋生物资源物产丰富，品种多样。

图 2-2-1　鱼类资源（鲳鱼、马鲛鱼）

图 2-2-2　软体动物资源（乌贼、鲍鱼）

图 2-2-3　甲壳动物资源（东方对虾、皮皮虾）

图 2-2-4　海洋植物资源（海带、紫菜）

海洋水产资源的主要特点是其能够通过个体和种群的繁殖、发育、生长和新老替代，不断更新，使种群不断获得补充，并通过一定的自我调节使种群数量保持相对稳定。渔民世世代代依托海洋资源，靠海吃海，繁衍生息。

技能训练

中国传统技艺——编织渔网

活动目的 学习编织渔网。

活动器材 梭子、尺板、网线、网纲、尼龙线。

活动步骤

1. 渔网的起头。

    选一个粗细一致的圆筒茶叶盒或易拉罐，从线轴上取 6 股尼龙线，预留出 10 米，从 10 米处用线轴往圆筒上缠线，一共缠 32 匝。缠完之后用细线穿过所有线圈，扎紧，从圆筒上小心取下线圈备用。从线轴上导下足够缠整个梭子的线，将线缠到梭子上备用。将网纲从线圈中穿过，绕线圈结成单死结（图 2-2-5），再把死结下面的线圈用细线扎紧，将网纲的两端交叉穿插固定到墙壁上，这样，织网前的准备工作就完毕了。

活结　　　　　单死结　　　　　双死结

图 2-2-5　编织渔网常用的打结方式

2. 织网方法。

（1）织网时，左手拇指与食指捏住尺板的上沿，右手拿梭子，将梭子上的线搭在尺板内侧接近线圈弧顶部位，左手拇指顺势将尺板和梭线摁住，左手小拇指钩住梭线，右手食指搭于梭尖之上，从左手无名指和小拇指之间的梭线外侧穿过。

（2）向内带出梭线并绕住梭线外旋，将梭线边旋转边套在食指和梭尖上，这时右手上挑，食指展开，与梭尖形成夹角，用梭尖穿过线圈上的任意一匝线。

（3）捏住梭尖使梭子穿过线匝，右手拿梭子下坠，这时线圈的线匝被拉直到一定位置，将尺板上沿顶到线匝顶端，以左手的拇指和食指用力捏住梭线和尺板。

（4）松开钩住梭线的左手小拇指，右手提梭下拉，这样第一个死结就算完成了。接下来重复这个过程，直到织完所有匝数。

（5）织完所有线匝之后，不要拆下尺板，将剩余的10米母线缠到另一个梭子上，将母线系到第一个线匝的顶端，再系到第一个网眼的顶端，将梭线和母线绕过尺板系成一个活结，再用梭线系成死结，这样第一圈的半个网眼就算织完了。

二 蓝色粮仓——水产养殖

无私的大海为人们提供了丰富的水产资源，智慧的江苏人民也在劳动中逐渐学会利用浅海滩涂养殖海洋水生经济动植物。常见的

科学思维

海洋仿生学

海洋仿生学是海洋生物学与技术工程科学间的边缘学科。在远古时代，古人依照鱼以及鱼尾和鱼鳍的形状发明了舟船、舵和桨。

目前海洋仿生学取得了较多成就，例如，科学家根据水母接收低声波的机制，发明了一种风暴警报仪；模仿鲨的眼睛结构和神经系统，设计制造了电视摄影机，并利用同一原理提高了雷达系统的灵敏度；模仿海豚的体形、皮肤结构等特点，设计鱼雷、潜艇和船只的水下部分，以减少其在水中的阻力；模拟水母感受次声波的器官，设计精确的"水母耳"仪器；模仿鱼类的侧线系统开发出一套可使机器人拥有"第六感"的人工侧线。

思考 生活在海洋里的生物有自己独特的海水淡化装置，如同"生物海水淡化机"，你知道鱼是怎样淡化海水的吗？

科学思维

分辨养殖海带和天然海带的技巧

人工养殖海带时要将海带苗固定在绳子上，以绳子的顶端连接浮漂，使海带垂挂在海水中生长，所以其根状物处没有泥沙，体长肉厚。

野生海带的根状物附着在海底礁石或者沙粒上，所以带有泥沙。因为是在相对昏暗的海底生长，光照不充足，所以野生海带体态往往比较单薄。

思考 海带属于哪一类植物？海带的结构主要由哪三部分组成？

文学鉴赏

观 沧 海
〔汉〕曹操

东临碣石，以观沧海。
水何澹澹，山岛竦峙。
树木丛生，百草丰茂。
秋风萧瑟，洪波涌起。
日月之行，若出其中。
星汉灿烂，若出其里。
幸甚至哉，歌以咏志。

思考 "日月之行，若出其中。星汉灿烂，若出其里。"表达了诗人怎样的思想感情？

知识链接

诗意的栖居
——海洋牧场人工鱼礁

人工鱼礁（图 2-2-6）是为了改善海域生态环境，营造海洋生物栖息的良好环境，而人为地在海中设置的构造物。

设置人工鱼礁的目的是为鱼类等海洋生物提供繁殖、生长、索饵和庇敌的场所。它能有效保护海洋生物多样性，还能起到改善水质，减少赤潮，阻止海底拖网作业等作用。

人工鱼礁被安置于海床上，随着时间的推移，渐渐变成了"海中闹市""水族乐园"，海洋生物的"公寓"。通过时间的魔法，原本光秃秃的金属框架，逐渐被五彩缤纷的海洋生物所占据，变成了海底一道亮丽的风景线。

图 2-2-6 人工鱼礁

养殖品种有文蛤、乌贝、毛蛤、扇贝、贻贝、竹蛏、牡蛎、蛤蜊、鲍鱼、海螺等贝类，也有海带、裙带菜、紫菜等藻类，还有东方对虾、脊尾白虾、斑节对虾、三疣梭子蟹、日本蟳、锯缘青蟹、琵琶虾、虎头蟹等甲壳类和马面鲀、石斑鱼、大黄鱼、小黄鱼、比目鱼等鱼类。

知识拓展

海带养殖技术

养殖海区的选择

养殖区的底质以平坦的泥底和泥沙底为好；一般选择在冬季大干潮时水深 5 米以上的海区，养殖区的水流要大，风浪要小，海水要有较好的透明度。

养殖筏架的布局

养殖筏架常为单式筏架结构，主要由浮绠、橛缆、橛子（或石砣）、浮子、吊绳等组成。浮绠通过浮子的浮力漂浮于海面，苗绳悬挂其上；橛缆和橛子（或石砣）用于固定筏身，橛缆一头与浮绠相连，另一头系在海底橛子上；浮子为缆绳提供浮力。设筏方向要考虑风和水流的关系以及海带受光状况，分顺流下筏和横流下筏两大类。

养殖过程

1. 海带幼苗的暂养。

从幼苗出库下海培养到分苗为止，这段时间为幼苗的暂养阶段。幼苗暂养要选择风浪小、水流通畅、浮泥杂藻少、肥沃程度适中的海区，形式多用垂挂式和平挂式。

2. 拆苗帘，调节水层。

幼苗下海后，其个体会不断生长，这时要尽快拆帘，避免幼苗因生长过于密集而相互遮光。初下海及拆帘前后，垂挂幼苗的水层宜略深些。幼苗逐渐适应环境后，要逐渐提升水层，以促进小苗的生长。

3. 施肥、洗刷与安全。

目前比较常用的施肥方法有喷肥法、泼肥法和挂袋法，以施氮肥为主，适量补充磷肥。幼苗下海后，要经常进行苗帘洗刷，以清除浮泥杂藻，促进幼苗生长，达到分苗标准的苗株应及时进行分苗。

4. 分苗前的准备。

准备苗绳、吊绳、坠石、分苗工具等。

5. 分苗、剔苗、运苗、夹苗、挂苗。

把经过暂养后附着在育苗器上的密集小苗剔下来，分别夹到苗绳上的过程称分苗。每年的 10 月底至 11 月上旬进行分苗，夹苗方式有单夹和簇夹两种。单夹操作方便，即在苗绳上每相隔 3~4 厘米夹 1 棵海带苗。簇夹以 2~3 棵苗为一簇，每隔 5~6 厘米夹一簇，簇夹虽有利于海带相互遮阴促长，但操作不易，脱苗率高。生产上多采用单夹的方式。

6. 养成方式。

平养、垂养、垂平轮养、一条龙养育、贝藻间养。

7. 养成期管理。

养成期的管理主要是合理寄养、调节光照、施肥、切尖、增加浮力、补缺漏等。一般刚夹苗分养的海带应挂得深一些，随着小苗的复原和生长，养殖的水层要逐步往上提。凹凸期海带对光照的要求比薄嫩期低，养殖水层应深一些。厚成期海带光照要求最强，养殖水层应浅一些。持续阴雨天养殖水层应浅一些。注意经常检查浮缍、橛缆是否有磨损，养殖架是否牢固，海带是否有缠绕等。

8. 收获。

每年3月，海带的长、宽、厚均已达到成熟标准，可收获了。收获方式有两种，一种是整批一次性收割，即哪一片养殖区先成熟就先收哪一片；另一种是间收，就是每次只收割已成熟的分苗绳。间收虽费时费工，但有利于提高海带的产量和质量。

注意事项 幼苗一定要选好；养殖区的海水要流通，但是流速不能过快；海域光照度要十分好；把握好海带的收获时节。

三 舌尖上的海鲜——风味美食

食物是我们认知世界的钥匙，来自海洋的食材不胜枚举，各种诱人的美食让人垂涎三尺，口舌生津，蕴含在美食更深处的，还有浓浓的人情味和人间的烟火气。

> **技能训练**
>
> **看变万千——醉蟹的制作**
>
> **活动目的** 领略海洋食材的风味。
>
> **活动器材** 螃蟹、二锅头、八角、姜、葱、花椒、辣椒、糖、盐等。
>
> **活动步骤**
>
> 1. 先将螃蟹在清水中养半天，中间换三次水，然后用刷子把螃蟹刷洗干净，将蟹放在干燥的盆中两个小时，使其吐出体内多余的水分，晾干表面的水分。
> 2. 然后在干净的盆中加入葱、姜、辣椒、花椒、八角，再加入二锅头、酱油和糖，用筷子搅拌均匀。把调好的材料放在螃蟹上，撒上适量的盐。
> 3. 最后将螃蟹上下翻动，使每一只都均匀地沾上调味料后盖上盖子，腌制24小时。（图2-2-7）

图2-2-7 制作醉蟹

注意事项 腌好的螃蟹要尽快食用，不能存放太久。

一方水土滋养出一方美味，在柴米油盐的平淡生活中享受美味，能让人真切地感受到生活的温暖与真实。无论身处顺境还是逆境，只要有美好的食物，生活就还有希望。

四 听听大海的涛声——贝壳工艺品

如果你在海边看到海螺，将螺壳贴在耳边，就会听到海潮的声音。海边的人民用他们的巧手将各种贝类的壳制作成工艺品，如贝

创新思维

螃蟹蘸醋更好吃

《红楼梦》里贾宝玉在诗中写道："泼醋擂姜兴欲狂"，可见早在清初，以蟹蘸醋姜的吃法已很常见。民间有"九月雌蟹黄满，十月雄蟹油灌"的说法，在螃蟹的黄金赏味期，满满的蟹黄蟹膏和细腻的蟹肉好吃极了。

为什么螃蟹蘸醋更好吃？当酸性物质与蟹肉相逢时，蟹肉的肉质纤维会"虎躯一震"瞬间展开，这样味觉体验会更好，这是调味品与食物发生的美妙碰撞。另外，蟹肉蘸醋可以去腥和增加螃蟹的鲜味。

思考 吃螃蟹时，为什么有人在醋里放一些姜丝呢？

文学鉴赏

题 蟹

〔清〕郑板桥

八爪横行四野惊，双螯舞动威风凌。
孰知腹内空无物，蘸取姜醋伴酒吟。

思考 你知道这首诗背后的故事吗？请说说这首诗的含义。

知识链接

四大名螺

海螺是"八吉祥"之一，传说海螺可定风浪。四大名螺（图2-2-8）是其中较为珍贵的品种。

唐冠螺因其内唇扩张如帽缘，体形如唐朝僧人的帽子而得名。它的螺壳个体大，形状独特而美丽，是居家陈设和把玩的珍品。

万宝螺整体颜色金黄，手感光滑而温润，不仅可观赏收藏，还可把玩以对手掌进行按摩。民间传说将其藏于家中可以招财进宝。

鹦鹉螺的螺旋形外壳光滑如圆盘状，形似鹦鹉嘴。人类模仿鹦鹉螺排水、吸水的上浮、下沉方式，制造出了第一艘潜水艇，世界上第一艘蓄电池潜艇和第一艘核潜艇因此被命名为"鹦鹉螺号"。

凤尾螺也称海神法螺，可作号角。在古代，不但部族和军队用螺号作为号角，寺院和庙宇的僧道也用此作为布道的法器。因螺声宏大而远闻，喻佛法仪节隆盛而能降魔，故称"法螺"。目前，国内最大的法螺是作为法器的一件国宝级文物，存放在西藏布达拉宫内。

图2-2-8 四大名螺

壳吊坠、贝壳项链、贝壳手链（图2-2-9）等，供人欣赏和把玩。

图2-2-9 贝壳吊坠、贝壳手链

技能训练

制作贝壳装饰画

活动目的 用贝壳制作工艺品。

活动器材 贝壳、万能胶、棉签、胶花、铁丝、剪钳。

活动步骤

1. 先用棉签蘸一些万能胶，涂在贝壳的末端。
2. 再在硬纸板上把3片贝壳摆成扇形，然后把另外2片贝壳涂上胶水，立起来和前面3片贝壳粘在一起。
3. 然后继续粘贴更多贝壳，直到拼成鲜花的形状。
4. 接着用黄铜线绕成末梢为旋涡状的枝条，从胶花上取下几片叶子，修剪叶缘和叶柄，粘在贝壳花和花枝上。
5. 最后用2片贝壳及两颗小螺蛳的壳拼成蝴蝶粘到枝条上。（图2-2-10）

图2-2-10 制作贝壳装饰画

贝类，是大自然赐予人类的宝贵资源。全世界的贝类约有12万种之多，它是自然界生物中仅次于昆虫的第二大族类。那奇特无比的造型、赏心悦目的色彩、精致美妙的花纹，展示着大自然的鬼斧神工，让人叹为观止。

五 蓝色宝库——海洋药物

海洋独特的生态环境使很多海洋生物体内存在着天然的活性成分，它们是创新药物研制中先导化合物的重要来源，是构成海洋药用生物资源的主体部分。

海洋药用海藻类资源

早在我国秦汉年间的《尔雅》中就记载了海藻的药用价值，《神农本草经》中更是将海藻列为药物中的中品，其中的"海藻疗瘿"是世界上最早关于海藻疗效的医疗记载。在欧洲，也有利用海藻治疗烧伤和皮疹，利用紫菜预防维生素C缺乏病以及利用角叉菜治疗人体机能紊乱的记载。我国的《中国经济海藻志》中记载了具有药用价值的海藻120多种，其中常见的有海带（昆布）、马尾藻、羊栖菜、鹧鸪菜、钩凝菜（图2-2-11、图2-2-12）等。

马尾藻主治瘿瘤瘰疬，疝气，睾丸肿痛，痰饮水肿，还有抗凝血作用，对人型结核杆菌有抗菌作用，对流感病毒有抑制作用。

羊栖菜具软坚散结，利水消肿，泻热化痰的功能，能降血脂血糖。常用来治疗甲状腺肿、颈淋巴结肿、浮肿、脚气等。

图2-2-11 马尾藻和羊栖菜的药用功效

鹧鸪菜的药用功效是驱虫杀虫，健脾、化痰、消积、安神。主治蛔虫症、蛔虫性肠梗阻、虫疳。

钩凝菜的药用功效是清热、通便，主治便秘。

图2-2-12 鹧鸪菜和钩凝菜的药用功效

还有很多藻类都有药用价值，石莼和礁膜藻具有解热和治疗咳嗽、痰结、水肿、泌尿不顺等功效；麒麟菜则能治支气管炎、气喘，能化痰结，还能降低血清总胆固醇含量。

❋ 海洋药用动物资源

海洋动物一直是海洋天然产物和海洋药物研究中的重要研究对象。早在秦汉时期，《黄帝内经》就有以乌贼肾和鲍鱼汁治"血枯"的记载，《神农本草经》中收载的10种海洋药物中有8种属于海洋动物。（图2-2-13）

> **知识链接**
>
> ### 海 螵 蛸
>
> 海螵蛸（图2-2-14）是乌贼的内壳，它具有许多药用价值。
>
> 1. 跌打损伤皮破出血，将海螵蛸粉撒于伤处，稍加按压即可止血。
> 2. 疟疾患者，用海螵蛸粉5 g，加黄酒10 mL和匀（加白酒亦可），一次性服完，即能见效。
> 3. 治小便血淋，可用海螵蛸粉3 g，以生地黄汁调服。
> 4. 治目中浮翳，可以海螵蛸粉少许和蜜，点眼中。
> 5. 龋齿根治法：以海螵蛸粉调醋涂于龋齿上，可立止疼痛，再辅以大蒜头，半月之后，可将龋齿根治。
>
> 海螵蛸还能美白牙齿，这是因为海螵蛸含大量碳酸钙。将海螵蛸碾成细粉用纱布蘸取刷牙，数次后，牙齿可变洁白。
>
>
>
> 图2-2-14 海螵蛸

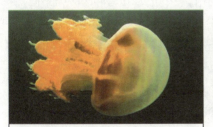 

海蜇可治妇人劳损、积血带下、小儿风疾丹毒。

鲍鱼可平血压，治头晕目花症。

海马和海龙补肾壮阳、镇静安神、止咳平喘。

龟血和龟油可治哮喘、气管炎。

图2-2-13 海蜇、鲍鱼、海马、龟的药用功效

知识链接

鳕鱼肝油

鳕鱼肝油是从高纬度的深海冷水中捕捞到的鳕鱼肝中提取的油脂，既含丰富的维生素A和维生素D，又含丰富的ω-3脂肪酸，有"液体黄金"的美称。目前中国每年从北欧进口大量的桶装鳕鱼肝油，用作制造纯净维生素A和维生素D的原料。

从鳕鱼中提取的鱼肝油还含有一种特别的营养物质"聪明因子"DHA，所以它比普通的鱼肝油含有更多的营养。DHA能改善婴儿的智力和视敏度发育，有助于呼吸系统健康。

鲨鱼软骨具有抗肿瘤、抗凝血、降血脂的功效，能减少胆固醇在血管壁的沉积，预防高血压及心脏病等，具有很好的医疗保健作用，是不可多得的天然食品资源。

技能训练

制作鲨鱼骨泥

活动目的 学习利用海洋药用动物资源的技能。
活动器材 鲨鱼骨、高压蒸煮器、粉碎机。
活动步骤

1. 选料。选用冻结良好、气味正常的鲨鱼骨。
2. 解冻。将鲨鱼骨在流动的水中浸泡至半解冻状态，解冻温度控制在10 ℃以下。
3. 清洗。用流动水清洗鲨鱼骨，使其不带有任何杂质。
4. 漂烫。将鲨鱼骨放入沸水中漂烫10分钟，除去鱼骨部分腥味。
5. 剔骨。将漂烫后的鲨鱼骨滤去水分，剔除鱼骨上附存的鱼肉。
6. 高压蒸煮。将剔尽鱼肉后的鲨鱼骨置入高压蒸煮器内蒸煮45分钟，蒸煮温度设置为120 ℃。
7. 冷冻。将高压蒸煮后的鲨鱼骨及时冷冻，冷冻温度为-18 ℃，应使鲨鱼骨中心温度降至-8 ℃。
8. 粉碎。将冷冻后的鲨鱼骨在不高于-6 ℃的环境温度下投入粉碎机粉碎成边长为5毫米的立方体的碎块。
9. 研磨。将鲨鱼骨碎块、水、冰屑按鲨鱼骨碎块10质量份、水2质量份、冰屑8质量份的比例放入胶体磨器中混合研磨成鲨鱼骨泥。
10. 包装。将鲨鱼骨泥真空塑封。

知识链接

深海的嗅觉传奇龙涎香

大乌贼和章鱼口中有坚韧的角质颚和舌齿，很不容易消化。当抹香鲸吞食这些大型软体动物后，它们的颚和舌齿在鲸的胃肠内积聚，刺激了肠道，肠道就分泌出一种特殊的蜡状物，将食物的残骸包起来，慢慢地就形成了龙涎香。抹香鲸刚吐出的龙涎香黑而软，气味难闻，但它在阳光、空气和海水的长年作用下会变硬，褪色并散发香气，可用于制造香水。

龙涎香是各类动物排泄物中最名贵的一种，自古以来，龙涎香就被当作高级的香料使用，它的价格昂贵，差不多与黄金等价。《本草纲目》中记载着龙涎香可以"活血、益精髓、助阳道、通利血脉"，是治病和补益的名贵中药。

海洋动物药用价值广泛，例如，珍珠粉可止血、消炎、解毒、生肌，人们常用它滋阴养颜；用鳕鱼肝制成的鱼肝油，可治疗维生素A、维生素D缺乏症；海蛇毒汁可治疗半身不遂及坐骨神经痛；等等。

❋ 海洋药用微生物资源

海洋微生物是海洋生态环境中的一个极其重要的组成部分，其种类也呈现多样化的特点，统计分析的结果表明海洋中有200万到2亿种微生物，然而到目前为止已分离、鉴定和培养的海洋微生物种类并不多，海洋微生物的研究具有广阔的前景。

目前，科学家已从共附生微生物中分离鉴定了大量的天然活性成分，它们具有一定的抗肿瘤、抗菌以及抗心血管疾病等功效，而从海鱼肠道中分离到的一些共附生微生物已被成功运用于二十碳五烯酸的生产。

总之，很多药物都取自海洋，除了鱼肝油、琼胶、磷虾油，从海水鱼的脂类化合物中提炼出的两种不饱和脂肪酸可预防心血管病；从乌贼视神经中提取的胆碱酯酶可抗休克；从乌贼生殖腺和乌贼骨中提取的磷酸酶可医治肿瘤和炎症；从海藻中提取的褐藻淀粉酯钠、藻酸丙二酯、藻酸双酯钠、褐藻胶、琼胶、琼胶素、卡拉胶等可用来治疗冠心病等疾病。

海洋中有丰富的生物资源，是人类未来的粮仓，但过度捕捞会导致对资源的破坏。应该适度捕捞，合理开发利用海洋渔业资源，大力发展大陆架水域的养殖业和增殖业，实现海洋水产生产农牧化。

本节自我评估

一、概念理解

1. 1945年夏,一架横渡太平洋的客机不幸中途失事,部分乘客漂流到一个荒无人烟、寸草不生的孤岛上,并最终得以生还。在等待救援期间,他们只能从浅海中捞取生物充饥,你认为他们最可能捞到的生物是(　　)。

   A. 水绵和衣藻　　B. 鲫鱼和河蚌　　C. 海带和石花菜　　D. 满江红和水绵

2. 科学家对海洋岩礁上的藻类植物进行调查发现,一般而言,浅水处生长的是绿藻,稍深处是褐藻,再深一些的水域中则以红藻为主。影响藻类植物分布的主要生态因素是(　　)。

   A. 阳光　　B. 温度　　C. 海水含盐量　　D. 海水含氧量

3. 晒干的海带外面有一层白霜,这层白霜是(　　)。

   A. 褐藻胶　　B. 甘露醇　　C. 盐渍　　D. 海带多糖

二、思维拓展

Marimo是来自冰河时期的水中精灵,生长在北半球高纬度地区的湖泊中,是水生球形绿藻植物,人们喜欢叫它海藻球。传说Marimo可以给主人带来幸福和好运,现在人们经常用海藻球(图2-2-15)做成生态瓶。请根据右图回答下列问题:

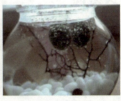

图2-2-15　海藻球

(1)如果想让密闭生态瓶中的海藻球长久地生存下去,应该给予它什么条件?

(2)海藻球会"日出而作,日落而息",一晒到太阳,它就会产生大量气泡,并慢慢浮到水面上。请说出气泡是什么气体,并分析这种现象产生的原因。

(3)如果给你一种能涂抹的抑制光合作用的化学物质,请你为上述问题设计一个实验并得出相应的结论。

第 3 节 生命的元素
——化学资源

学习目标

- 说出　海水提盐的方法
- 描述　粗盐提纯的方法
- 概述　海水晒盐的步骤
- 学会　用冷冻法制盐卤
　　　　用粗盐制作泡菜
　　　　绿叶中色素的提取
　　　　制作明矾
　　　　制作钾肥皂

关键词

- 海水提盐
- 粗盐的提纯
- 粗盐的应用
- 镁元素
- 碘元素
- 钾元素

大海是生命的摇篮，资源的宝库。海洋中的化学资源种类多，总储量大，海水中溶解了大量的盐类，如果把海洋中盐类全部提取出来平铺在地表表面，地表将增高 153 米。海水中含有 80 多种元素，被称为 "元素的故乡"。其中氯、钠、镁、钾、硫、钙、溴、碳、锶、硼、氟 11 种元素约占海水中溶解物质总量的 99.8% 以上。它们大都呈化合物状态，如氯化钠、氯化镁、硫酸钙等，其中氯化钠约占海洋盐类总质量的 80%。

人类开发利用海水化学资源的历史悠久，主要包括海水制盐，卤水综合利用（回收镁化合物），海水制镁和制溴，从海水中提取铀、钾、碘等。"春江潮水连海平，海上明月共潮生"，毗邻黄海的江苏，有绵长的海岸线和丰富的海洋化学资源。

一　祖先的荣耀——海卤煎盐

中国历史上很早就出现了夙沙氏 "煮海为盐"（图 2-3-1）的传说。古籍《世本》一书记有 "夙沙氏煮海为盐" 的字句。相传远古时候，在山东半岛南岸胶州湾一带，住着一个原始的部落，部落里的夙沙善捕猎。某天夙沙在海边用海水煮鱼，刚在火上煮，就见一只野猪跑过，夙沙拔腿就追，等他扛着猎物回来，罐里的海水已经熬干，陶罐底部留下了一层白白的细末。他用手指沾点粉末放到嘴里尝了尝，味道又咸又鲜。夙沙用它就着烤熟的野猪肉吃，味道非常鲜美，那白色的细末便是从海水中熬出来的盐。

盐在人们的生活中无处不在，《红楼梦》中就描写了贾宝玉有每天清晨用盐刷牙的习惯，食盐不但能稳固牙齿，具有保健作用，还能清火、凉血，有解毒的功效。

唐朝以前，人们刮取海边咸土，或用草木灰吸取海水作为制盐的原料。制盐时，用水冲淋上述原料，溶解盐分形成卤水。晾晒卤水，将其置于敞口容器中，加热蒸发水分，取得盐粒，这种方法称为 "海卤煎盐"（图 2-3-2）。宋元以后，在很多沿海地区，煎盐逐渐被晒盐取代。

二　海水大变身——海水提盐

几十万年以前，海边的猿人开始有意识地吃盐。黄帝时（约 5 000 年前），夙沙氏，始以 "煮海为盐"。最先发明并采用海水滩晒制盐的是无棣碣石山附近的盐民。明朝末年，宋应星的《天工开物·作咸第五》详细记载了食盐的提取方法："其海丰、深州有引海水入池晒成者，凝结之时，扫食不加人力，与解盐同。但成盐时日，与不借南风则大异也。"

图 2-3-1　夙沙氏煮海为盐

图 2-3-2　海卤煎盐

海水提盐的方法有盐田法、电渗析法、冷冻法。目前常用的方法是盐田法，盐田法的制盐过程包括纳潮（图2-3-3）—制卤（图2-3-4）—结晶（图2-3-5）—采盐（图2-3-6）。

采用盐田法制盐时先在岸边修建很多像稻田一样的池子，把含盐量高的海水积存于修好的盐田中，此为纳潮。然后，海水经过日晒后不断浓缩，直到海水中的氯化钠等盐类达到饱和时析出，此为制卤。随后将卤水引入结晶池结晶，析出粗盐。

图2-3-3　海卤煎盐——纳潮

图2-3-4　海卤煎盐——制卤

图2-3-5　海卤煎盐——结晶

图2-3-6　海卤煎盐——采盐

探究·实践

尝试用冷冻法制盐卤

实验目的　尝试用冷冻法制盐卤。

实验器材　透明塑料盒（图2-3-7）、500 mL海水、冰箱等。

实验步骤

1. 先将500 mL海水倒入透明塑料盒中。
2. 再将冰箱的冷冻室温度调至 $-1.8\ ℃$ 以下。
3. 然后将盛有海水的透明塑料盒放入冰箱槽中。
4. 最后待2个小时后，取出透明塑料盒，观察现象。

图2-3-7　透明塑料盒

实验现象

上层的海水结成了冰，下层剩下的就是盐卤。

三　纯净之美——粗盐的提纯

粗盐（图2-3-12）内含有很多杂质，需要提纯。粗盐提纯常规方法有过滤、蒸发、结晶、蒸馏等。提纯的原则是不增、不减、易分离、易复原。

第2章　走向深蓝
——江苏海洋环境与资源的保护和利用

文学鉴赏

鬻　海　歌
〔宋〕柳永

煮海之民何所营？妇无蚕织夫无耕。
衣食之源太寥落，牢盆鬻就汝输征。
年年春夏潮盈浦，潮退刮泥成岛屿。
风干日曝咸味加，始灌潮波塯成卤。
卤浓咸淡未得闲，采樵深入无穷山。
豹踪虎迹不敢避，朝阳出去夕阳还。
船载肩擎未遑歇，投入巨灶炎炎热。
晨烧暮烁堆积高，才得波涛变成雪。
自从潴卤至飞霜，无非假贷充糇粮。
称入官中得微直，一缗往往十缗偿。
周而复始无休息，官租未了私租逼。
驱妻逐子课工程，虽作人形俱菜色。
鬻海之民何苦辛，安得母富子不贫！
本朝一物不失所，愿广皇仁到海滨。
甲兵净洗征输辍，君有余财罢盐铁。
太平相业尔惟盐，化作夏商周时节。

思考　柳永除"今宵酒醒何处？杨柳岸，晓风残月"的浪漫感情外，还有关心民疾、为民请命的另外一面。《鬻海歌》反映了诗人怎样的思想感情？

知识链接

冷冻法制盐是地处高纬度国家采用的一种生产海盐的技术，俄罗斯、瑞典等国多用此法制盐。这种方法的原理是当海水冷却到海水冰点（$-1.8\ ℃$）时就会结冰，海水结成的冰里盐很少，基本上是纯水。去掉结冰的部分，就等于以晒盐法蒸发水分，剩下的就是浓缩了的卤水。

知识链接

海水晒盐得到的是粗盐，粗盐中含有泥沙等不溶性杂质，还有可溶性杂质 $MgCl_2$、$MgSO_4$、$CaCl_2$、KCl、$MgBr_2$ 等。

图 2-3-12 粗盐（氯化钠晶体）

粗盐中含有难溶性杂质，常用过滤法提纯。粗盐中还有可溶性杂质，通常加入能与杂质离子作用的盐类，使其生成沉淀后过滤除去或者以气体溢出。

粗盐在生活中扮演着重要的角色，例如，做泡菜和腌咸菜（图2-3-13）时，用粗盐比细盐味道好，口感脆。

图 2-3-13 泡菜和咸菜

技能训练

尝试用粗盐制作泡菜

活动目的 学会制作泡菜（图 2-3-14）。

活动器材 泡菜坛子、粗盐 500 g，花椒 50 g，大料 50 g，桂皮 50 g，生姜 250 g，白酒 100 g，凉开水（半坛子），白菜、胡萝卜、豇豆、萝卜、小尖椒、嫩豆角等发脆的蔬菜若干，清洗后晾干表面水分备用。

活动步骤

1. 先将泡菜坛洗净，擦干生水后，将凉白开水倒入坛内。
2. 再加入粗盐、花椒、大料、香叶、桂皮、生姜、白酒等佐料，并搅拌均匀，调好卤汤。
3. 然后放入蔬菜并用筷子向下推压，直至卤汤淹没蔬菜。
4. 最后扣上坛盖，在封口处倒上清水，使泡菜坛处于密封状态。一段时间之后，即可开坛取菜食用。

图 2-3-14 泡菜

科学思绪

盐制水晶泥

制作材料 强力胶水、勺子、一次性杯子、盐、热水。

制作步骤

1. 先在一次性杯子中倒入适量的强力胶水。（图 2-3-8）

图 2-3-8 步骤一

2. 再在 2 个一次性杯子中倒入食盐，用沸水冲泡，搅拌均匀后，静置 30 秒，部分食盐会沉底。（图 2-3-9）

图 2-3-9 步骤二

3. 又将其中一杯饱和盐水倒入胶水中，形成絮状物，用勺子顺时针轻轻搅拌，静置 5 分钟。（图 2-3-10）

图 2-3-10 步骤三

4. 然后将絮状物用小勺全部舀入另一杯饱和盐水中。（图 2-3-11）
5. 接着用小勺将絮状物的胶拌到一起，拌成一个圆团。
6. 最后将小团从饱和盐水中拿出，挤净里面的水即可。

图 2-3-11 步骤四

注意事项

为了最大限度地减少亚硝酸盐，做泡菜时应该注意以下几点：
1. 要选择新鲜的蔬菜进行腌制。
2. 优先选择萝卜、胡萝卜等根茎类蔬菜，而非叶菜。
3. 腌制时加点儿柠檬汁等酸性物质。
4. 腌制过程中还可以加点儿碾碎的维生素C。
5. 器具一定要清洁卫生，保持密封性，不要随便打开。

四 海洋处处有"镁"——镁元素

目前世界上60%的镁是从海水中提取的。镁在海洋中如同一个隐身的勇士，主要是以氯化镁、硫酸镁的形式存在，它是海水中浓度占第三位的元素，在每立方千米的海水中，大约可提取镁130万吨。海盐产量高的国家多利用制盐苦卤生产各种镁化合物，缺乏陆地镁矿的国家，还直接从海水中大量生产金属镁和各种镁盐。

科学思维

制作好的泡菜，什么时间食用，其亚硝酸盐的含量最低？

技能训练
工业上利用海水制取金属镁

活动目的 用海水制取金属镁。
活动器材 贝壳、卤水、稀盐酸等。
活动步骤
1. 先煅烧贝壳生成生石灰，将生石灰溶于水制得熟石灰。
2. 再向晒盐后浓缩得到的卤水中加入熟石灰，生成氢氧化镁沉淀，过滤沉淀物。
3. 然后在沉淀物中加稀盐酸，并将所得溶液在氯化氢气流中蒸干得到固体氯化镁。
4. 最后电解熔融氯化镁得到镁单质。

镁是叶绿素的构成成分，没有镁，就不能形成叶绿素，绿色植物也就无法进行光合作用。

知识链接

绿叶中色素的提取和分离的原理：绿叶中的色素溶于有机溶剂无水乙醇而不溶于水，可用无水乙醇等有机溶剂提取色素。各种色素在层析液中的溶解度不同，溶解度高的色素随层析液在滤纸上扩散得快，反之则慢。因而，绿叶中的胡萝卜素、叶黄素、叶绿素a和叶绿素b四种色素会在滤纸上分离开来。

探究·实践
探究绿叶中色素的提取和分离

实验目的 提取和分离绿叶中的色素。
实验器材 新鲜的绿色叶片、定性滤纸、棉塞、试管、试管架、研钵、玻璃漏斗、尼龙布、毛细吸管、剪刀、药勺、天平、10 mL量筒、无水乙醇、层析液、二氧化硅、碳酸钙。
实验步骤
1. 先提取叶绿素。用天平称取5 g绿色叶片，剪碎，放入研钵中。向研钵中放入少量二氧化硅和碳酸钙，加入10 mL无水乙醇，迅速、充分地研磨。在玻璃漏斗基部放一块单层尼龙布，将漏斗插入试管。将研磨液倒入漏斗，及时用棉塞塞严盛有滤液的试管。（图2-3-16）
2. 再制备滤条。将干燥的定性滤纸剪成长与宽略小于试管长与宽的滤纸条，将滤纸条一端剪去两角，在此端距顶端1 cm处用铅笔画一条细横线。
3. 然后画滤液细线。用毛细吸管吸取少量滤液，沿铅笔线均匀画细线。待滤液线干后,重复画线一两次。
4. 最后分离光合色素。将适当的层析液(分离液)倒入试管,将滤纸条画线一端朝下,轻轻插入层析液中,迅速塞紧试管口。待层析液上缘扩散至接近滤纸条顶端时,将滤纸条取出,风干。观察滤纸条上所出现的色素带及其颜色,并做好记录。(图2-3-17)

实验现象

滤纸条上分离出四条色素带,颜色从上往下分别是橙黄色、黄色、蓝绿色和黄绿色,四种色素分别是胡萝卜素、叶黄素、叶绿素a和叶绿素b。

图2-3-16 色素的提取和分离　　图2-3-17 滤纸上的色素带

五 智力元素——碘元素

1811年法国药剂师库特瓦利用海草或海藻灰溶液中天然的硝酸钠或其他硝酸盐生产硝酸钾时发现,将硫酸倾倒进海草灰溶液中时,有一股美丽的紫色气体放出,这种气体在冷凝后不形成液体,却变成暗黑色带有金属光泽的结晶体,这就是碘。碘单质遇淀粉会变成蓝紫色,主要用于药物、染料、碘酒、试纸和碘化合物等物质的生产。

碘是人体必需的微量元素之一,健康成人体内的碘的总量约为30 mg,其中70%~80%的碘以碘化氨基酸的形式集中在甲状腺内。人体缺乏碘会引起甲状腺肿大,但摄入过多的碘也是有害的,食碘过量同样会引发"甲亢"等疾病。国家规定在每克食盐中添加碘20 μg,全民可通过食用加碘盐这一简单、安全、有效和经济的补碘措施预防碘缺乏病。

含碘量最高的食物为海产品,诸如海带、紫菜、鲜带鱼、蚶干、蛤干、干贝、淡菜、海参、海蜇等(图2-3-18),其中海带含碘量最高。

创新思维

检测分辨新鲜食用油和旧油

长期吃久置的食用油对身体会造成一定的伤害,旧油会产生过氧化物,而且如果油中有黄曲霉素,则会致癌。

要分辨新油和旧油,可用以下方法对油进行检测:把新油和旧油分别倒入不同的试管中,滴入碘化钾溶液并摇一下,过几十秒,加入淀粉显色剂,静置一段时间后,新油变得黏稠,旧油变成黑紫色(图2-3-15)。这是因为旧油会与空气产生过氧化物,当碘离子与它反应后就变成碘的单质,因此滴入的淀粉指示剂就变成黑紫色。

图2-3-15 检测新鲜油和旧油

图2-3-18 含碘高的海产品(海带、海参、带鱼、紫菜、干贝、海蜇)

探究·实践

探究甲状腺激素对蝌蚪生长发育的影响

实验目的 探究甲状腺激素对蝌蚪生长发育的影响。
实验器材 蝌蚪、甲状腺激素、饲料等。
实验步骤
1. 先将同期孵化的生长发育状态相似的 20 只蝌蚪，平均分成 A、B 两组。
2. 然后 A 组每天饲喂 5 g 饲料和少量甲状腺激素，B 组每天只饲喂 5 g 蝌蚪饲料，不添加甲状腺激素，保持其余条件相同。
3. 最后记录蝌蚪生长发育的情况。

思维拓展
1. 如果要证明甲状腺激素是由甲状腺分泌的，如何设计实验方案？
2. 在偏僻的山区里有许多大型的蝌蚪，但周围青蛙却减少，同时发现当地居民大脖子病的发病率较高，请你推断该地区的婴幼儿患哪种病的可能性较大？

六 海水变肥料——钾元素

海水中钾元素含量占第六位，共有 600 万亿吨。海水中提取的钾主要用于制造钾肥，氯化钾就是从海水中提取的肥料。钾肥肥效快，易被植物吸收，不易流失。钾肥能使农作物茎秆长得健壮，不易倒伏，促进农作物开花结实，增强抗寒、抗病虫害能力。此外，钾在工业上可用于制造含钾玻璃，还可以制造软皂、钾铝矾（明矾）等。

明矾是含有结晶水的硫酸钾和硫酸铝的复盐。明矾可以作为灭火剂，炸油条（饼）或膨化食品的膨化剂，在硫酸盐镀锌的工艺中还可作为缓冲剂。

技能训练

学习制作明矾

活动目的 学习制作明矾。
活动器材 明矾石。
活动过程
1. 先将明矾石打碎，用水溶解。
2. 再收集溶液，蒸发浓缩，放冷后即析出结晶物。
3. 然后将结晶物溶于水，制作饱和溶液。
4. 最后将明矾的饱和溶液静置冷却，并将明矾晶体或其他晶核介质悬挂于溶液中，隔天重复即可。

钾皂又称"软皂"，是脂肪酸钾盐的统称。钾皂是阴离子表面活性剂，具有比钠皂更强的润湿、渗透、分散和去污能力。钾皂是制造液体、膏状洗涤用品的主要原料。

知识链接

从海带中提取碘

实验材料和用具 海带、硫酸溶液、蒸发皿、重铬酸钾、高筒烧杯、圆底烧瓶、棕色试剂瓶等。

实验步骤
1. 将海带放在铁皿中焙烧至完全成灰，浸泡溶解得到海带灰悬浊液。
2. 通过过滤，得到不溶的残渣，滤液为含碘离子的溶液。
3. 往滤液里加硫酸溶液酸化至 pH 显中性。
4. 把酸化后的滤液在蒸发皿中蒸发至干并尽量研细，将得到的白色固体与重铬酸钾混合均匀、研磨。
5. 将上述混合物放入干燥的高筒烧杯中加热，此时碘单质会升华出来。
6. 用注满冰水的圆底烧瓶盖在烧杯口处，碘就会凝华在圆底烧瓶底部。（冷却速度应控制在蒸馏烧瓶外无冷凝水层为宜）
7. 当再无紫色碘蒸气产生时，停止加热。取下圆底烧瓶，将圆底烧瓶凝聚的固体碘回收在棕色试剂瓶内。

思考 如何用碘鉴定淀粉的存在？

知识链接

多用肥皂少用洗涤剂

在古代，人们就开始使用肥皂了。肥皂是由天然原料再加上碱制成的，属于可再生资源。肥皂使用后随水排出，很快能被微生物分解，在生产和使用过程中对环境造成的影响非常轻微。

洗涤剂的最初原料是石油，为不可再生资源。合成洗涤剂在制造过程中会产生大量废水和废气，它的使用，特别是含磷洗涤剂的使用，会造成一系列的环境污染。

所以为了保护环境，我们应当多用肥皂，少用洗涤剂。

> **技能训练**
>
> **掌握制作钾肥皂的技术**
>
> 活动目的　学习制作钾肥皂。
> 活动器材　油脂、氢氧化钾（或碳酸钾）、亚麻油、橄榄油（或茶子油）、碱、食盐等。
> 活动步骤
> 1. 先将亚麻油、橄榄油（或茶子油）和氢氧化钾（或碳酸钾）一起煮沸。
> 2. 再使油脂和碱在溶液中进行皂化反应。
> 3. 然后在皂化反应液内加入食盐，使之发生盐析。
> 4. 最后等待半胶状物质在水面浮起，生成软皂，而甘油的食盐溶液则在下面。

知识链接

空气吹出酸液吸收法

目前，我国 90% 以上溴生产都采用空气吹出酸液吸收法。酸液吸收法的步骤如下：

1. 酸化。向浓海水中加入硫酸或盐酸使其酸化，将浓海水 pH 控制在 2.15～4.15。

2. 氧化。给酸化的浓海水通入氯气，使浓海水中的溴离子被氧化生成游离溴。

3. 空气吹出。氧化后的浓海水经管道送到吹出塔顶部，再用空气鼓风机将游离溴吹出。

4. 吸收。将含大量游离溴的空气导入吸收塔，通入二氧化硫气体，将空气中的游离溴转化为雾状的氢溴酸，得到氢溴酸富集液。

5. 蒸馏。把氢溴酸富集液导入蒸馏塔，从塔底通入氯气，把氢溴酸氧化为游离溴，溴蒸气从塔顶排出，经过冷凝使溴水分离，从而得到高品质的溴。

七　溴元素自海中来——海水提溴

茫茫大海是化学元素溴的"故乡"，地球上 99% 以上的溴都在海水中，可谓"源源溴素海中来"。

1815—1826 年，法国的巴拉德和德国的凯尔勒维格先后提出"空气吹出法"，1907 年德国的库比尔斯基对该方法进行重大改进，得出最成熟、应用最广泛的提溴工艺，可从低浓度含溴卤水或海盐生产的卤水中提溴（图 2-3-19）。空气吹出法按吸收剂不同，可分为碱液吸收法和酸液吸收法。

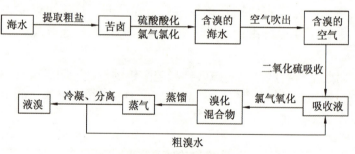

图 2-3-19　海水提溴的工艺流程

我国在 20 世纪 70 年代初成功利用空气吹出法对地下卤水进行提溴，20 世纪 80 年代后的新建溴厂基本都采用该法。空气吹出法对原料含溴量适应性较强，易于自动化控制，但缺点在于设备庞大和耗能量大。

海水中含有大量化学物质，海洋化学资源的开发水平还有待提高，开发技术还有待提升，海洋资源保护的意识、水平与能力更需加强。相信随着科技水平的不断发展，人们的环境保护意识会日益提高。越来越多的海洋资源必将能被人类合理开发、利用与保护。

一、概念理解

1. 粗盐为海水或盐井、盐池、盐泉中的盐水煎晒后形成的结晶,是未经加工的大粒天然盐。粗盐中有难溶性杂质,常用的提纯方法是(　　)。
   A. 蒸发法　　　　　B. 结晶法　　　　　C. 过滤法　　　　　D. 蒸馏法

2. 1903 年夏,清朝皇族子弟裕勋龄留法归来带回一套先进的摄像设备。裕勋龄给慈禧太后拍照,动手指按下按钮,相机发出耀眼的白光。耀眼白光与哪种金属有关?(　　)
   A. 银　　　　　　　B. 镁　　　　　　　C. 金　　　　　　　D. 铜

3. 盐田法是主要的制盐方法,制盐过程包括(　　)。
   A. 制卤—纳潮—结晶—采盐　　　　　　B. 纳潮—结晶—制卤—采盐
   C. 纳潮—制卤—结晶—采盐　　　　　　D. 结晶—制卤—纳潮—采盐

4. 制作泡菜时要扎紧坛口或用水密封坛口,密封的目的是(　　)。
   A. 隔绝空气,抑制乳酸菌的发酵
   B. 造成缺氧环境,抑制酵母菌的发酵
   C. 防止水分蒸发,有利于酵母菌的发酵
   D. 隔绝空气,有利于乳酸菌的发酵

二、思维拓展

传说,古罗马军队占领耶路撒冷后,统帅狄多为了惩罚反抗者,将多名戴着手铐脚镣的战俘投进死海,想淹死他们。结果战俘无一淹死,全部安全漂回了岸边。狄多认为有神灵在护佑战俘,于是把他们全部赦免了。思考回答:

(1) 死海所在地的地质构造及自然地理特征是什么样的?

(2) 用 250 g 死海的水能制出 75 g 盐,死海海水的含盐率是多少?

(3) 如果你家有一个浴缸,可以在家造一个死海,若浴缸的容量为 273 L,那么你需要往浴缸里加多少盐?

(4) 死海中有一种叫作盒状嗜盐细菌的微生物,具备防止盐侵害的咖啡杯状蛋白质。查阅相关资料,说一说这种细菌为什么能在高盐环境中生存?

第 4 节 沉睡的宝藏
——海底矿产资源

学习目标

说出　海底矿产资源的种类
描述　海底矿产资源的基本特征
概述　天然水晶的加工
学会　选取不同标号的汽油
　　　探究汽油的理化性质
　　　观察比较石墨和金刚石
　　　探究锰结核中锰的浸取
　　　观察水晶球的双折射现象

关键词

- 石油
- 海滨砂矿
- 锰结核
- 可燃冰
- 天然水晶
- 海底矿产开发

有人称海洋为"蓝色的聚宝盆",这是因为海洋里不仅有许许多多的生物资源,还有丰富的矿产资源。随着我国工业发展速度的加快,人们对于矿产资源的需求也越来越多。陆地资源在长期的掠夺式开发后,开始逐步枯竭,因此,开发海底矿产资源势在必行。那么,我们该如何探寻那深藏海底的矿产资源,并对其进行合理开发与保护呢?

一 海洋有丰富的矿产资源

海底矿产资源分为油气资源、滨海砂矿和多金属结核三大类(图2-4-1)。这些矿藏在海底的分布具有一定的规模。海底矿产资源勘探和开采是一项高投资、高技术难度、高风险的工程。目前,海底矿产资源的开发以油气资源为主。

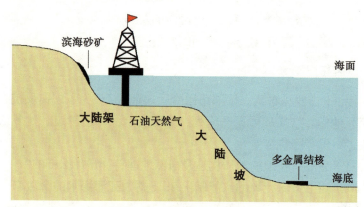

图 2-4-1　海底矿产分布示意

✤ 工业的血液——石油

海洋深处有一种叫作"黑金"的宝,它就是从海洋深层喷出来的石油。40多年来海上石油勘探表明,海底蕴藏着丰富的石油和天然气资源。据1979年的数据统计,世界近海海底已探明的石油可采储量为220亿吨,天然气储量为17万亿立方米,分别占当年世界石油和天然气探明总可采储量的24%和23%。

自从19世纪末海底发现石油以后,科学家研究了石油生成的理论。在中、新生代,海底板块和大陆板块相挤压,形成许多沉积盆地,在这些盆地形成几千米厚的沉积物,这些沉积物是海洋中的浮游生物的遗体(它们在特定的有利环境中大量繁殖),以及河流从陆地带来的有机质。这些沉积物被沉积的泥沙埋藏在海底,构造运动使盆地岩石变形,形成断块和背斜(图2-4-2)。伴随着构造运动而发生的岩浆活动,产生大量热能,加速了有机质转化为石油的过程。石油在圈闭中被聚集和保存,成为现今的大陆架油田。

科学思维

石油是在向斜还是背斜岩层中

由于背斜岩层向上拱起,且油、气的密度比水小,所以背斜常是良好的储油、储气构造。开发石油、天然气多寻找背斜岩层。

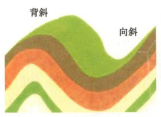

图 2-4-2 背斜、向斜、断块

中国沿海和各岛屿附近海域的海底，石油和天然气资源的蕴藏量十分大。有人估计中国近海石油储量约 100 万～250 万吨，中国无疑是世界海洋油气资源比较丰富的国家之一（图 2-4-3）。

渤海油田是我国开发的第一个海底油田。渤海大陆架是华北有机质和泥沙沉降堆积的中心，大部分已发现的新生代沉积物厚达 4 000 米，其中最厚的达 7 000 米。这是很厚的海陆交互层，周围陆上的大量有机质和泥沙沉积其中，渤海的沉积物又是在新生代第三纪适于海洋生物繁殖的高温气候下进行的，这对油气的生成极为有利。

黄海海底是个大的封闭盆地，从大陆流注入海的大量泥沙不断在此沉积。黄海地质与渤海相似，其东南部盆地可能堆积了较厚的古近纪含油气及煤的沉积层。

东海大陆架宽广，于古近纪开始地壳下沉，沿台湾海峡至冲绳列岛形成狭长的东海盆地。有人认为，东海是世界石油远景最好的地区之一，其天然气储量潜力可能比石油还要大。

南海油气资源潜力较大。据海南省政协提供的数据：南海已勘探的海域面积仅有 16 万平方千米，而发现的石油储量有 55.2 亿吨，天然气储量有 12 万亿立方米。初步估计，整个南海的石油地质储量大致为 230 亿吨～300 亿吨，约占中国总资源量的三分之一，属于世界海洋油气的主要聚集中心之一。

图 2-4-3 中国临海油气资源

海上石油资源的开发利用有着广阔的前景。但是，由于在海上寻找和开采石油的条件与陆地不同，技术手段比陆地复杂，建设投资比陆地上高，风险比陆地大，因此当今绝大多数国家采取国际合作的方式来进行世界海洋石油开发。

探究·实践

探究汽油的理化性质

实验目的 了解汽油的理化性质。

实验器材 汽油、水、颜料等。

实验步骤 观察汽油的颜色和气味，查阅资料，完成表格（表 2-4-1）。

表 2-4-1 汽油的理化性质

名　　称	理化性质
水 溶 性	
密　　度	0.70～0.78 g/cm³
颜　　色	
气　　味	
可 燃 性	
热　　值	44 000 kJ/kg

学科交叉

背斜成谷，向斜成山

水平岩层受力发生弯曲形成褶皱，即背斜、向斜。刚形成褶皱时是背斜成山、向斜成谷。

后来由于外力作用的影响，即背斜顶部因受张力影响，易受侵蚀而形成谷地，而向斜槽部物质因受挤压，结构紧密不易被侵蚀，形成山岭。（图 2-4-4）

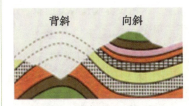

图 2-4-4 背斜成谷，向斜成山

科学思维

如何选取不同标号的汽油

汽油的标号越高，辛烷值越高，那么汽油的抗爆性也就越好。

92 号汽油指与含 92% 的异辛烷、8% 的正庚烷的汽油抗爆性能相当的汽油燃料。92 号汽油适合技术含量不高的普通车。

95 号汽油指与含 95% 的异辛烷、5% 的正庚烷的汽油抗爆性能相当的汽油燃料。95 号汽油适合绝大多数汽车。

98 号汽油指与含 98% 的异辛烷、2% 的正庚烷的汽油抗爆性能相当的汽油燃料。98 号汽油适合高档豪华汽车和大马力跑车。

很多车主认为高标号汽油会比低标号汽油更清洁，但实际上汽油标号与燃油是否洁净并无关系。汽油所含的杂质多产生于运输和储存的环节上，因此选择大品牌的加油站会更有保障。

知识链接

海中淘出"硬度之王"——金刚石

金刚石（图 2-4-5）是自然界中最硬的矿物，被誉为"硬度之王"。它是一种贵重宝石，有鲜艳夺目的光彩，制成的首饰珠光宝气，光彩照人。金刚石还可制成拉丝模，拉成的丝可做降落伞的线。细粒金刚石又是高级研磨材料，在机械、电气、航空、精密仪器制造等方面有着广泛的用途。

图 2-4-5 金刚石

金刚石在非洲纳米比亚的奥兰治河口到安哥拉的沿岸和大陆架区都有广泛分布，估计总储量有 4 000 万克拉。

经过多年的海底金刚石砂矿勘探，科学家现已查明，金刚石一般存在于水深 0~40 米之间的砂岩中，富集于离岸 0~12 千米内的范围内，但也有从深海中发现金刚石矿的情况，这引起了海洋地质学家的极大兴趣。

图 2-4-6 金刚石

图 2-4-7 石墨

✿ 滨海砂矿

滨海地区形成的丰富砂矿，是结晶岩风化后被河流、冰川等搬运至河口或海滨的。这些物质又经波浪、海流、潮流等水动力分选作用，使某些重矿物在一定地段富集而形成矿床。砂矿分布很广，储量也较大，矿种多，包含金、铂、金刚石、金红石、锆英石（图 2-4-8）、钛铁矿（图 2-4-9）、独居石、锡石、石榴石、磁铁矿、磷钇矿、铌铁矿、钽铁矿、铬铁矿、石英等几十种有用矿物，其中经济价值和开采价值较大的有 20 多种。

图 2-4-8 锆英石　　　　图 2-4-9 钛铁矿

砂矿开采已有多年历史，比较著名的有阿拉斯加海滩上的金、铂，非洲西南沿岸的金刚石，印度尼西亚勿里洞岛、邦加群岛和泰国普吉岛近海的沙锡，澳大利亚东海岸的金红石、锆石、独居石，美国佛罗里达海滩的钛铁矿等。

我国也是世界上滨海砂矿种类较多的国家之一。我国滨海砂矿资源主要有钛铁矿、锆英石、独居石、金红石、磷钇矿、铌钽铁矿、玻璃砂矿等十几种，此外还发现了金刚石和砷铂矿颗粒。海滨砂矿主要可分为 8 个成矿带，诸如海南岛东部海滨带、粤西南海滨带、雷州半岛东部海滨带、粤闽海滨带、山东半岛海滨带、辽东半岛海滨带、广西海滨带和台湾北部及西部海滨带。特别是广东滨海砂矿资源非常丰富，其储量居于全国首位。

知识拓展

观察石墨和金刚石的物理结构特征

金刚石（图 2-4-6）和石墨（图 2-4-7）都属于碳单质，是由相同元素构成的同素异形体。金刚石和石墨的化学性质完全相同，但不是同种物质，它们的物理结构特征不同。

思维拓展 通过观察、实验、查阅资料等，对比完成表格（表 2-4-2）。

表 2-4-2　比较金刚石与石墨的物理结构特征

物　质		金　刚　石	石　墨
物理性质	颜　色		
	硬　度		
	熔　点		
	导电性		良　好
	导热性		良　好
	用　途	钻头、装饰品等	

海底金属团——锰结核

锰结核的外形像"土豆疙瘩",直径一般在1~25 cm之间,最大的直径1 m,重几百千克。颜色大多是深棕色或土黑色,因其中锰金属含量较高(15%~30%),所以叫锰结核。有的锰结核中竟含几十种金属,因此人们又称它"海底金属团"。海底金属团中最有提取价值的金属有4种,即镍、铜、钴、锰。

锰结核是怎样形成的呢?科学界至今还没有一致的看法,有的说来自沉降海底动植物的遗体,有的说来自海底火山爆发产生的火山岩石,有的说是河流将大路上金属元素和沉积物带到海洋中经过自生化学沉积而形成的。这些理论都有不能自圆其说之处,所以锰结核的成因有待继续研究。

锰结核储量十分惊人,分布范围极广,占世界海洋面积的65%,其中以北太平洋分布面积最广,特别是北太平洋东部5°~15° N的区域,是全球锰结核矿最富集的地段,也是最具开采前景的矿区之一。

探究·实践

从锰结核中浸取锰元素

实验目的 研究锰结核的浸取。

实验器材 锰结核矿、硫铁矿、烧瓶、浓度为9.1%的硫酸溶液、90 ℃水浴锅、水、搅拌机、60目筛、80目筛。

实验步骤
1. 先将锰结核矿和硫铁矿经干燥、研磨预处理后,分别通过60目和80目筛。
2. 再向烧瓶中加入210 mL硫酸溶液,用水浴锅控温。
3. 然后在不断搅拌的条件下(搅拌速率为300 r/min)加入处理后的锰结核42 g,加入硫铁矿24 g,反应3 h。
4. 最后,待反应结束后过滤,用150 mL水分3次洗涤滤饼,将滤渣干燥至恒重,称重并研磨,分析其中锰的含量。

注意事项 避免被硫酸、热水灼伤。

固体瓦斯——可燃冰

20世纪中期,科学家在北极地区、西伯利亚油气田的冻土层和太平洋、大西洋的深海海底,发现了一种冰雪状的白色结晶体,这种晶体引起科学家们的浓厚兴趣。经过实验室分析表明,这是一种甲烷、乙烯等气体和水等物质在50~100个大气压和0 ℃~10 ℃的低温地质条件下形成的固态天然气水合物。由于固态的气体水合物外貌很像冰雪结晶体,且能被点燃,所以被科学家们称为"固体瓦斯"或"可燃冰"(图2-4-10)。可燃冰的能量密度高,杂质少,燃烧后几乎无污染。

勘探发现,在水深300~4 000 m的海底都存在着这种"可燃冰",矿藏面积约占全球海洋面积的1/10,矿层厚度达数米至数百米。据估计,全球可燃冰的储量是现有石油天然气储量的2倍。在世界油气资源逐渐枯竭的情况下,可燃冰的发现又为人类带来新的希望。

我国十分重视"可燃冰"的开发,全国有几十个研究单位在不同海区进行"可燃冰"资源的研究,并取得了可喜的成果。

科学思维

中国的锰结核调查史

1978年,"向阳红05号"海洋调查船在太平洋4 000 m下的深海海底首次捞获锰结核。经多年调查勘探,科学家在夏威夷西南,7°~13° N,138°~157° W 的太平洋中部海区探明了一块可采储量为20亿吨的富矿区。

1991年3月,联合国海底管理局正式批准"中国大洋矿产资源研究开发协会"的申请,从而使中国得到150 000 km² 的大洋锰结核矿产资源开发区。同时,依据1982年《联合国海洋法公约》,中国继印度、法国、日本、俄罗斯之后,成为第五个注册登记的大洋锰结核采矿"先驱投资者"。

2011年7月28日、30日,中国5 000 m蛟龙号载人潜水器顺利完成5 000 m级海上试验的第三、第四次下水任务,"蛟龙"号下潜到5 000 m的深海后,给我们带回了海底锰结核的画面,这也是5 000 m海底锰结核画面的首度曝光。"蛟龙"号同时带回5 000 m海底锰结核样本,中国向着开发海底锰结核矿源迈出重要一步。

2013年7月3日,正在进行首次试验性应用航行的"蛟龙号"载人潜水器在南海"蛟龙海山"区下潜,并在海底发现了大量的铁锰结核。

图2-4-10 可燃冰

学科交叉

可燃冰与天然气在燃烧时的区别

可燃冰，学名天然气水合物，通俗地讲就是水和天然气的混合物。

天然气是甲烷（CH_4），而可燃冰是水和甲烷的混合物（$CH_4 \cdot 8H_2O$）。

如果说天然气燃烧释放出来的是1份二氧化碳和2份水，那么可燃冰燃烧释放出来的便是1份二氧化碳和10份的水。

同质量的天然气和可燃冰在消耗同质量氧气的情况下，排放的污染气体二氧化碳是一样的，但可燃冰可以生成更多的水，燃烧释放出的能量也远远大于天然气。

知识拓展

可燃冰的开采方法

传统开采方法

1. **热激发开采法**：直接对天然气水合物层进行加热，使天然气水合物层的温度超过其平衡温度，从而促使天然气水合物分解为水与天然气的开采方法。
2. **减压开采法**：通过降低压力促使天然气水合物分解。
3. **化学试剂注入开采法**：通过向天然气水合物层中注入某些化学试剂，诸如盐水、甲醇、乙醇、乙二醇、丙三醇等，破坏天然气水合物的平衡条件，促使天然气水合物分解。

新型开采方法

1. **CO_2置换开采法**：在一定的温度条件下，天然气水合物保持稳定需要的压力比CO_2水合物更高。因此，在某一特定的压力范围内，天然气水合物会分解，而CO_2水合物则易于形成并保持稳定。如果此时向天然气水合物内注入CO_2气体，CO_2气体就可能与天然气水合物分解出的水生成CO_2水合物。这种作用释放出的热量可使天然气水合物的分解反应得以持续地进行下去。
2. **固体开采法**：最初是直接采集海底固态天然气水合物，将天然气水合物拖至浅水区进行控制性分解。这种方法进一步演化为混合开采法（或称"矿泥浆开采法"）。

随着世界工业和经济的高速发展，矿产资源消耗量急剧增加，陆地矿产资源在全球范围内日趋短缺。人们只能把占地球表面积71%以上的海洋，作为未来的矿产来源。

二 地球的灵魂——天然水晶

色彩斑斓、千姿百态的水晶是大自然的精华、地球的灵魂，有人称之为"地球的舍利""风水灵石"。水晶在地下经历了8 000万年以上生长时间，依照"六方晶系"的自然法则，结晶成六方柱状的水晶。江苏是中国优质水晶的主要产地之一，以连云港东海水晶最为著名，连云港被称为"中国水晶之都"。

水晶是宝石的一种，在矿物学上属于石英族，是石英结晶体，主要化学成分是二氧化硅，纯净时形成无色透明的晶体，当含微量元素铝、铁等时呈紫色、黄色、茶色等，诸如紫水晶（图2-4-11）、黄水晶（图2-4-12）、茶水晶、粉水晶（图2-4-13）等。含伴生包裹体矿物的被称为"包裹体水晶"，诸如发晶（图2-4-14）、绿幽灵等。

学科交叉

美丽的石头

自然界中美丽的石头很多，有被称为"晶王"的白水晶，有"愿望石"碧玺，有"爱情石"草莓水晶，有"芙蓉石"粉晶，有"彩虹石"萤石，有酷似孔雀羽毛上斑点绿色的孔雀石，还有钛晶、紫水晶、黄水晶、绿幽灵、石榴石等。

碧玺的意思为"混合宝石"，也被誉为"落入人间的彩虹"，又称"愿望石"，常被看作纳福驱邪的主要宝石。

钛晶在发晶族里能量最为强大，象征吉祥、富贵。

紫水晶有皇室般的神秘贵族风采，能带来温暖、慈悲、喜悦、开怀以及富有灵性的幽默感。

黄水晶俗称"财富之石"。

图2-4-11 紫水晶

图2-4-12 黄水晶

图 2-4-13　粉水晶

图 2-4-14　发晶

天然水晶具有压电性，平均每秒可以释放出 800 万次的振荡，这之间蕴藏着强大且充沛的能量，并且天然水晶凝聚了千万年的天地灵气，再由地壳中的各种自然元素（矿物质）沉淀而成。经过难以数计的岁月淬炼，长期与大自然间共振及互动，其正向磁场隐藏着无限的能量波。

水晶的物理、化学性质均较稳定，其压电性质及弹性性质使其机械振动表现于电气上时，有高 Q 值、低动率、高敏锐性、高稳定性等优良特性。因此，凡是要求高度精密、频率稳定的振荡器、滤波器皆需用水晶作为振荡材料。其用途诸如频率合成、计数、导航、导向等，可用于传真、计算机、通信、计时等科技或国防军事领域。

19 世纪末，科学家发现石英有压电性，在石英一端施压，另一端会释放电荷。20 世纪 20 年代，科学家又发现石英的振荡现象，通电时，水晶会膨胀，截断电流时便收缩到原来大小；不断加速地重复供电、停电，水晶则不断地高速胀缩、振荡，而振荡的频率却极为稳定。因为振荡频率高速而稳定，所以水晶便被制成芯片，是电器零件不可或缺的原材料。随着科技的日新月异，水晶以许多不同的方式被运用于传递能量与放大能量。例如，红水晶常被运用在显微镜手术的激光中。

多年来，许多专家、学者对水晶进行了深入研究，发现水晶具有五大功能：聚焦折射、储存资料、传递信息、转换能量、扩大能量。

聚焦折射：水晶有聚焦功能，可以将光线进行折射。人们利用水晶这一特点可以制造凸透镜、凹透镜等。在激光运用中，芯片和光束之合用，可在读秒声中测出地球与月亮间的距离；利用晶体的特性可以激发出高能量光束，以运用于眼科手术。

学科交叉

光的折射

光从一种透明介质斜射入另一种透明介质时，传播方向在交界面常会发生偏折，这种现象叫作"光的折射"（图 2-4-16）。若垂直入射，则不发生偏折。

生活中常存在折射现象，海市蜃楼就是光的折射造成的。早晨，当太阳还在地平线以下时，我们看到的日出不过是因为光在不均匀的大气中发生了折射。不同材质的折射率不同，水晶的折射率比玻璃的折射率大。

图 2-4-16　折射现象

知识链接

水晶球的双折射

光线射入水晶球以后会分解为两束折射率不同的光。非垂直界面的同方向入射光折射率不同，偏折角度不同，就会使一束光线分解为两束光，而且两束光的入射点是一致的。那么，两束折射光和入射点就形成了一个角度，随着材料厚度的增加，也就是光程的变化，这个角度固然不会发生变化，但是两束光之间的距离会越来越大。

探究·实践

尝试观察水晶球的双折射现象

实验目的　观察水晶球的双折射现象。

实验器材　1 枚大水晶球（直径约 6 cm）、带有长方形格子的纸等。

实验步骤

1. 先将方格纸铺平，将水晶球放在方格纸上。
2. 再调整水晶球，使线条出现最明显的重影，这是双折射导致的现象。（图 2-4-15）

思维拓展　请你解释水晶球发生双折射的原因。

图 2-4-15　水晶球的双折射现象

探究·实践

比较玻璃、塑料、水晶凸透镜的折射率

实验目的 比较玻璃、塑料、水晶凸透镜的折射率。
实验器材 玻璃凸透镜、塑料凸透镜、水晶凸透镜、光源、刻度尺、坐标纸
实验步骤
1. 先把坐标纸放在桌面上,用光源以一定的角度透过玻璃凸透镜,记录下数据。
2. 然后依次对塑料凸透镜和水晶凸透镜进行同样的实验,记录数据。
3. 最后分析数据,比较三种材质凸透镜的折射率的不同。

学科交叉

分辨水晶的真假

市场上有些假水晶会鱼目混珠,分辨真假水晶可采用如下方法:

1. 内包物。天然水晶在形成过程中,往往受环境影响会含有一些杂质,对着太阳观察时,可以看到淡淡的均匀细小的横纹或柳絮状物质。而假水晶多采用残次的原料熔炼,经过磨光加工,着色仿造而成,没有均匀的条纹、柳絮状物质。任何天然水晶都有或多或少的内包物,肉眼可以看得见。

2. 舌舔。即使在炎热的三伏天,用舌头舔天然水晶表面,也有冷而凉爽的感觉。假的水晶则无凉爽的感觉。

3. 光照。天然水晶竖放在太阳光下,无论从哪个角度看它,都能放出美丽的光彩,而假水晶则不能。

4. 硬度。天然水晶硬度大,用碎石在上面轻轻划一下,不会留下痕迹,若能留下痕迹,则是假水晶。

5. 偏光镜检查。在偏光镜下转动360°,有四明四暗变化的是天然水晶,没有变化的是假水晶。

6. 天然水晶有二色性,假水晶没有二色性。

储存资料 水晶具有储存功能,计算机CPU、内存条等的芯片正是利用此功能制成的,当有信息通过水晶,这些信息就会被水晶记录下来。压电下的水晶会带正、负不同电荷,这也是计算机二进制中的"0"与"1",是计算机的基础。水晶储存记忆的容量惊人,可以将大英百科全书全部的资料输入在比橡皮擦更小的体积内。

传递讯息 由于水晶芯片的振荡极为精准,且极有规律,除了可用于电子表的时间控制之外,还可用于执行计算机的精密计算,更可用于计算机间巨大讯息的传输。计算机各种板卡上的"晶振"就是用水晶做成的频率发生器。

能量转换 水晶可把不同的能源转换成其他能源,例如,把电能转换成光能、热能、声能、磁能,或把这些能源转换成电能。太阳能转换成电能便需要靠集热芯片,例如,太阳能集热芯片可将光变电、电变磁等。声、光、电、热、磁都是能源,能源不灭,只是转换成不同形态,而水晶是最佳的媒介。

能量扩大 通过水晶的能量能够增强而保持频率不变,例如,用扩音器时,电流通过石英转换成声能后(能量转换),再增强声浪(能量扩大),而且不会有走音的情况出现(频率不变)。水晶可将同频率的电子信号同频扩大,如收音机里的晶体能接收空气中的电波,并将其扩大再转换成人们耳朵听到的声波一样,而这个过程中被水晶放大的能量的倍数何止千万倍。

工程技术

天然水晶的加工

活动目的 学习天然水晶的加工方法。
活动材料 大锯、模具、金刚石盘、钻头等。
活动步骤
1. 开料。开料是将整块材料以大锯片高速锯出压坯所需的形状和大小。
2. 压坯。制作出成品所需尺寸及形状的模具,再将原料加温至900 ℃以上熔化,流入模具,压铸成坯。
3. 粗抛光。粗抛光是将模具压出的毛坯,以金刚石盘直接磨出成品之刻线。
4. 细抛光。在粗抛光之后,以抛光粉来打磨半成品,使其晶莹剔透。
5. 打孔。打孔是在水晶饰品成品未完成前,根据其所需的打孔的尺寸及位置,用钻头进行加工。

6. 丝印。对水晶表面附着的不同色料进行效果处理，如果色料层较厚，需要着力后才可脱落。
7. 镀彩。运用类似电镀的手法在水晶首饰表面镀上不同的色彩，层面较薄，经摩擦可划伤，出现划痕，镀彩经常位于底部。
8. 雕刻。雕刻可增强水晶立体感，但做工精细，成本高。加工时常以手工雕刻图形，以机器雕刻文字。
9. 喷砂。喷砂的立体感弱，较平整，无凹凸感，常在机器雕刻文字、图形后进行效果处理。成本低、制作快。
10. 激光内雕。以计算机辅助激光设备在水晶内部进行三维图案的雕刻，艺术效果好，且可以雕刻任意图案，效果逼真。

艺术鉴赏

水晶工艺品

工艺师能仿照自然界的花、鸟、虫、鱼等（图2-4-17）雕刻水晶工艺品，使其栩栩如生。

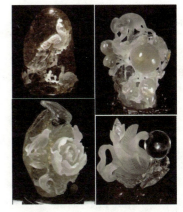

图2-4-17 水晶工艺品

天然水晶形状不规则，后期需要加工，才能制作出精美的水晶制品。

长久以来，生活在不同文化背景下的人们都将水晶作为装饰品和祭品，而现在，水晶常被制作成眼镜的镜片。

本节自我评估

一、概念理解

1. 锰结核的外表像（　　）。
   A. 土豆　　　　B. 香蕉　　　　C. 鱼鳃　　　　D. 雪花
2. 开发热液矿床与锰结核相比，**不具有**的优势是（　　）。
   A. 埋藏水深比锰结核浅　　　　B. 分布密度比锰结核大
   C. 冶炼难度比锰结核低　　　　D. 开发技术比锰结核简单
3. 下列各种物质燃烧后几乎无污染的是（　　）。
   A. 煤炭　　　　B. 天然气　　　　C. 可燃冰　　　　D. 石油
4. 下列有关叙述正确的是（　　）。
   A. 向斜是比较好的储油构造
   B. 海洋里不可能存在金刚石
   C. 热液矿床又称"重金属泥"，有"海底金银库"的美称
   D. "可燃冰"的主要成分是酒精，无杂质，点燃后无污染

二、思维拓展

1. 与陆地资源相比，海底矿产资源开发有哪些特点？
2. 在陆地矿产资源日益短缺的今天，虽然海底矿产资源丰富，但我们也应当对其合理利用和保护，实现可持续发展。请你谈谈在开发过程中，我们应该如何做？

三、工程技术

分析三种可燃冰传统开采方法各有什么缺陷？如何改进？

第 5 节 磅礴的力量
——能量资源

学习目标

说出 海洋能源的分类
描述 海洋能源的特点
概述 海洋能源的发展战略
学会 自制手机温差充电器
　　　 分析棉花糖波浪的原理
　　　 分析潮汐发电原理
　　　 模拟洋流的形成
　　　 分析盐差发电原理

关键词

- 海洋温度差能
- 波浪能
- 潮汐能
- 海流能
- 海洋盐度差能
- 清洁能源
- 可再生能源
- 发电

波澜壮阔的大海不停地运动着，波涛汹涌的海面似有吞噬一切之势。在陆地能源逐渐枯竭的今天，大海中蕴藏着无尽的力量：有上暖下凉、冷热不均的海水产生的温差能；有汹涌澎湃、翻江倒海的波浪能；有日夜涨落、终年不息的潮汐能；有若隐若现、行踪难觅的海流能；还有江河淡水与海洋咸水"会师"时产生的盐差能。这些能源构成了取之不尽、用之不竭的海洋能源。所以，战略家指出，海洋是人类 21 世纪开发新能源的主战场。

一　海洋热电站——海水温差能

海洋像个热水瓶，可以把热量储存起来，可海洋毕竟不是真的热水瓶，因为海水温度是随着深度而变化的，以热带海域为例，这海水在垂直方向上可分为四层：表层海水、变温层海水、中深层海水、深层海水（图 2-5-1）。

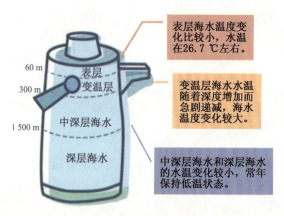

图 2-5-1　海水温度变化

赤道附近的海水因受到太阳的直射而变热，除了蒸发而散发到大气中的能量外，还有将近 13% 的太阳能以热能的形式被海洋吸收而储存起来。这样，赤道海域热能的收支平衡就遭到了破坏，出现了吸收多于放出的现象。

极地海域的情况正好相反，这就在整个地球范围内形成了新的热量平衡。这种新的热量平衡，是通过赤道海域不断向极地海域输送能量而建立起来的。而在极地海域，受冷的海水密度增大下沉到深处，再流向赤道海域，这种循环形成了海水垂直面上的水温变化，也为人类从海洋中取得能量创造了条件。

利用海水温差发电，不仅可以获得电能，还可以获得很多有用的副产品。例如：海水蒸发后留下的浓缩水可以用来提炼许多化工产品；蒸发的水蒸气冷凝后可以得到大量淡水，这些淡水可以满足沿海工农业生产的需求。

第2章 走向深蓝
——江苏海洋环境与资源的保护和利用

创客空间

自制手机温差充电器

活动目的 了解温差能发电的原理。

活动器材 一块半导体制冷片（长 40 mm、宽 40 mm）、盒子、DC-DC 稳压模块（稳压 5 V 左右）、一杯热水、手机数据线。

活动步骤

1. 先将半导体制冷片接到 DC-DC 稳压模块上。
2. 再找出手机数据线，将它接入到 DC-DC 稳压模块上的电压输出端。
3. 然后在盒子中放入 DC-DC 稳压模块，再在盒子上放上一杯热水（不超过 90 ℃）。（图 2-5-2）
4. 最后，将数据线插入手机充电接口，观察手机是否在充电。

图 2-5-2 自制手机充电器

知识链接

海水温差能的运用

法国是最早利用海水温差能的国家，早在 1861 年，著名的法国科幻小说家儒勒·凡尔纳，就幻想利用海水中储藏的太阳能了。1881 年法国科学家德尔松瓦第一个提出了温差发电的方案，他认为稀硫酸的水溶液在锅炉内加热到 30 ℃ 所产生的蒸汽压，与在冷凝器内冷却到 15 ℃ 所产生的蒸汽压，两者在温差为 15 ℃ 的条件下，相差为 2 个大气压，这个蒸汽压力差就可以用来做功。在自然界中，要寻找温差为 15 ℃ 的热源和冷源是十分容易的，例如，温泉的水和河里的水就可能相差 15 ℃，海洋表层的水和深层的水也可能有 15 ℃ 以上的温差。他的设想提出以后，美国、意大利和德国的科学家为实现这个设想进行了不懈的努力，但都没有获得成功。直到 1926 年，才有人第一次用实验证明了德尔松瓦设想的正确性。证明这个设想正确性的人是他的学生——法国物理学家克劳德和工程师布射罗。

二 海上"烈马"——波浪能

海水是由无数海水质点所组成的流体。在外力作用下，海水质点在其平衡点位置附近做周期性运动，这就形成了波浪（图 2-5-3）。风是引起水面波动的主要外界因素，风越疾、浪越高，大浪滔天时即使万吨巨轮也会随之摇摆。一般情况下，风力达到 10 级以上时，波浪的高度可达 12 m，更有甚者高达 15 m 以上，相当于五层楼的高度。海上常见六七级风，它掀起的波浪也有 3~6 m 高。

图 2-5-3 波浪

风的吹动或者潮汐的运动均会使海水质点相对海平面发生位移，从而使波浪具有势能，而海水质点的运动，又会使波浪具有动能。因此，实际上波浪能是海洋表面所具有的动能和势能的总和。另外，波浪能的大小还与风速、风向、连续吹风的时间、流速等诸多因素有关。

波浪能的主要用途是发电（图 2-5-8），除此之外，波浪能也可用于抽水、供热、海水淡化及制氢等。根据波浪能能量密度及其开发利用的自然环境条件，浙江、福建沿岸地区成为国家首选的波浪能重点开发利用地区，此外，较适合开发波浪能的地区还有广东东部、长江口和山东半岛南岸中段。这些地区有基岩海岸较长，近岸水较深，岸滩较窄，坡度较大等优点。其波浪能开发具有能量密度高、季节变

知识链接

波浪的能量与波高的平方、波浪的运动周期以及迎波面的宽度成正比。

化小、平均潮差小的优势

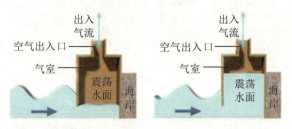

图2-5-8　波浪能发电

知识链接

海岸分类

海岸的类型多种多样，主要包括基岩海岸（图2-5-4）、砂质海岸（图2-5-5）、淤泥质海岸（图2-5-6）、生物海岸（图2-5-7）等。

图2-5-4　基岩海岸

图2-5-5　砂质海岸

图2-5-6　淤泥质海岸

图2-5-7　生物海岸

技能训练

制作棉花糖波浪

活动目的　感受波的产生和传递。

活动器材　胶带、二十根木制或竹制串肉或糖葫芦的签子、四十个棉花糖、两把椅子。

活动步骤

1. 先将1 m多长的胶带展开，平铺在桌面上，注意要将有黏性的一面朝上。
2. 再将二十根竹签或木签整齐地垂直排列在铺好的胶带上，每隔5 cm放一根。
3. 又展开1 m长的胶带，将有黏性的一面与刚才放好木签的胶带粘在一起，就像三明治一样把木签夹在中间。（图2-5-9）
4. 然后将四十个棉花糖分别插在二十根竹签或木签的两个末端。

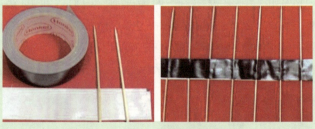

图2-5-9　制作棉花糖波浪（一）

5. 接着将两把椅子背对背放置，中间留下足够的空间使胶带能够拉直。
6. 最后多用一些胶带将竹签或木签在椅背上固定好，轻轻敲一下竹签或木签一端的棉花糖，看看你的棉花糖胶带是如何波动的。（图2-5-10）

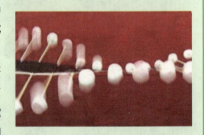

图2-5-10　制作棉花糖波浪（二）

三　月亮赠礼——潮汐能

月球引力的变化引起潮汐现象，潮汐导致海水平面周期性地升降，因海水涨落及潮水流动所产生的能量，称为潮汐能。其水位差表现为势能，其潮流的速度表现为动能。这两种能量都可以利用，是可再生能源，可用于发电（图2-5-11）。在各种海洋能的利用中，潮汐能的利用是最成熟的。

第 2 章 走向深蓝
——江苏海洋环境与资源的保护和利用

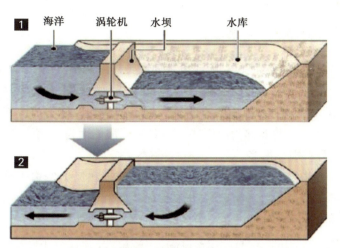

图 2-5-11 潮汐电站工作原理

世界上潮汐能最大的地方是加拿大的芬地湾,那里的海潮最高时达到 18 m,相于 6 层楼房的高度。1912 年,世界上第一座潮汐发电站在德国的布朗姆建成。目前世界上最大的潮汐发电站,是 1966 年法国在朗斯建成的 240 000 kW 潮汐电站。中国于 20 世纪 70 年代先后建成了一批小型潮汐电站,到 1998 年底,中国潮汐发电总装机容量为 1 0650 kW,发电规模仅次于法国和加拿大。中国的江厦潮汐试验电站(图 2-5-12),是中国最大的潮汐试验电站,建于浙江省乐清湾北侧的江厦港,装机容量 3 200 kW,于 1985 年正式投入运行。

图 2-5-12 江厦潮汐试验电站

探究·实践

模拟潮汐能发电

实验目的 探究潮汐是如何发电的。

实验器材 一个自制的小叶轮、两个装水的大饮料瓶、两根洗衣机常用的软管、细铁丝、水、两边带孔的透明塑料盒、剪刀。

实验步骤

1. 先把小叶轮放入塑料盒,将两根软管分别穿过小孔,密封,固定。
2. 再将大饮料瓶尾部剪去。
3. 然后使两根软管另一端分别连接饮料瓶瓶口,倒水。
4. 最后将 A 抬高,表示涨潮,水从 A 流向 B,推动叶轮转动;将 A 放低,表示落潮,水 B 从流向 A,推动叶轮转动。(图 2-5-13)

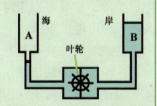

图 2-5-13 叶轮转动示意图

学科交叉

地震波

地震波(图 2-5-14)是一种机械运动的传布,产生于地球介质的弹性。它的性质和声波很接近,因此又称地声波。但普通的声波在流体中传播,而地震波是在地球介质中传播,所以要复杂得多,在计算上地震波和光波有些相似之处。

地震波按传播方式分为三种类型:纵波(P)、横波(S)和面波(L)。纵波是推进波,在地壳中的传播速度为 5.5~7 km/s,最先到达震中,它使地面发生上下振动,破坏性较弱。横波是剪切波,在地壳中的传播速度为 3.2~4.0 km/s,第二个到达震中,它使地面前后、左右抖动,破坏性较强。面波是由纵波与横波在地表相遇后激发产生的混合波。其波长大、振幅强,只能沿地表面传播,是造成建筑物强烈破坏的主要因素。

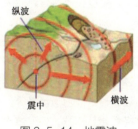

图 2-5-14 地震波

科学思维

太阳和月亮对潮汐的贡献

万有引力定律表明引力的大小和两个物体质量的乘积成正比,和它们之间距离的平方成反比。

太阳对地球的引力比月球对地球的引力要强大得多,但太阳的起潮力(或称"起潮力")却不到月球的 1/2。这是什么原因呢?

科学思维

引潮力和引潮天体的关系

引潮力和引潮天体的质量成正比，和该天体到地球的距离的立方成反比。因为太阳的质量约是月球质量的 $2.71×10^7$ 倍，而日地间的平均距离约是月地间平均距离的 389 倍，所以月球的引潮力约是太阳的引潮力的 2.17 倍，因而从力学上可以证明潮汐确实主要由月球引起。举个例子，如果某地潮水最高时有 10 m 高，其中 7 m 是月球造成的，太阳的贡献只有 3 m，而其他行星不足 0.6 mm。

知识链接

洋流的其他作用

1. 暖流对沿岸气候有增温增湿的作用，寒流对沿岸气候有降温减湿的作用。

2. 寒暖流交汇的海区，海水受到扰动，可以将下层营养盐类带到表层，有利于鱼类大量繁殖，为鱼类提供诱饵。两种海流还可以形成"水障"，阻碍鱼类活动，使得鱼群集中，易于形成大规模渔场，如舟山渔场、日本北海道渔场等。有些海区受离岸风影响，深层海水上涌把大量的营养物质带到表层，从而形成渔场，如秘鲁渔场。

3. 海轮顺海流航行可以节约燃料，加快速度。暖寒流相遇，往往形成海雾，对海上航行不利。此外，海流从北极地区携带冰山南下，给海上航运造成威胁。

4. 海流还可以把近海的污染物质携带到其他海域，有利于污染的扩散，加快净化速度。但是，其他海域也可能因此受到污染，使污染范围更大。

总之，掌握海流的规律，对渔业、航运、排污和军事等都有重要意义。

四 海中之河——海流能

除了潮汐与波浪，海流还可以为人类提供能量。由于海水温度、盐度分布的不均匀而产生的海水密度差和压力梯度，以及风力作用等会使海水产生大规模的方向基本稳定的流动，称为海流或洋流。海流所具有的动能称为海流能。相对于波浪能而言，海流能的变化要平稳且有规律得多。

海流能的主要利用方式是发电，其原理和风力发电十分相似。根据沿海能源密度、蕴藏量和开发利用的环境条件等因素，科学家发现舟山海域的开发前景最好，其次是渤海海峡和福建的三都澳等。以上海区的海流能均有能量密度高，蕴藏量大，开发条件较好的优点，可以优先开发利用。

探究·实践

模拟洋流的形成过程

实验目的 了解洋流的形成原因。

实验器材 透明水槽、纸屑、吹风机、两个用薄膜包裹的木质隔板、食盐、红墨水、蓝墨水、清水等。

实验步骤

1. 模拟风海流的形成过程。
（1）在透明水槽中盛满水，并在水面上撒上纸屑。
（2）利用吹风机模拟风带吹拂水面，观察水体的运动方向。
2. 模拟密度流的形成过程。
（1）制作两份不同浓度、相同温度的盐水。
（2）在透明水槽中插入一个薄膜包裹的木质隔板，并在水槽的两侧分别盛入温度相同、浓度不同的盐水（水面高度一致）。
（3）向透明水槽两侧分别添加红墨水和蓝墨水。
（4）抽出用薄膜包裹的木质隔板，观察水体的运动方向。
3. 模拟补偿流的形成过程。
（1）在水槽中插入两个用薄膜包裹的木质隔板，并在水槽的三个区域里盛入温度相同、浓度相同的盐水，并保持水面一致。
（2）在水面上撒上纸屑，用吹风机模拟风带吹拂水面。
（3）抽出用薄膜包裹的木质隔板，观察水体的运动方向。

五 咸水和淡水的较量——盐差能

在海水和江河水相交汇处，还蕴含着一种鲜为人知的盐差能。盐差能是指海水和淡水之间或两种含盐浓度不同的海水之间的化学电位差能，主要存在于河海交接处。盐差能是海洋能中能量密度最大的一种可再生能源。

盐差能的主要利用方式是发电。目前提取盐差能的主要方法有三种：渗透压能法以淡水与盐水之间的渗透压力差为动力，推动水轮机发电；反电渗析法用阴阳离子渗透膜将浓、淡盐水隔开，利用阴阳离子的定向渗透在整个溶液中产生的电流；蒸汽压能法以淡水与盐水之间蒸汽压差为动力，推动风扇发电。

> **知识拓展**
>
> **探究压力延缓渗透技术**
>
> 尝试分析压力延缓渗透技术的原理。（图2-5-15）
>
> 提示：液体具有渗透性，低浓度液体会自然地向高浓度液体渗透，这一过程会产生压力。在该机制中，淡水会自然渗透过特殊的膜层，稀释另一侧的海水，这种流动产生的压力可以驱动涡轮发电机发电。
>
>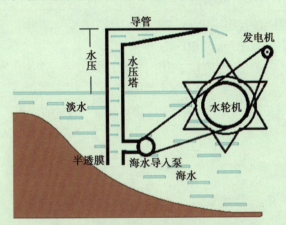
>
> 图2-5-15 压力延缓渗透技术示意图
>
> **思维拓展** 在投入实际使用的过程中，需要解决哪些困难？
>
> 提示：例如，大面积的半透膜和长距离的拦水坝，投资惊人，半透膜要承受2 MPa的渗透压，也难以制造。

> **科学思维**
>
> **蒸汽压式盐差能发电系统**
>
> 目前，人们正在研究开发一种新型的蒸汽压式盐差能发电系统。在同样的温度下，淡水比海水蒸发得快。因此，海水一边的蒸汽压力要比淡水一边低得多，于是，在空室内，水蒸气会很快从淡水上方流向海水上方。只要装上涡轮，就可以利用盐差能进行工作。利用蒸汽压式盐差能发电不需要处理海水，也不用担心生物附着和污染。
>
> 除此之外，人们还采用机械—化学式盐差能发电系统和渗析式盐差能发电系统来获得电能。经过实验，这些方案也都有着诱人的发展前景。

海是生命之源，随着科技的进步与时代的发展，海洋的能量被人们越来越充分地利用。可以想象，在不远的将来，随着海洋开发的深入，人类背负的能源压力将大大减轻。

一、概念理解

1. 下列选项中**不属于**清洁能源的是（　　）。
   A. 石油　　　　　　B. 波浪能　　　　　C. 潮汐能　　　　　D. 温差能
2. 海水温度随着水深而变化，其中被称为"变温层的深度"是（　　）。
   A. 从海面到深度 60 米左右　　　　　B. 水深 60～300 米
   C. 深度在 300 米以下　　　　　　　D. 深度在 1 500 米以下
3. 各种海洋能的利用中，最成熟的是（　　）。
   A. 盐差能　　　　　B. 波浪能　　　　　C. 潮汐能　　　　　D. 海流能
4. 波浪能在哪种海岸有更佳的表现（　　）。
   A. 基岩海岸　　　　B. 砂质海岸　　　　C. 淤泥质海岸　　　D. 生物海岸
5. 盐差能的储存形式是（　　）。
   A. 机械能　　　　　B. 热能　　　　　　C. 动能　　　　　　D. 化学能

二、思维拓展

1. 欧洲北海地区为什么波浪能丰富？
2. 泰坦尼克号是当时世界上体积最庞大、内部设施最豪华的客运轮船。它从英国南安普顿出发，经法国瑟堡—奥科特维尔以及爱尔兰昆士敦，驶向美国纽约。船上时间1912年4月14日23时40分左右，泰坦尼克号与一座冰山相撞，造成右舷船艏至船中部破裂，超过1 500人丧生。结合地图和洋流的影响，说说"泰坦尼克号"为何沉没？

三、工程技术

在实际中利用潮汐来推动发电机发电还存在很多问题，请你说出其中的两个问题。

第 6 节 拯救蔚蓝
——守护海洋

她的肌肤，亿万年里美丽不曾改变；她的骨骼，印刻着亘古的变迁；她的脉络，承载着生命的希望。她，就是地球上蔚蓝的海洋，孕育与供养着地球生命的母亲。海洋以智慧给予人类启迪，教会了我们探索与创造，供养着人类生息繁衍。然而，我们却没能友善回报。只是一味地索取，让她的呼吸变得沉重，心跳变得缓慢，血液变得浑浊，肌肤开始龟裂……现在，她急需我们的理智、敬畏和保护。让我们即刻觉醒，一起携手，拯救蔚蓝。

学习目标

描述 海洋污染
　　　塑料垃圾的危害
　　　海水酸化的危害
调查 海滩上的塑料垃圾
探究 碳酸饮料对贝壳的腐蚀性
　　　二氧化碳含量对小丑鱼监听声音的影响
　　　不同防晒霜的防晒效果

关键词

- 塑料垃圾
- 海水酸化
- 石油污染
- 海洋保护

一 深蓝之殇——海洋污染

海洋污染是指人类改变了海洋原来的状态，使海洋生态系统的正常结构和功能遭受到破坏。有害物质进入海洋而造成的污染，会损害生物资源，危害人类健康，妨碍渔业捕捞等。

海洋面积辽阔，长期以来是地球上非常稳定的生态系统。沧海变迁，由陆地流入海洋的各种物质被海洋接纳，而海洋本身却没有发生显著的变化。然而近几十年，随着各地工业的发展，海洋的污染也日趋严重。局部海域环境发生了很大变化，并有继续扩展的趋势。

✳ 塑料垃圾

人们把海洋上漂浮的塑料垃圾（图2-6-1）整体称作"第八大陆"。全世界每秒钟有超过200千克的塑料被倾倒入海洋，累计每年有超过800万吨的塑料留在海洋当中，占到海洋垃圾总量的75%，虽然有些废弃物可以在6个月内降解消失，但有些却可能在海洋中存留数百年。其中有15%的垃圾漂在海面上，15%的垃圾在海面以下顺水而动，还有70%沉积在海底，因此人们可以看到的垃圾只是冰山一角，海洋塑料垃圾每年造成1 500万个海洋生物死亡。

海鸟扎中了一只塑料盖，挣脱不掉，最后饿死。

海鸟因为吞食了太多塑料垃圾而死亡。

科学思维

海鸟为何吃塑料垃圾？

每年都有许多海鸟因为吞食塑料垃圾而受伤和死亡，为什么海鸟会吃塑料垃圾呢？

研究显示，塑料垃圾在海洋中漂浮了一段时期之后，因其表面的浮游生物分解会释放出二甲硫醚，这种化学物质含有硫气的味道，有点像腐烂的海藻和煮过的白菜。由于海鸟是靠嗅觉来寻找食物的，它们闻到塑料的气味，以为是食物，就会把这些"垃圾食品"吞下肚去。

思考 如果要探究鱼是否受塑料中的化学物质味道的吸引，如何设计探究方案？

创新思维

人体内微塑料的研究

研究人员选择了八名志愿者，进行了为期一周的饮食控制，最终收集其粪便样本以供研究。

结果，八个样本均发现了多达九种不同种类的微塑料，大小从 0.05～0.5 mm 不等。其中最常见的为聚丙烯 (PP) 和聚对苯二甲酸乙二醇酯 (PET)，两者皆为塑料瓶和瓶盖的主要成分。

思考 如果要使这个实验结果更准确，你觉得应该如何改进研究方案？

被塑料圈套住，身形严重扭曲的乌龟。

遭到塑料垃圾污染的海洋。

随处可见的塑料污染

海鸟在塑料瓶旁觅食

图 2-6-1 海洋里的塑料垃圾

调查走访

调查海滩上的塑料垃圾

活动目的 调查海滩上的塑料垃圾。

活动器材 拾物灵巧的长夹子、大布袋、放大镜等。（图 2-6-2）

图 2-6-2 调查海滩塑料垃圾活动器材

活动步骤

1. 先选择一片沙滩。
2. 然后用长夹子捡取沙滩上的塑料垃圾，回收于收纳袋里，并记录塑料垃圾的名称和种类。
3. 最后取大约 500 g 沙子，用放大镜观察沙粒中的微塑料垃圾及其他塑料垃圾，猜测它们的来源。

注意事项 注意操作安全，并将其他垃圾一同带回。

某些塑料颗粒中含有的有毒成分，进入生物体内会引发机体代谢障碍而引发疾病。通过食物链，这些塑料颗粒中的有毒物质，最终则又会回到人类的餐桌上，进入人体内。

❉ 海水酸化

海水酸化指的是海水溶解了大气中的二氧化碳后，pH 逐渐降低的趋势。人类向大气排放的二氧化碳约 30%～40% 会溶解于海洋、河流和湖泊等水体中，溶解的二氧化碳有一部分会和水反应，生成碳酸，电离出氢离子，导致海水的碱性减弱。

从 20 世纪 80 年代末开始，科学家们定期对海洋酸度进行检测，海洋 pH 在短短 30 年内，从 8.11 下降到了 8.06。

碳酸钙是构成许多海洋生物壳体或骨骼的主要材质，这些生物从海水中吸收碳酸钙形成贝壳。海水中碳酸含量升高意味着水中有更多的氢离子，它们与碳酸盐离子发生化学反应，使其难以正常形成碳酸钙。另外，当贝壳遇到了弱酸性的海水时，壳也会被溶解。

知识链接

海洋酸化损伤贝类的图解

二氧化碳微溶于水，与海水结合会生成碳酸，改变表层海水的酸度。（图2-6-4、图2-6-5）

图2-6-4 海洋酸化

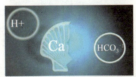

图2-6-5 海洋酸化损伤贝类

探究·实践

探究碳酸饮料对贝壳的腐蚀性

实验目的 探究海水酸化对贝类的影响。

实验器材 贝壳、雪碧。（图2-6-3）

实验步骤

1. 先取一些贝壳（最好带花纹，诸如小花蚬的贝壳，大小以能放入雪碧瓶口为宜）清洗干净，晾干。
2. 再称取2份等量的贝壳，细节拍照。
3. 又取盛有300 mL雪碧的瓶子，打开瓶口，放入一份贝壳，瓶口拧紧。
4. 然后另取300 mL雪碧的空瓶子，加入300 mL的海水，然后放入另一份贝壳，瓶口拧紧。
5. 20天后打开瓶口，分别取出贝壳，拍照并称重。
6. 最后比较实验前后贝壳外观的变化和质量的变化。

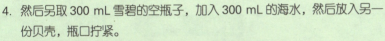

图2-6-3 贝壳、雪碧

思维拓展

1. 比较实验前后贝壳的外观颜色变化和软硬度变化。
2. 比较前后质量的变化，你能得出什么结论？

海洋生物体液的 pH 将会受到海水 pH 的影响。这将破坏海洋生物的内环境稳态。那些酸碱平衡调节能力较弱的低等海洋生物，如藻类、珊瑚、棘皮动物等，将面临由于组织渗透压改变而造成的细胞损伤或细胞破裂，进而导致生物体的各种组织机能损伤，甚至个体死亡。

海洋酸度的增加造成了碳酸根离子的增加，这会减慢珊瑚虫、贝类、浮游生物等海洋生物的成钙过程，已经形成的钙质也更易溶解。（图2-6-6）

探究·实践

探究海水中的二氧化碳含量对小丑鱼监听声音的影响

实验目的 探究海水酸化对鱼类的影响。

实验器材 小丑鱼、三个海水箱等。

实验步骤

1. 先把小丑鱼放入三个海水箱中。
2. 然后在一个海水箱中模拟当前大气中的二氧化碳含量（百万分之三百九十），另外两个海水箱模拟2050年、2100年的大气二氧化碳含量（分别为百万分之六百、百万分之九百）。
3. 最后利用水下扬声器播放捕食者声音的录音。

实验现象 实验期间，在模拟当前环境的海水箱中，小丑鱼有四分之三的时间远离扬声器；在模拟的2050年海水中，小丑鱼有近一半的时间远离扬声器；在模拟的2100年海水中，小丑鱼对捕食者声音无动于衷。

思维拓展 仔细观察上述实验，分析数据，你能得出什么结论？

图2-6-6 贝壳被酸化损伤的程度

> **关注环境**
>
> **海洋魔法师——珊瑚**
>
> 珊瑚虫是地球上最古老的生物之一。它细软柔弱却在一呼一吸之间积淀坚实，它身材细小却造出岛礁或高大"烽火树"，在清澈海水下染出五彩斑斓的海底世界。
>
> 公元前 3000 年，苏美尔人就已经用红珊瑚制作首饰了；早在西汉初年，地处南海沿岸的南越王就向汉文帝进献"烽火树"，即珊瑚原枝。
>
> 研究者发现，珊瑚骨骼还可以作为人类骨骼的理想替代材料。珊瑚骨骼是由碳酸钙构成的，由碳酸盐转变成羟基磷灰石，可应用于牙齿种植、面貌复原、脊柱融合以及骨折修复等领域，能完美地修复受损骨头。
>
> 目前，珊瑚礁正面临着包括全球变暖和海水酸化在内的多重威胁。海水酸度的提高抑制了珊瑚的生长，甚至会侵蚀珊瑚的骨骼，导致珊瑚大量死亡。

海洋酸化还可能导致气候变暖加剧，海水 pH 的降低导致了二甲基硫化物浓度的下降。海洋生物排放是大气硫元素的最大天然来源，大气中的硫元素能够增强大气对辐射的反射，从而降低地球表面温度。研究表明，到 2100 年，海洋生物对硫元素的排放将下降 18% 左右，而这将引起显著的辐射强迫，地球温度将上升 0.23 ℃～0.48 ℃。

人们一定要带着远虑与近忧去认识海洋酸化的危害。今天的海洋是人类碳排放的吸收体，有可能还是牺牲品。海洋酸化是循序渐进、从量变到质变的，并且该过程是不可逆的。如果我们不对其合理控制，总有一天，海洋将承受不可承受之"酸"。

❋ 石油污染

海洋石油污染的主要来源有两种：一种是天然来源，主要有生物代谢或死亡分解和海底石油渗漏等；另一种是因人类活动造成的，以船舶运输、海上油气开采及沿岸工业排污为主，船舶泄漏也是污染的主要来源。

> **探究·实践**
>
> **尝试模拟石油泄漏及清理**
>
> **实验目的** 模拟石油泄漏及清理。
>
> **实验器材** 平底盆、棉球、羽毛、石油、木棒、吹风机。（图 2-6-7）
>
>
>
> 图 2-6-7　模拟石油泄漏及清理的器材
>
> **实验步骤**
> 1. 先把平底盆平放在桌面上，在盆的一边铺上 2 cm 海沙模拟"海滩"，另一边模拟"海洋"。往盆里倒入 2 cm 深的水。
> 2. 再将 20 mL 的石油缓缓地倒入盆中央，记下观察到的现象。
> 3. 又将羽毛和你的一个手指分别浸入石油中，观察它们各自沾油的情况。
> 4. 尝试用棉球擦去羽毛和手指上的石油，记下是否有石油留在羽毛或皮肤上。
> 5. 接着清理泄漏的油。试着用木棒将油挡在"海滩"外边，从"海洋"的一边用吹风机向水面轻轻吹气来模拟风和浪，再用棉球尽可能地将油从水面清除，并记下观察到的现象。
> 6. 最后在结束后，清理干净用具，将手洗净。
>
> **思维拓展** 减少石油泄漏的一个途径就是尽量减少石油运输，这就需要人们在日常生活中减少石油产品的使用量。请查阅相关资料，了解节省石油的方法和途径。

> **知识链接**
>
> **石油管道发展史**
>
> 1859 年 8 月 27 日，美国宾夕法尼亚的泰特斯维尔诞生了美国第一个油田。最早的盛油工具是装啤酒的木桶，运输费用很高。
>
> 采油生产商塞缪尔·范赛克尔决定在油区里铺设一条输油管道。管道是用螺栓把一根根直径约 5.08 cm 的熟铁管连接起来铺成的，日输油量 800 桶。

输油管道具有运量大、密封性好、成本低和安全系数高等特点，是目前输送石油的主要工具之一，未来有相当大的发展潜力。

二 蔚蓝觉醒——海洋保护

任何俯瞰过海洋的人，大抵都曾被它无边无际的美所震撼，然而一些石油、污水、重金属等工业废弃物源源不断地被投入海洋，对海洋的过度开发和污染给大海造成了很大的伤害，渔业资源也正在以令人心惊的速度减少。

❋ 防晒霜弄哭了大海

羟苯甲酮是一种人工合成化合物，具有吸收紫外线的功能，因此被作为防晒霜的一种成分，它也出现在具有防晒功能的保湿霜和唇膏中。研究发现，在温暖的水域中，如果羟苯甲酮浓度持续多日达到 400 ppt 左右就足以导致珊瑚白化；另外，羟苯甲酮还会干扰虾和蛤蜊等海洋生物的内分泌。

探究·实践

探究不同防晒霜的防晒效果

实验目的 探究不同防晒霜的防晒效果。

实验器材 两张不吸收阳光的透明塑料薄片、一张感光纸（感光纸是深灰色的，当它暴露在温和的阳光下时会褪色成较浅的灰色，而当暴露在强烈的阳光下时会变成白色）、矿物油 M（能让大部分的阳光穿透）和含有氧化锌的乳霜（氧化锌几乎能完全阻挡阳光）、四种不同的防晒霜 A 类、B 类、C 类、D 类。

实验步骤

1. 先将四种防晒霜、矿物油和乳霜滴一滴在第一张塑料薄片上所标示的圆圈内。（图 2-6-8）

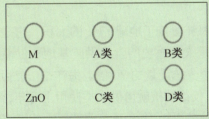

图 2-6-8 步骤一

2. 然后将第二张塑料薄片覆盖在上面，并将一本大书放在两张薄片之上往下压。（图 2-6-9）

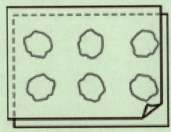

图 2-6-9 步骤二

3. 最后将上面叠加的塑料薄片放在一张感光纸上面，置于阳光充足的地方。（图 2-6-10）

知识链接

其实，中国人早在 1 000 多年前就已经在四川自流井地区使用竹、木管道来输送天然气和卤水。这种管子叫"筦"或"梘"，是在中间挖空的竹子或木头外面缠上竹篾条，再用桐油和石灰把缝隙涂上，以起到连接、加固和防止渗漏的作用。

关注环境

世界海洋日

在第 63 届联合国大会上，每年的 6 月 8 日被确定为"世界海洋日"。2009 年 6 月 8 日晚，美国纽约帝国大厦点亮蓝色景观灯纪念首个"世界海洋日"。

2009 年首个世界海洋日的主题是"我们的海洋，我们的责任"。

2010 年世界海洋日的主题是"我们的海洋：机遇与挑战"。

2011 年世界海洋日的主题是"Our Oceans: greening our future"。

2012 年世界海洋日的主题是"海洋与可持续发展"。

2013 年世界海洋日的主题是"团结一致，我们就有能力保护海洋"。

2014 年世界海洋日的主题是"众志成城，保护海洋"。

2015 年世界海洋日的主题是"健康的海洋，健康的地球——关注塑料污染"。

2016 年世界海洋日的主题是"关注海洋健康，守护蔚蓝星球"。

2017 年世界海洋日的主题是"我们的海洋，我们的未来"。

2018 年世界海洋日的主题是"奋进新时代，扬帆新海洋"。

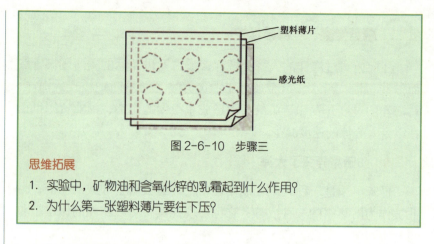

图 2-6-10　步骤三

思维拓展

1. 实验中，矿物油和含氧化锌的乳霜起到什么作用?
2. 为什么第二张塑料薄片要往下压?

🌸 保护海洋环境，从我做起

自然面前，人们越来越强大；环保面前，人类却显得渺小。保护海洋生物，清洁海洋环境，我们依然任重道远。

关注环境

保护海洋，我们能做什么

保护海洋，从点滴做起，从自我做起，从小事做起。保护海洋环境，维护生态和谐，我们可以做到：

1. 过低碳生活，减少碳排放。
2. 做个有责任感的海边游客，不要往海中投放垃圾。
3. 帮助清理侵袭海岸的绿藻。
4. 少用塑料制品，避免"塑化"海洋。
5. 保护海滩环境，清理海洋及海岸垃圾。
6. 惜食海鲜，拒食鱼翅和其他濒危海洋动物，不购买海豹皮等海洋生物制品。
7. 了解海洋科普知识，支持海洋公益行动，宣传海洋保护知识。

创客空间

开展海洋环保主题活动

活动目的　增强海洋保护意识并付诸行动。

活动步骤

1. 先进行海洋保护的科普讲座。
2. 再进行海洋保护的主题演讲。
3. 又进行海洋保护的绘画创作。
4. 然后进行海洋保护的知识问答。
5. 接着进行海洋保护的摄影展。
6. 最后参观海底世界、海鲜市场、水族馆等。

广袤无垠的海洋覆盖了地球 71% 的面积，它是大陆淡水径流的主要来源。海洋是人类重要的食品供应基地，仅藻类产品的产量就相当于世界目前小麦总产量的 20 倍。海洋是一座巨大的油库，海底还有丰富的矿产，仅锰结核就可供人类使用上万年，海水中还含有铀、氢的同位素等多种核原料，海洋还蕴藏着巨大的潮汐能。广阔的水面，巨大的水体和永不停息的海流调节了全球的气温和降水。可以说海洋保护了地球上所有的生命，当然也包括人类。

海洋是我们的生命之源，保护海洋也是人类永恒的使命。

本节自我评估

一、概念理解

1. 电影《海底总动员》中活泼可爱的小丑鱼令人记忆犹新,但英国研究人员发现,海水酸化可能使海洋中的小丑鱼在21世纪末失聪,而这也将威胁到它们的生存。全球海洋pH发生变化是(　　)。
   - A. 全球变暖,海水温度升高所致
   - B. 火山喷发的CO_2溶于海水所致
   - C. 海洋中的生物死亡分解所致
   - D. 人类排放的CO_2溶于海水所致

2. 人类活动对海岸造成威胁最大的是(　　)。
   - A. 修筑海堤等海岸防护工程
   - B. 捕鱼、拾贝
   - C. 采石挖沙,滥挖珊瑚礁
   - D. 海岸围垦

二、思维拓展

1. 下面的柱形图显示了海洋石油污染的主要来源。分析图表(图2-6-11),回答下列问题:

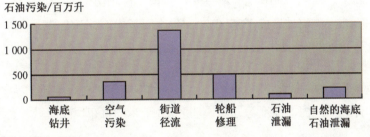

图2-6-11　海洋石油污染主要来源

（1）哪种污染源造成的后果最为严重?

（2）就你个人的力量而言,你可以减轻哪种污染源?应该采取哪些行动?

2. 因为鱼翅(图2-6-12)贸易,每年全球约有一亿条鲨鱼被捕杀。人们都以为鱼翅很珍贵、很滋补,但科学家做实验发现,一碗鱼翅和一碗鸡蛋羹比较,鱼翅的蛋白质和很多营养成分远不如鸡蛋羹。思考回答：

图2-6-12　鱼翅

（1）鱼翅是指鲨鱼的什么器官?

（2）鲨鱼是海洋生态系统中重要组成部分,以海上霸王的姿态稳坐海洋生物食物链的顶端。请写出一条食物链。

（3）如果鲨鱼灭绝了,会给海洋和人类带来什么影响?

（4）"没有买卖就没有杀害",请你也设计一条保护鲨鱼的广告语。

一、概念理解

相传13世纪，意大利探险家马可·波罗历经千难万险，终于踏上中国大地，他在游记里描述："在漫长的海岸地带，有许多盐场，生产大量的盐。"这个让西方探险家所惊叹的盐就是属天下之珍、一国之粹的淮盐。请根据题意回答下列问题：

1. 淮盐的制作最早采用的是海水煮盐。"土面刮来淋玉液，鳌头沸尽结银花"，说的是哪种海水煮盐工艺（　　）。
   A. 草木灰制盐　　　B. 火煮盐法　　　C. 刮土淋卤　　　D. 滩灰淋卤
2. 下列选项中不属于海水提盐的方法是（　　）。
   A. 盐田法　　　　　B. 电渗析法　　　C. 冷冻法　　　　D. 结晶法

二、思维拓展

直布罗陀海峡是连接大西洋和地中海的狭窄水道，由于地中海海水的盐度比大西洋高，密度大，但地中海海面低，因此在直布罗陀海峡形成了密度流，海水水面至400米深处海水向东流（盐度低—盐度高），400米以下海水向西流（盐度高—盐度低）。请回答下列问题：

1. 在二战时期，德国潜水艇就曾利用洋流躲避盟军设在直布罗陀海峡的雷达监测，多次进出地中海，使英法联军的海军遭受巨大的损失。请你分析德军潜艇如何利用洋流来躲避雷达监视？
2. 请从两岸归属、山体岩质、海域深度等原因说明才13千米的直布罗陀海峡为何不能建跨海大桥？

三、工程技术

平平家住在海边，他养了几条珊瑚鱼（图2-6-13），换水时并不能将海水直接加入鱼缸来进行换水，因为沿海的海水有可能密度偏低，这就要先调节海水的密度。请根据题意回答下列问题：

图2-6-13　珊瑚鱼

1. 现在给你提供了附温型海水密度计（图2-6-14），如果要换掉海水缸中三分之一的水，再配制三分之一的新海水加入，请说出配制的方法和过程。
2. 如果要探究温度变化是否影响海水的密度，请设计实验方案。（提供水族箱调温加热棒，图2-6-15）

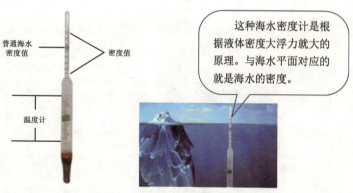

图2-6-14　附温型海水密度计及其使用方法

图2-6-15　水族箱调温加热棒

第3章 自由飞翔
——从鸟类到飞行器

在希腊神话中，有一位技艺超群的工匠，他和儿子伊卡洛斯利用羽毛、蜡和麻绳制作了翅膀，成功逃脱了国王的抓捕。当他们飞至海洋上空时，儿子不顾劝阻，离太阳越来越近，固定羽毛的蜡在太阳的炙烤下变得松软起来，并最终融化，翅膀也解体了……在之后的 2 000 多年时间里，哲学家们都将伊卡洛斯作为一个残酷的例子来教育世人做人不要自负和冲动。从仿生学的角度来考虑，这位伊卡洛斯的工匠爸爸似乎犯了一个很大的错误。他仅仅是照搬照抄了鸟类的外形，而忽略了使鸟类飞行的那些生物学和物理学的原理。于是，这样的飞行也只能停留在早期人们的想象中。

早期的猎人发现了羽毛的羽片可以调节鸟类飞行动作的奥秘，由此将羽毛装在箭杆的尾部，使箭尾端飞行更加平稳。这是狩猎中的伟大进步之一。现代大型火箭上的尾翼，就是那些箭羽的后代。

对于工程师、物理学家甚至化学家而言，仿生学就是将生命现象和机械原理加以比较，进行研究和解释的一门学科。模仿生物的结构、行为以及生物体的工作的原理，并根据这些原理发明出新的设备、工具，创造出适用于生产、学习和生活的先进技术。在飞行方面，科学家们更加愿意将仿生学与一种更深厚的人类渴望联系起来，用威尔伯莱特的话来说，就是"渴望模仿鸟类飞行……飞越无边无垠的天空"。

内容提要

* 探究鸟类适应飞行的结构特点
* 水漂、回旋镖、飞盘、空气炮、降落伞的飞行特征与工作原理
* 通过相互作用力、压力差等原理实现飞行
* 无人机、隐形机和离子飞行器三种飞行技术
* 自制回旋镖、风筝、小火箭、飞机机翼和无人机等飞行器

学习本章意义

"飞天梦"是人类自古以来的梦想。人类渴望自由飞翔，追求自由，追逐梦想。学习本章内容，你将了解到鸟类与各种飞行器适应于飞行的结构特点及飞行原理，以及人们一直以来对自由飞翔的探索历程。

第 1 节 飞鸟的秘密
——探究鸟类适于飞行的特征

学习目标

说出　鸟类适应飞行功能的特征
描述　鸟翼获得的托举力
自制　羽毛笔
观察　解剖鸡翅
　　　家鸽羽毛
　　　家鸽骨骼
探究　吹纸条实验
　　　比较不同脊椎动物的骨头在水中的浮沉
　　　模拟双重呼吸
　　　比较人与鸟类的食量

关键词

- 结构功能观
- 比较解剖学
- 翅膀
- 羽毛
- 骨骼
- 胸肌
- 气囊
- 消化

"鸟儿为什么会飞？"人们一边观察鸟儿在空中自由翱翔（图3-1-2），一边探究着鸟儿飞翔的秘密。人类很早就梦想着像鸟类一样在空中自由飞翔。有人在中国古代的文学著作中描述了飞行的理想，而且还有人设计了一些大型的风筝飞行器，试图实现这种脱离大地束缚的理想。那么，如果对人类全身进行一番改造，我们也能像鸟儿一样展翅高飞吗？

图 3-1-2　鸟类飞行图

一　安上翅膀

有的鸟能飞得很高、很快、很远；有的鸟根本不能飞。鸟类翅膀结构的复杂性，绝不亚于鸟类本身的复杂性。我们可以将飞鸟的翅膀分为内段和外段（图3-1-1）。不同种类的鸟的翅膀有较大的区别。鸟类翅膀羽毛的构造，能巧妙地运用空气动力学原理，获得向上的托举力。羽毛构造合理，能有效地减少飞行时遇到的空气阻力，有的还能起到消除震颤和噪音的作用。

想一想，有哪些鸟类虽然有翅膀却不能飞行呢？又有哪些动物也能像飞鸟一样飞行呢？学完这一节，请你说说这些动物的结构（图3-1-3）与其功能是如何相适应的。

鸟类的翼是由前肢特化而成的，是飞行的重要器官。这个器官是如何构成的呢？我们日常生活中吃的鸡翅（图3-1-6）就是鸡的翼，通过解剖鸡翅我们就可以认识鸟类飞行器官的构成。

图 3-1-1　鸟翅膀的内段和外段

第3章 自由飞翔
——从鸟类到飞行器

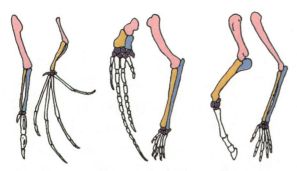

图 3-1-3　鸟翼、蝙蝠翼、鲸鳍、猫前肢、马前腿和人手臂的骨骼

知识链接

结构功能观

从生物学的角度来说，生物结构与其功能是相适应的，是长期进化的结果，是生物适应环境的体现。

图 3-1-6　鸡翅

技能训练

观察解剖鸡翅

活动目的
1. 识别区分鸡翅的组织。
2. 认识各种组织在鸡翅中的位置。
3. 理解组织如何形成器官。

活动器材　解剖剪、解剖刀、镊子、解剖盘、吸水纸巾、鸡翅等。

活动步骤
1. 先将鸡翅放在解剖盘中。
2. 再小心剥去鸡翅上的皮肤。
3. 然后找出脂肪。脂肪通常呈小块状，附在皮肤下面，微黄色。
4. 最后小心地将肌肉束分开。肌肉附着在骨骼上，呈粉红色的束状结构。

思维拓展　根据解剖观察鸡翅的实验，请推测人体的上肢应包括哪些组织。

科学思维

1. 鸡翅的皮肤主要是由（　　）组织构成的，它的主要功能是（　　　　）。
2. 鸡翅的脂肪属于（　　）组织，它的主要功能是（　　　　）。
3. 鸡翅里的肌肉是（　　）肌，属于（　　）组织，主要功能是（　　　　）。

翅膀内段特殊的造型，使得鸟类可以获得空气的托举力。

知识链接

比较解剖学

这门学科使用解剖的方法比较研究脊椎动物中鱼纲、两栖纲、爬行纲、鸟纲和哺乳纲的器官、系统的形态和结构。

探究·实践

吹纸条实验

鸟的翼前缘较厚，后缘较薄，翼的上方比下方长。气流从上方流动的速度快压力就小，下方气流流动速度相对较慢而压力大，从而形成压力差，使鸟的翼获得上升的托举力。（图3-1-4）

实验目的　模拟鸟翼获得托举力。

实验器材　纸条（长28 cm、宽5 cm），一本书等。

实验步骤
1. 先将纸条夹入书中10 cm，余下部分悬落在书外。
2. 然后水平举起书本，使纸条位于嘴巴下方。（图3-1-5）
3. 最后吹动纸条上方，观察纸条发生了什么？多吹几次。

科学思维

"飞行的鸟类组合"在不断的变化中渐变成了"游泳的鱼类组合"，在艺术家的眼中，鸟和鱼的运动也有共同点。（图3-1-7）

图 3-1-7　鱼鸟渐变图

请你比较鸟的飞行和鱼的游泳，找一找它们运动的相似之处。

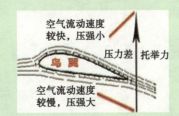 

图 3-1-4　鸟翼获得托举力示意图　　图 3-1-5　吹纸实验示意图

思维拓展　请你说说生活中有哪些类似的情况？

图 3-1-8　家鸽流线型身体

图 3-1-9　鸟类展翅图

图 3-1-10　正羽（左）和绒羽（右）

二　加上羽毛

鸟类流线型的身体（图 3-1-8），减少了鸟类飞行时的空气阻力。如果去除了羽毛，鸟的体形就很少成流线型了。鸟的羽毛层里含有许多空气，可以减小单位体积的身体质量，还能保温。野鸭没有羽毛时，身体密度约是 0.9 g/cm³；有羽毛层时，身体密度约是 0.6 g/cm³。羽毛的存在大大减小了野鸭的身体密度。翼上的羽毛呈覆瓦状排列。鸟翼下挥时可以连成整片（图 3-1-9），利用空气的反作用力，获得托举力。

根据羽毛的特征，可以将羽毛分为正羽和绒羽（图 3-1-10）。正羽是覆盖鸟类体表的主要羽毛，每根羽枝按次序排列，连成一片。正羽在鸟类的翼和尾部特别明显。绒羽蓬松柔软，它生长在正羽下面，有高效的保温作用。

技能训练
观察家鸽羽毛

活动目的

1. 区分正羽和绒羽。
2. 制作正羽局部模型。

活动器材　正羽、绒羽各两种，铁丝、尖嘴钳、棉线等。

活动步骤

1. 先比较正羽和绒羽的羽枝、羽小枝结构。
2. 然后用手撕开正羽羽片，然后用手整理正羽羽片，使之重新连接成片。
3. 最后制作正羽模型。

"笔"的英文"pen"这个词本身来自拉丁语中的 penna，意为羽毛。羽毛笔的产量在 19 世纪初达到顶峰。

创客空间
制作羽毛笔

活动目的　制作羽毛笔。

活动器材　鹅毛、雕刻刀、剪刀、镊子、墨水、蒸箱、微波炉等。

活动步骤

1. 先从市场上找来几片品相完好的鹅毛正羽。
2. 再给羽毛脱油脂，把羽毛放在蒸笼上蒸。
3. 然后装 1 碗干净的沙子，在微波炉里加热至 180 ℃。把羽毛管插进加热过的热沙里，等沙子自然冷却。这样热处理主要是为了使羽毛管变硬，使之不易弯曲，以吸入墨水。
4. 接着对羽毛管进行切割，用一把锋利的剪刀，以小于 45° 角的角度将羽毛管管头部分剪去一小段，作为笔尖。
5. 最后把笔尖削尖，在笔尖中部位置钻出一个小洞，以保证墨水顺利留到笔尖。之后，就可以蘸上墨水写字了。

科学思维

本章一开始介绍的弓箭尾部的箭羽一般是哪种羽毛？为什么？

你还知道哪些羽毛制品？（图 3-1-11）

图 3-1-11　羽毛扇（上）、羽毛球（下）

三 改造骨骼

鸟类的骨骼轻且坚固。鹈鹕体重约 11 kg，而骨骼只有约 0.5 kg，军舰鸟形体类似母鸡，骨骼只有约 100 g 左右。鸟的骨骼只占体重的 5%～6%；而人类骨骼约占体重的 18% 左右。

探究·实践

比较脊椎动物的骨头在水中的浮沉

实验目的 比较脊椎动物的骨头在水中的浮沉。

实验器材 猪、鸡、鳖、牛蛙的长骨和鳊鱼的肋骨（图 3-1-12），400 mL 透明容器，镊子等。

实验步骤

1. 先收集骨头并将其烘干。
2. 然后使用镊子将脊椎动物的骨头按序放入装了清水的容器中，并观察其在水中的浮沉。（图 3-1-13）
3. 最后查找资料，分享你们小组的收获。

图 3-1-12 五种脊椎动物的骨头

图 3-1-13 骨头在水中的浮沉

✱ 愈合

家鸽的综荐骨由所有的腰椎、荐椎和部分的胸椎、尾椎以及骨盘相互愈合而成。最后几块尾骨愈合成尾综骨。骨的愈合减少了关节的分量。

✱ 薄

家鸽的头骨（图 3-1-14）很薄，它由一整片的骨头构成。鸟类胸骨突出，其中的龙骨突（图 3-1-15）面积大而薄，飞行时所需的巨大胸肌就附着在其上。所以说不擅长飞行的鸟类，一般龙骨突也不发达。

图 3-1-14 家鸽头骨

图 3-1-15 家鸽龙骨突

科学思维

观察正羽和绒羽，请试着用羽毛制作羽毛制品，比如：毽子。制作羽毛毽子，试踢后，你发现正羽和绒羽如何搭配，才能制作出更好的羽毛毽子来？（图 3-1-16）

图 3-1-16 绒羽毽子（左）、正羽毽子（中）、混搭毽子（右）

科学思维

羽毛制品虽然美丽，但要消耗大量羽毛，也有可能伤害鸟类。你能利用替代品来制作扇子和毽子吗？（图 3-1-17）

图 3-1-17 塑料毽子（左）、棕榈扇（右）

> **科学思维**
>
> **中空结构**
>
> 请使用一张A4纸设计一个实验，来比较中空结构与其他结构承受力的大小。

> **科学思维**
>
> 7 000多年前，有人截取鸟类中段肢骨加工制成骨哨（图3-1-18）。在骨腔内插入一根肢骨，将有孔的一段放入嘴里轻吹，抽动腔内肢骨，就可以吹出简单的乐曲。
>
> 比一比，谁复原的骨哨吹出的声音更丰富。

图3-1-18　骨哨

> **科学思维**
>
> 设计实验探究长骨的牢固程度，并拍摄记录。
>
> 尝试制作长骨模型。
>
> 实验前请与老师交流你实验设计中的安全措施。

> **科学思维**
>
> 收集资料，你有什么办法来观测家鸽肌肉（图3-1-19）的运动状态呢？注意设计观测中的安全措施。

图3-1-19　家鸽肌肉分布图

✱ 中空

家鸽的长骨骨腔内充满空气（图3-1-20）。家鸽的骨这么轻，使得身体异常轻盈，会不会很不牢固呢？不用担心，家鸽骨骼的组成成分及其构造特点使其较为坚固。生活中除了中空结构可以承受较大外力外，还有"L"形、"W"形等结构也能承受较大的力。

图3-1-20　中空的长骨及其中的骨小梁

> **探究·实践**
>
> **观察家鸽骨骼**
>
> **实验目的**　了解鸟类骨骼特征。
>
> **实验器材**　家鸽骨骼标本、鸡的头骨、长骨、龙骨突、综荐骨和尾综骨、电子天平等。
>
> **实验步骤**
>
> 1. 先称量家鸽骨骼标本，与活体家鸽的体重进行比较，计算出骨骼占体重的比例。
> 2. 然后观察家鸽和鸡的骨骼标本，找出适于飞行的骨骼结构特征。
> 3. 最后制作鸟类骨骼特征分布图。（图3-1-21）
>
>
>
> 图3-1-21　鸟类骨骼特征分布图

四　锻炼胸肌

动物的四大组织有上皮组织、肌肉组织、神经组织和结缔组织，其中只有肌肉组织遇刺激收缩能够产生力。鸟的胸肌约占体重的1/5，人的胸肌约占体重的1/120。鸟的胸肌不停收缩牵动两翼扇动，因此胸肌被称为鸟类的"发动机"。

> **探究·实践**
>
> **模拟双重呼吸**
>
> **实验目的** 了解鸟类双重呼吸。
>
> **实验器材** 葫芦形气球、红蓝记号笔等。
>
> **实验步骤**
>
> 1. 先准备葫芦形气球用于模拟家鸽呼吸系统。（图 3-1-22）
>
>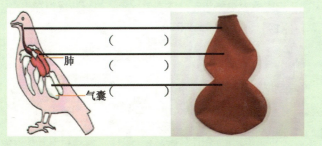
>
> 图 3-1-22　气球模拟家鸽呼吸系统
>
> 2. 然后在"肺"的外侧用红蓝记号笔画上简易的"毛细血管网"，使"肺"与毛细血管之间进行气体交换。
> 3. 最后吹起气球模拟双重呼吸并描述过程。

科学思维

家鸽的气囊一共有 9 个，分布在内脏器官之间，有的还深入到骨的空腔里。气囊除了辅助呼吸以外，还可以（　　）、（　　）、（　　）。

五　安装气囊

鸟类的肺是气体交换的主要场所。家鸽除了用肺呼吸外，体内还有发达的气囊，这些充满气体的气囊对家鸽的飞行有什么作用？家鸽在飞行时消耗的氧气要比静止时多 20 倍左右，家鸽吸气和呼气时都可以进行气体交换。这种呼吸方式称为"双重呼吸"（图 3-1-23），可为鸟类的飞翔活动提供大量氧气。

科学思维

葫芦形的气球可以模拟鸟类双重呼吸过程。

请你利用手中的气球来模拟气囊的其他作用。

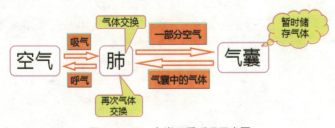

图 3-1-23　鸟类双重呼吸示意图

六　消化强

✾ 食量大

雀形目鸟类（图 3-1-24）一天所吃的食物相当于自身体重 10%～30%。蜂鸟一天所吃的蜜浆，约等于它的体重的两倍。体重约为 1.5 kg 的雀鹰，能在一昼夜吃掉 0.8～1.0 kg 肉。

✾ 消化快

雀形目鸟类所吃的谷物、果实或昆虫，经消化吸收后形成残渣，1.5 小时后就随粪便排出。绿头鸭（图 3-1-25）吃下的食物，经消化吸收后形成残渣，0.5 小时后就随粪便排出。

图 3-1-24　雀形目鸟类

图 3-1-25　绿头鸭

科学思维

你还知道鸟类有哪些结构使它们能够适应飞行生活？

如果对我们全身进行一番大改造，我们也能像鸟类一样展翅高飞吗？

人还可以通过哪些方式，实现自由飞翔之梦呢？

探究·实践

比较人类与鸟类的食量

实验目的 了解鸟类的食量。

实验器材 鸟类食量数据表、大米、电子台秤、体重秤、布袋等。

实验步骤

1. 先收集资料，写出鸟类体重和昼夜食量数据。
2. 再计算鸟类昼夜食量与自身体重的比率，并将数据填在表格中。（见表3-1-1）

表3-1-1 鸟类的食量记录表

鸟　类	体重/kg	昼夜食量/kg	比率/%
麻　雀			
蜂　鸟			
雀　鹰			

3. 然后测出自己的体重。
4. 接着算一算，如果你是某种鸟儿，你应该吃下多重的大米。
5. 最后按照计算的结果，在布袋中装上大米，并与这些大米合影留念。

如果我想要飞行，每天要吃（　　）kg大米。

为了能够像鸟儿一样飞翔，人类一直都在努力。多少年来，"伊卡洛斯之飞"的诱惑，鼓舞并挫败了众多尝试飞上云霄的人们。一次又一次，有着凌云壮志的飞行者们重复着伊卡洛斯工匠爸爸的基本错误，他们在自己的胳膊上粘上各种别出心裁、稀奇古怪的翅膀，却根本没有从生物学、物理学和工程学的角度了解为何翅膀对于鸟类而言是精湛的设计，但无法承载人类的飞天梦。15世纪，达·芬奇也曾设计过飞行器。1903年，美国的莱特兄弟率先在美国制造出能够飞行的飞机，并且实现了飞行的梦想。

本节自我评估

一、概念理解

1. 下列**不属于**气囊在家鸽体内所起的作用是（　　）。
   A. 减小身体密度　　　　B. 减小内脏器官间的摩擦
   C. 散发体内过多的热量　D. 进行气体交换

2. 某种鸟类的喙长而直，足细长可在浅水中行走。请推测它的食性和生活环境（　　）。
   A. 鸟兽，湿地　　　　B. 鸟兽，丘陵
   C. 昆虫，树林　　　　D. 鱼虾，湿地

3. 鸟类飞行时耗能大，所以进食多，消化能力强，且能迅速排出食物残渣，从而在保证能量供给的同时随时保持相对轻的体重。请对鸟类消化系统（图3-1-26）的功能进行总结。

   （1）_____可以储存食物，这样能使鸟类一次取食更多的食物，也可以软化食物，为食物的消化做准备；

   （2）_____能借助食入的砂石磨碎食物，以代替牙齿的咀嚼；

   （3）_____是消化吸收食物的主要场所；

   （4）_____极短而不能贮存粪便，这是为飞翔时减轻负重的一种机制。

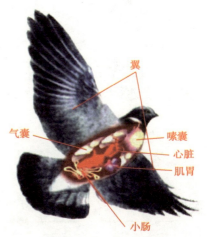

图3-1-26　鸟类消化系统

二、科学思维

1. 鸟类的心脏与哺乳动物的心脏一样，都分为四个腔。下表是鸟类与人类心脏大小及心搏次数（心率）的比较。（表3-1-2）

表3-1-2　鸟类与人类心脏大小及心率比较

心　脏	占体重的百分比/%	心搏次数/min
人	0.42	72
家　鸽	1.71	135～244
金丝雀	1.68	514
蜂　鸟	2.37	615

鸟类的动脉血和静脉血可以完全分开，（动脉血含氧量高，静脉血含氧量低）这种完全的双循环血液输氧能力高。总结：鸟心脏分为_____个腔，占体重百分比_____（填"大"或"小"）、心率_____（填"快"或"慢"）、血液循环_____（填"完善"或"不完善"）。鸟类飞行消耗大量能量，以上结构能运来大量的氧气和有机物，满足细胞的呼吸作用所需，同时迅速运走二氧化碳等代谢物。

2. 设计实验：解剖鸡的肌胃和猪的猪肚，从比较解剖学的角度比较两种动物的胃结构。从结构功能观角度，说一说肌胃与飞行生活相适应的特征。

三、创客空间

本节从结构功能观的角度分析了鸟类适于飞行的特征。请你尝试从结构功能观的角度研究鸟卵适于孕育新生命的特征。

（1）从市场购买鸡蛋完成观察研究。

（2）利用剩余的蛋壳制作蛋雕（图3-1-27），并展示作品。

图3-1-27　蛋雕

第 2 节　万物皆可"飞"
——不同物体飞行的条件

虽然"飞越无边无垠的天空"的梦想没有那么容易实现，但人类从未丧失对于自由飞翔的渴望，也一直对那自由飞行的姿态念念不忘。于是，各种各样"会飞"的事物就应运而生了，水漂、回旋镖、飞盘、空气炮、降落伞……都寄托了我们自由飞翔的梦想。

学习目标

说出　空气炮的原理
　　　　降落伞的原理
描述　水漂飞行特征
　　　　回旋镖飞行特征
自制　水漂石
　　　　回旋镖
　　　　迷你空气炮
设计　自动水漂仪
　　　　物料模型及清堵
　　　　火焰射手
　　　　降落伞送鸡蛋回家

关键词

- 水上漂
- 回旋镖
- 空气炮
- 降落伞

一　水上漂

打水漂是我们最爱的游戏之一。在河滩边捡几片碎石，就和小伙伴比赛起来。这种古老的小游戏，跨越了年龄、文化和地域的界限，世界各地每年都会举行"打水漂锦标赛"。比赛规则世界通用，就是看谁的石子在水面上弹跳次数最多或者弹跳距离最远。2018年6月，一位英国男士打破了打水漂距离的世界纪录，达到 121 m 之远。

探究·实践

自制水漂石

实验目的　打磨或自制水漂石。
实验器材　原石、锉刀等。
实验步骤

1. 先选择比较适合制作水漂石的原石。
2. 再打磨原石，制成多种模型，如：▲ ● ■。
3. 然后比较多种模型在打水漂中的特点。（表 3-2-1）

表 3-2-1　多种模型在打水漂中的特点

实验变量	质量 /g	水漂击打水面次数	水漂距离 /m
▲			
●			
■			

4. 最后根据研究结果，尝试批量制作规格统一的水漂石，用于进一步研究。

安全提示　在老师或监护人在场的情况下测试水漂石。

水漂诞生

一块石子被用力掷出去时，它就会以一定的速度飞向水面。与石块底部接触的一部分液体会获得与石头相同的速度。上层液体比下层静止液体流速快。根据伯努利原理可知在流体里，速度小压强就大，速度大压强就小。这两部分就会产生压强差。当向上的压力足够大时，石头就会克服重力而向上飞起，水漂就诞生了（图3-2-1）。石块被投出去的速度，它与水面的夹角，石块本身的形状、质量、材质等都会影响到最后的结果。根据法国里昂大学利德里克·博凯博士的研究，在抛掷石块时，初速度必须超过某个临界值，只有当速度超过 2.5 m/s 时，弹跳才会发生。20°（图 3-2-2）是水漂界的"梦幻入射夹角"，从这个角度接触水面的石头反弹所需的临界速度最小，而且与水接触时能量损失最少。赶快去湖边找一块扁平的鹅卵石，找准 20° 的梦幻夹角，用尽全身的力气，将其以高速自旋的姿态射入水面（注：请注意安全，尽量远离深水区）。

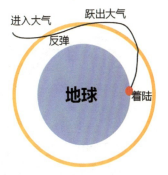

图 3-2-3 航天"打水漂"示意图

图 3-2-1 水漂

图 3-2-2 水漂"梦幻入射夹角"

✺ 战时水漂

二战时期，英国制作了会"打水漂"的"跳弹"，最高纪录是一枚 25 kg 的炮弹以 120 m/s 的速度在水面上弹跳了 30 下。这可真是个大型"水漂"现场。

✺ 航天水漂

比"跳弹"还要强大的打水漂现象，发生在地球的大气层边缘，主角是航天器。高速的航天器穿越大气层时，产生的高温是致命的。为了避免航天器因高温受损，科学家想出了给航天器降温的办法，就是让航天器先在大气外层打水漂，等待速度降下来再正式进入大气层。（图 3-2-3）这种方式也叫作"跳跃式再入返回"。我国的嫦娥五号就是这样返回地球的。

> **创新思维**
>
> 小时候总是觉得用碎瓦片打水漂最适合。打水漂用的石块应尽量选择较轻、较圆扁的那种鹅卵石（图 3-2-4）。当然，也不是越轻越好，因为石块大部分运动轨迹还是在空气中，因而也需要有一定的质量。适合打水漂的原石是可遇不可求的。
>
> 想一想，可以制作一个最适合的打水漂"专用石"吗？如果需要批量生产，你能制作一个"专用石"模具吗？

技能训练

设计自动水漂仪

活动目的 设计并制作自动水漂仪。

活动器材 与同伴一起规划所需材料和工具，并不断对其改进。

活动步骤

1. 先根据实验变量，设计并制作自动水漂仪。
2. 然后到湖边实地测试自动水漂仪，根据变量研究影响因素（如果水漂石统一规格，则更容易控制变量），并将数据填在表格中。（表 3-2-2）

表 3-2-2 自动水漂仪测试数据统计

水面入射角	水漂石击打水面次数	水漂距离 /m
10°		
20°		
30°		

3. 最后改进你的自动水漂仪。

安全提示 在老师或监护人在场的情况下测试仪器。

图 3-2-4 适合打水漂的原石

二 回旋镖

回旋镖又名"飞去来器""自归器""回力标"等，它有多种造型（图 3-2-7）。澳大利亚土著最早使用硬木制造回旋镖来捕捉小动物。

知识链接

2000年悉尼奥运会的会徽（图3-2-5）的图案是一个简笔画的运动员，太阳、岩石及土著的回旋镖的图形被用来塑造运动员的头、手以及腹部。整个会徽的色彩语言极具象征意义：蓝色的海港、黄色的太阳和沙滩以及红色的内陆土地，突出了澳大利亚本土文化的独特性。

图3-2-5　2000年悉尼奥运会会徽（局部）

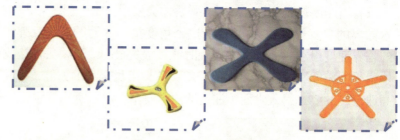

图3-2-7　多种造型的回旋镖

投掷回旋镖时要考虑空气和重力对回旋镖的共同作用。其飞行轨迹是个接近闭合的曲线，与转动惯量、相对速度、伯努利原理、向心力作用等物理原理有关。回旋镖回飞的原因，主要在其自转。回旋镖绕自转轴高速旋转，有较高的稳定性。由刚体定点转动动力学得知，回旋镖和陀螺一样，其自转轴也绕铅直线旋转，进而使回旋镖回飞。每个回旋镖都有其特定的飞行轨道，这现象可以用物理原理来解释。（表3-2-3）

表3-2-3　回旋镖飞行轨迹相关因素

飞行特征	相关原理	类比
上浮	伯努利原理	鸟翼
回旋	空气动力学原理	拉绳甩石子
持续旋转	陀螺原理	重型卡车不易瞬间刹车停住

知识链接

当回旋镖回旋至与你的肩或者腰同样高度时可以打开双手，然后手掌像夹书一样双手伸直，夹住回旋镖。

安全提示：当回旋镖的高度在脸部或眼睛以上时，千万不可以用这种方式去接镖，更不可背向接镖，应尽量躲开。

技能训练

自制回旋镖

活动目的　利用自制回旋镖了解其飞行的相关因素。

活动器材　纸、铅笔、木板、锉刀、砂纸、砂轮、装饰材料、小型木板切割仪、相关因素表等。

活动步骤

1. 先根据自制回旋镖参考流程（图3-2-6），设计并自制回旋镖。
2. 然后设计相关因素表。（表3-2-4）

表3-2-4　影响回旋镖飞行的相关因素

回旋镖质量/g	回旋半径/cm	回旋高度/cm	回旋时间/s
100			
200			
300			

3. 最后根据变量研究影响因素。

安全提示　在老师或监护人在场的情况下进行测试或比赛。

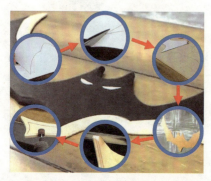

图3-2-6　自制回旋镖参考流程

三　空气炮

二战时期，德国制造了一款空气炮用来打击低飞的敌机。然而这款空气炮因体积庞大，很快暴露了位置，投入战场没多久就被敌军炮弹炸毁了。空气炮运用于现代工业是一种清堵吹灰设备，又称"空气清堵器"（图3-2-8、图3-2-9）。

第 3 章 自由飞翔
——从鸟类到飞行器

图 3-2-8 空气清堵器

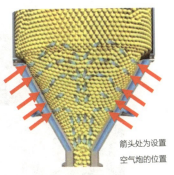

箭头处为设置空气炮的位置

图 3-2-9 工业空气炮

科学思维

回旋镖最初用于狩猎。这项运动伴随的危险较大，所以更多人选择相对安全的飞盘。

请你结合回旋镖运动原理，尝试说一说飞盘飞行轨迹的相关原理。（图 3-2-11）

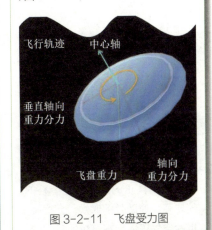

图 3-2-11 飞盘受力图

技能训练

制作物料堵塞模型并尝试清堵

活动目的 合理设置空气炮的位置，清除堵塞物料。

活动器材 塑料瓶、绿豆、小米、水、泥沙、塑料针筒（不含针尖）、锥子、美工刀等。

活动步骤

1. 先使用塑料瓶、绿豆制作物料堵塞模型（图 3-2-10）。
2. 再合理设置空气炮位置，并用锥子钻孔（孔的大小正好可以伸入塑料针筒）。
3. 然后在将每个小孔连接针筒（针筒用于模拟空气炮）。
4. 接着让小组成员合作完成物料清堵过程。
5. 最后请使用小米、泥沙分别制成水与小米混合物以及水与泥沙混合物模拟不同物料，再次设计物料堵塞模型并尝试清堵。

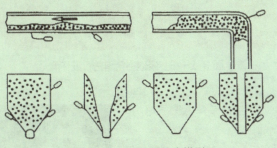

图 3-2-10 物料堵塞模型

创客空间

自制迷你空气炮

实验目的 理解空气炮原理。

实验器材 塑料瓶、气球、剪刀、美工刀、胶带、卫生香、打火机等。

实验步骤

1. 先根据迷你空气炮制作参考流程（图 3-2-12）进行制作，并用其隔空击打纸杯墙（图 3-2-13）。

科学思维

针筒是带有刻度的，你想研究哪些变量对清堵效果的影响呢？

同种容器不同种类物料的堵塞，清堵的方式会不同；同种物料不同造型容器的堵塞，清堵的方式也会不同。

请你思考，横截面为方形和圆形的容器被物料堵塞后，如何设置空气炮，清堵效果最佳。

科学思维

空气炮是如何让空气"飞"的呢？请你自制迷你空气炮，比一比谁制作的空气炮射程远。

请你说一说空气炮的原理。

知识链接

空气炮是利用压缩空气工作的一种装置。我们的制作尽管简单，但原理和真正的空气炮是一样的。气球膜急速回弹的时候，会把瓶子里的空气压缩后在极短的时间内从瓶口释放出去，会对前面的物体产生一定的冲击力，推倒杯子就轻而易举了。

图 3-2-12 迷你空气炮制作参考流程

图 3-2-13 迷你空气炮击打纸杯墙

2. 然后点燃卫生香并伸入空气炮内，使其内充满烟雾。
3. 最后再次击打迷你空气炮，观察烟圈（图 3-2-14）。

图 3-2-14 迷你空气炮中飞出的烟圈

科学思维

空气炮中飞出的烟圈常常在空中不停地翻滚。

请你用伯努利原理来解释这一现象。

想一想，生活中还有类似现象吗？

探究·实践

火焰射手

实验目的 测试空气炮不同变量对射程的影响。

实验器材 塑料瓶、气球、剪刀、美工刀、胶带、变量表、蜡烛、打火机等。

实验步骤

1. 先设计并自制空气炮。
2. 再确定研究变量，例如，空气体积、炮口直径等对射程的影响。

3. 然后根据变量研究影响因素。
4. 最后根据你的研究结果自制一台空气炮，以连续熄灭5根蜡烛的火焰。

安全提示 在老师或监护人在场的情况下测试或比赛。

四 降落伞

达·芬奇于1483年绘制了一个降落伞的设计图。它由4个边长7 m的等边三角形组成，它的外形看起来就像是一个金字塔，无论是何形状的降落伞都是利用空气阻力原理制作而成的。降落伞相对于空气运动后充气展开，达到减速下降的目标。降落伞的主要用途有：应急救生、稳定作用、减速作用、回收作用、空降空投、航空运动等。

技能训练
降落伞送鸡蛋回家

活动目的 研究如何设计降落伞可以让鸡蛋从高处降落到指定地点而不摔破
活动器材 一根5 m长的棉绳、生鸡蛋、其他材料自备。
活动步骤
1. 先准备好降落伞牵引线（一根5 m长的棉绳）、生鸡蛋。
2. 再制作降落伞，注意降落伞的零部件不得购买成品。
3. 然后以分组的形式进行比赛，在四楼投放自制的降落伞。
4. 最后待重物落地后，生鸡蛋完好无缺且离指定地点最近的小组获得胜利。

安全提示 在老师或监护人在场的情况下测试或比赛。

科学思维
现在快递行业已经有无人机投递，如何保证货物安全且定点投递呢？请尝试实践你们的想法。

你只要尝试过"自由飞翔"，日后走路时就会仰望天空，因为那是你向往的地方，是你心灵自由翱翔的地方。

一、概念理解

1. （　　）是水漂界的"梦幻入射夹角"，从这个角度接触水面的石头反弹所需的临界速度最小。
   A. 10°　　　　　　　　B. 20°　　　　　　　　C. 30°　　　　　　　　D. 40°

2. 下列关于接回旋镖的时机和方法叙述**错误**的是（　　）。
   A. 与你的脸部或眼睛同样高度时　　　　B. 与你的肩或者腰同样高度时
   C. 手掌像夹书一样夹住回旋镖　　　　　D. 背对着接回旋镖很危险

3. 在"降落伞送鸡蛋安全回家"活动中，有人在降落伞的中间切一个小孔。这个孔洞不可能起（　　）作用。
   A. 定点　　　　　　　　　　　　　　　B. 稳定降落伞防止翻转
   C. 阻止空气从伞的边缘逸出　　　　　　D. 速降

二、科学思维

1. "道理都懂，但我就是做不到"这是一个十分普遍的问题。就好像我们知道做好水漂、回旋镖的秘诀，却不能真正做出来一样。"懂得"到"做到"之间需要什么来做桥梁呢？请你绘制漫画，来说明你们的想法。

2. 温岭锦屏公园（图3-2-15）石子滩上的石子经常会不知不觉地减少，石子都去哪儿了？原来，市民、游客来到石子滩上玩耍时，不少人会忍不住随手捡起一块石头，在锦屏湖上打打水漂。玩闹起来不但会对滩上的游人造成人身伤害，石子沉入水里后，还会导致河床升高，影响游船通行。假如你是公园管理员，对此问题，你有什么好的解决办法吗？

图3-2-15　温岭锦屏公园

三、创客空间

做实验可以帮助我们理解生物的飞行，理解它的稳定性和可操控性，甚至在未来设计出一些飞行器。请完成下列题目：

（1）请你观察一种生物或者一种飞行器的飞行，并尝试预测未来飞行器的发展趋势。

（2）请你将制作的飞行器放入风洞进行飞行测试，你认为自己的飞行器适合何种工作环境，为什么？

第 3 节 飞行密码
——探索物体飞行的力学原理

物体间的相互作用称为"力",一个物体受到力的作用,一定有另一个物体对它施加了力,并且力的作用是相互的。生活中的"力"无处不在,小到微观物体原子内部的核力,大到宇宙空间中的万有引力。

有史以来人类就一直梦想着飞行,起初的设想都是希望原地腾空而起,然后如同小鸟一般在空中翱翔,实现自由的攀升、悬停和俯冲。由于受制于落后的科技水平,当时的飞行器设计也只是人类幻想中的产物,但即使在幻想中,仍然产生了直升机的基本雏形。

一 利用"相互作用力"实现升降

直升机(图 3-3-1)能获得向上的升力,其中主要的原因是利用旋翼旋转时向下推动空气,也就是旋翼对空气产生了向下的推力。因为力的作用是相互的,旋翼下方的空气对其产生了向上的反作用力,使得飞机获得了升力。直升机低空飞行掠过农田,其下方的气流足以让小麦颗粒无收(图 3-3-2)。

学习目标

说出 直升机升空原理
描述 相互作用力
　　　 流体压力差
概述 一般飞行物体工作原理
自制 水"火箭"
　　　 翻滚翼
　　　 简易风筝

关键词

- 相互作用力
- 反作用力

图 3-3-1 直升机

图 3-3-2 直升机低空飞过麦田

2018 年 5 月我国成功发射嫦娥四号中继卫星"鹊桥",登月计划的第一步开始了。卫星由火箭送入近地点约 200 千米、远地点约 40 万千米的地月转移轨道。

火箭的升空蕴藏着惊人的秘密:火箭向下高速喷出热气流(图 3-3-3),利用产生的反作用力向上运动。当火箭进入预定轨道(图 3-3-4),嫦娥四号探测器接近月球表面时,高温高压气体通过喷管向月球表面高速喷出,产生反作用力使它减速着陆(图 3-3-5)。

图 3-3-3 火箭喷射高速气流

图 3-3-4 火箭进入预定轨道

图 3-3-5 嫦娥四号探测器减速着陆

学科交叉

碳酸氢钠（$NaHCO_3$）俗名小苏打，食醋主要成分是乙酸，又称"醋酸（CH_3COOH）"。小苏打和醋在一起的反应方程式如下：

$$NaHCO_3+CH_3COOH=\!=\!=CH_3COONa+CO_2\uparrow+H_2O$$

现象：出现气泡（产生 CO_2）。

大量的气泡在瓶中积聚，气压越来越大，最后将瓶内的液体压出，此时瓶内气体对液体产生向下的压力，同时液体对瓶内的气体产生相互作用力，这便是"火箭"升空的动力。

科学思维

"水火箭"（图3-3-6）又称"气压式喷水火箭"。瓶内装入一定量的水，利用打气筒充入空气到达一定的压力后实现发射。你能利用饮料瓶、防水胶带、喷气嘴等器材自制一个"水火箭"吗？和你的朋友们比一比，看谁的火箭飞得更高？影响水火箭上升高度的因素有哪些呢？

图3-3-6 水火箭模型

下面我们就试着利用厨房调料来模拟火箭的发射。

技能训练
自制小火箭

活动目的 体验相互作用力的存在。

活动器材 笔、胶带、白醋、小苏打、塑料瓶、瓶塞等。

活动步骤

1. 先利用胶带将3支笔固定在塑料瓶外壳上。
2. 再在塑料瓶中倒入适量的白醋。
3. 然后将适量的小苏打倒在一张餐巾纸上。（纸一定要很薄）
4. 接着盖上瓶盖，注意别盖得太紧。
5. 最后将瓶倒扣，等待奇妙的现象发生吧。（图3-3-7）

图3-3-7 制作火箭过程

实验现象 火箭能腾空而起。

生活中关于相互作用力的事例不胜枚举，例如，百米赛跑起跑时鞋底和起跑器之间、生物分子之间、游泳选手向后划水时、苹果掉落在牛顿头顶时等（图3-3-8）。

图3-3-8 生活中的相互作用力

下面我们再来看一个实验，当圆鼓鼓的气球和细长的吸管组合在一起，会发生什么样精彩的现象呢？

探究·实践
尝试让气球原地旋转

实验目的 观察相互作用力的现象。

实验器材 气球、吸管、橡皮筋等。

实验步骤

1. 先将吸管剪去若干，保留约5 cm。
2. 再将吸管与气球的出气孔连在一起，用橡皮筋系紧。
3. 然后通过吸管往气球内吹气，结束后用手捏紧出气孔。
4. 最后将气球放在水平光滑桌面上，放开手观察气球的运动。

实验现象 气球原地转圈圈。（图3-3-9）

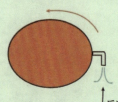

图3-3-9 吸管口喷出气流产生侧向的反冲力

二 利用"压力差"实现升降

直升机的旋翼（图 3-3-10）上凸下平，当旋翼在空气中高速旋转时，旋翼上下表面产生向上的压力差便会对旋翼施加托力，即为升力。这是直升机升空的主要动力来源。

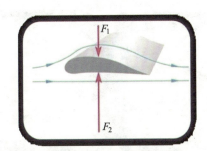

图 3-3-10 直升机旋翼结构

技能训练

自制飞机机翼

活动目的 了解飞机机翼工作原理。

活动器材 卡纸、吹风机、剪刀、细线、胶带、吸管等。

活动步骤

1. 先对卡纸进行处理，使其下面是平的，上面带有一定弧度。用胶带在连接处粘牢。
2. 再用剪刀在"旋翼"上下各开一个小孔。
3. 然后将吸管穿过"旋翼"上下孔，用胶带固定。
4. 最后把细线穿过吸管，用吹风机对着"旋翼"前方吹风。（图 3-3-11）

实验现象 自制的"旋翼"就会沿着细线开始向上升起了。

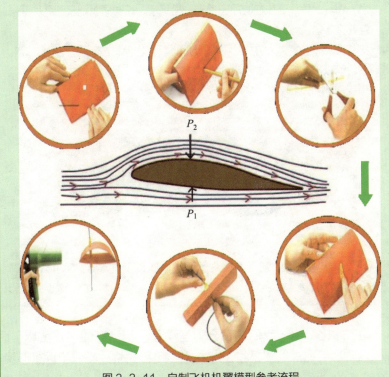

图 3-3-11 自制飞机机翼模型参考流程

知识链接

有一种游戏，或者说是一种艺术叫作"石头平衡术"。自然界的风、雨、冰川都是顶级的艺术大师，经它雕琢的平衡石（图 3-3-12）能在天地之间屹立几千万年。其中的奥秘自然离不开物体之间的相互作用力。你也可以试着制作"平衡石"，打造属于你的奇幻世界。

图 3-3-12 平衡石

知识链接

旋翼上方凸起下方平整，当它在空气中运动时，迎面的气流会被分解成上下2股。通过机翼后，在后缘又重合成一股。从旋翼上方流过的气体运动的路程较长，所以气流速度比较大，在流体力学中，流速越大的地方气压越小，因此旋翼上方气压小于下方，上下存在气压差。

科学思维

赛车尾翼

赛车尾翼（图3-3-13）的设计中，设计师也运用了机翼工作原理，即"伯努利原理"。

赛车尾翼主要用来让轮胎获得更好的"抓地力"，从而增大轮胎与地面之间的摩擦力，防止车身在高速行驶时打滑。请你利用"伯努利原理"尝试设计赛车尾翼的结构，并说说其工作原理。

图3-3-13 赛车尾翼

科学思维

烟 囱

中国农村有一种原始的烟囱，在上部用砖砌出一个横向的风道（图3-3-14），借助风力产生负压，从而更快地把烟囱内的烟雾抽出去，横向风越大，效果越好。你能说说在这个风道的设计上需要注意什么问题吗？

图3-3-14 烟囱风道

科学思维

你能根据观察和学习所得，试着利用身边的工具制作一个竹蜻蜓吗？完成后，请和你的小伙伴比一比，谁的竹蜻蜓能飞得更高，谁的能在空中停留更多的时间。

儿时的回忆"竹蜻蜓"（图3-3-15），其实也和直升机相关，竹蜻蜓这个名字的由来一是以前在制作时用的都是竹片；二是它的外形酷似蜻蜓，能够在空中飞行。竹蜻蜓的外形也非常像直升机的旋翼。我们将竹蜻蜓拿在手中，轻轻一搓，它便扶摇直上，在空中旋转好一会才会落下来，在大风的天气里它则会飞得更高。

图3-3-15 竹蜻蜓

生活中你们是否有过这样的经历：当你打着一把伞行走在雨中时，突然间一阵大风向你袭来，顿时手中的伞便会不听使唤的向上逃脱？请思考造成这一现象的原因。

> **探究·实践**
>
> **让乒乓球飞一会儿**
>
> **实验目的** 研究流体压强与流速的关系。
> **实验器材** 吹风机、乒乓球。
> **实验步骤**
> 1. 先将吹风机的吹风口指向上方，打开吹风机。
> 2. 再调整吹风口的方向，使风竖直向上吹。
> 3. 然后将一个乒乓球放在吹风口上方，松开手，这时可以观察到乒乓球悬浮在空中。
> 4. 接着将吹风机的吹风口左右倾斜，此时乒乓球也会左右运动，但不会掉落。
> 5. 最后可以试着将乒乓球换成一些诸如泡沫塑料等轻质的物体，是否也会出现刚才的现象呢？（图3-3-16）
>
>
>
> 图3-3-16 操作参考
>
> **思考** 如果实验失败，那么请想一想，这个你试图让它悬浮的物体需要满足什么条件呢？

在足球比赛中，我们往往会为运动员一记漂亮的"香蕉球"而喝彩。所谓"香蕉球"，就是指足球在空中飞行的轨迹类似于香蕉形状。那么这样的"香蕉球"究竟是怎么踢出来的呢？

"香蕉球"与运动员施力的方向、大小和作用点都有关系。运动员一脚将球送上空中，球朝着右上方边旋转边向前飞行。球的飞行方向与相对于球的气流方向相反，气流从足球两边流过，降低了球的速度。

在球的右侧，气流与球旋转方向相反，气流速度变小，压强增大；而在球的左侧，气流与球的旋转方向相同，气流速度变大，减小了压强。球两侧的压强差使球往左侧偏移。这一现象就被称作"**马格努斯效应**"。

三 解密特殊的飞行

✱ 翻滚翼

前几课制作的飞行器都具备机翼外形的特征，但是今天我们介绍的是一种飞行姿势特别的飞行器——翻滚翼。

> **技能训练**
>
> **自制翻滚翼**
>
> **活动目的** 制作翻滚翼。
> **活动器材** 硫酸纸、尺、铅笔、一元硬币等。
> 活动步骤
> 1. 先在硫酸纸上裁下一张长方形纸条（长 9 cm、宽 3 cm），沿着虚线的位置进行折叠，折成 90°。
> 2. 再把一个一元硬币放在硫酸纸上，沿着硬币的轮廓在硫酸纸上画出两个圆并用剪刀将其剪下。
> 3. 然后把折好的纸条两个短边抹上胶水，粘上圆纸片。注意圆纸片与长纸条必须垂直粘贴。
> 4. 最后利用一块大的纸板来驱动翻滚翼不断飞行。（图 3-3-17）
>
>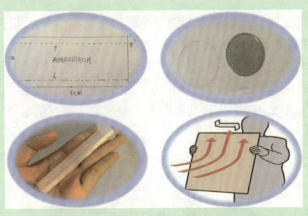
>
> 图 3-3-17 自制翻滚翼参考流程
>
> **提示** 如果没有硫酸纸，其他轻薄材料的纸张都可以用来试着制作翻滚翼。

✱ 风筝

风筝最早出现在我国东周时期。后来鲁班在前人的基础上改用竹子作为主要材料，到东汉时期，蔡伦改进了造纸术之后，民间才开始了用纸和竹子制作"风筝"，当时称为"纸鸢"。

科学思维

你能试着解释为什么伞会在"风"的作用下变成一把"喇叭伞"（图 3-3-18）吗？

图 3-3-18 风雨中的"喇叭伞"

科学思维

在竞技赛场上还有哪些比赛也应用到类似"香蕉球"（图 3-3-19）的原理呢？你能绘制出其在空中运动的轨迹吗？

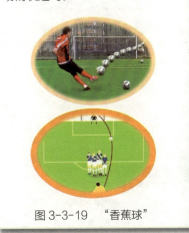

图 3-3-19 "香蕉球"

知识链接

大纸板在翻滚翼下方与水平面成一定角度，向前推动纸板前进的同时纸板也在向前挤压空气，气流便会向上运动，从而推动翻滚翼不断向上运动，又由于翻滚翼两条长边的结构特点，促使其能不断向前翻滚，最后看到的现象便是它能保持一定的高度边翻滚边向前运动。你也不妨动手试试制作一个翻滚翼。

知识链接

风筝要能升空需要有一个迎风角，当风力作用在风筝的迎风面上时会产生一个斜向上的力，这个力可以分解为一个竖直向上的力和水平力（图 3-3-20）。向上的分力会将风筝越吹越高。

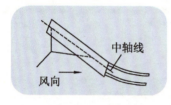

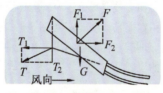

图 3-3-20 风筝升空力学原理

技能训练

自制简易风筝

活动目的 自制一个风筝，并了解其升空原理。
活动器材 纸、竹子、两根尼龙绳、两根竹条等。
活动步骤

1. 先将一张轻薄的纸折成菱形。
2. 再将事先准备好的两根竹条叠成十字架并且用绳子将其固定。
3. 然后把剪好的菱形纸的四个角各戳两个小洞，用尼龙绳把十架字固定在纸上。
4. 最后再准备好两根尼龙绳，将一根绳的两端分别绑在短木条的两端，风筝就制作完成了。（图 3-3-22）

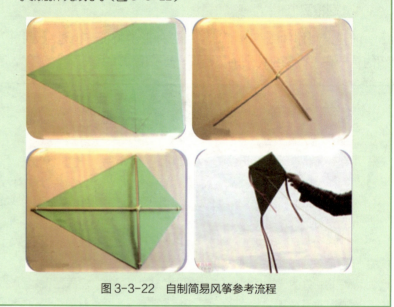

图 3-3-22 自制简易风筝参考流程

❋ 热气球

18 世纪时，法国造纸商蒙特哥菲尔兄弟在欧洲发明了热气球，同年又进行了热气球的第一次载人空中飞行。

气球是以加热球内的空气，或者是在球内充入某些小于空气密度的气体（诸如氢气、氦气等的方法），产生浮力而升空的。

热气球以自带的机载加热器来调整气囊中空气的温度，从而达到控制气球升降的目的。

科学思维

旋转彩带

取一张彩纸螺旋剪开，中心挂在竹签上，在其下端点燃蜡烛（图 3-3-21），你看到了什么现象呢？请用所学知识解释其中的奥秘。生活中还有哪些类似的现象？

图 3-3-21 自制旋转彩带

技能训练

自制"热气球"

活动目的 制作一个利用空气浮力升空的"热气球"。
活动器材 打火机、茶叶包、水杯等。
活动步骤

1. 先将一袋茶叶包中的茶叶取出。
2. 然后将茶叶包分段卷成柱状，立在桌面上。
3. 最后用打火机点燃茶叶包的上部，随后便能看到茶叶包飞起来了。（图 3-3-23）

第 3 章　自由飞翔
——从鸟类到飞行器

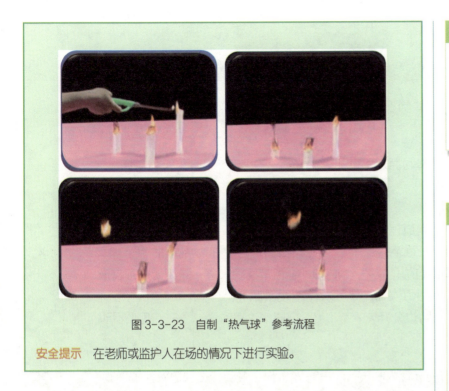

图 3-3-23　自制"热气球"参考流程

安全提示　在老师或监护人在场的情况下进行实验。

本节内容围绕"飞行"将大家带入了一个神奇世界中。其实飞行的奥秘远不止这些，还有很多原理值得同学们去探索和发现，探秘的旅程一定会给你带来无穷尽的惊喜和沉甸甸的收获。

知识链接

茶叶包顶部燃烧时，火焰加热了纸筒中间的部分空气，热空气体积便会膨胀，密度变小，自重减小，随之便能在空气浮力的作用下向上飞起来。

科学思维

孔明灯（图 3-3-24）又叫"天灯"，俗称"许愿灯"。孔明灯下方的燃料燃烧时，灯内的空气受热膨胀，因而空气的密度变小，从下方的灯孔排出，使孔明灯自身重力减小，借助空气浮力升空。

图 3-3-24　升空的孔明灯

准备一个大口径塑料袋（轻薄）、蜡烛，便能轻松完成实验。

将塑料袋开口端朝下，点燃桌上的蜡烛，将袋口靠近烛焰（不能过近），看到塑料袋鼓起后松手，它便徐徐上升。

一、概念理解

1. 当空气在管道中流动时，由"伯努利原理"可知（　　）。
   A. 凡是流速大的地方，压强就大
   B. 凡是流速小的地方，压强就小
   C. 凡是流速大的地方，压强就小
   D. 压强与流速无关

2. 下面诗句中描述的现象与"伯努利原理"**无关**的是（　　）。
   A. 八月秋高风怒号，卷我屋上三重茅
   B. 清风不识字，何故乱翻书
   C. 日照香炉生紫烟，遥看瀑布挂前川
   D. 春潮带雨晚来急，野渡无人舟自横

3. 往两张自然下垂且靠近的纸中间用力吹气，你可以看到两张纸将（　　）。
   A. 向中间靠拢　　B. 向两边分开　　C. 向同一边摆动　　D. 几乎不动

二、思维拓展

1. 向下端浸入水中的，直角处开口的吸管内吹气（图3-3-25），你会看到什么现象？能解释其中的原理吗？
2. 你们是否知道，在火车站或地铁站都会看到一条黄色警戒线（图3-3-26），这有什么作用吗？能用今天所学的知识解释其中的奥秘吗？

图3-3-25　自制喷雾器　　　　　　　　　　　图3-3-26　黄色警戒线

三、创客空间

1. 取一段塑料软管（可以用洗衣机排水管），将一些硬泡沫塑料弄碎，并把它们倒在桌面上。实验时将塑料软管的a端对着碎泡沫塑料，使劲甩动塑料管的b端（图3-3-27），让它快速地做圆周运动。把你看到的现象和同学们一起分享。

2. 在模型船身上留有两个气道（气道相连通），从船尾部气道向里吹气将气球吹大，然后用手指堵住船尾部气孔（图3-3-28），将模型船放在水盆内，观察小船的变化。这个实验现象与什么原理有关呢？小船运动的速度会由哪些因素决定呢？请完成一份探究报告。

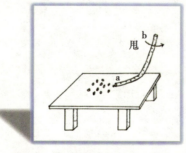

图3-3-27　模拟"吸尘器"　　　　　　　　　图3-3-28　喷气动力船

第 4 节 飞行前沿
——尖端飞行器与隐形技术

人类一直以来都怀揣着了解日月星辰运行、探索宇宙奥秘的心愿，可以说飞天是人类自古以来的梦想。从莱特兄弟驾机在北卡罗来纳州的轻盈一跃算起，到现在不过100多年的时光，但飞行已经从少数勇敢者的游戏变成了惠及大众的出行方式。航空技术赋予了人类前所未有的行动自由，一部飞行史就是人类不断追求梦想和自由的心灵史。

随着技术的不断发展和革新，飞机承载了人类的伟大梦想，体现了人类坚韧不拔的探索精神。

一 神秘的无人机

无人机（图3-4-1）主要是利用机身上的旋翼来实现飞行和悬停的。根据"力的作用是相互的"物理学原理，我们知道当无人机的旋翼转动时，旋翼推动空气向下流动，这部分气体会反作用于旋翼，对旋翼施加向上的推力。这就是无人机升力产生的原理。一般而言，旋翼的转速越大，无人机的升力越大。

图 3-4-1 无人机

现在的无人机能够完成三种动作：悬停、爬升和降低。当无人机悬停时，它处于平衡状态，这说明无人机受到的升力与自身的重力是一对平衡力，两个力大小相等，方向相反（图3-4-2）。

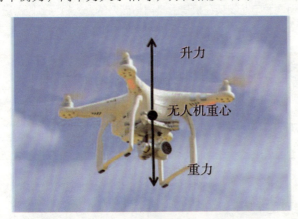

图 3-4-2 无人机悬停时竖直方向受力情况

那么，无人机又是如何实现爬升的呢？其实原理很简单，只要加大旋翼的转速，就可以增加无人机的升力。当无人机的升力大于机身的重力时，无人机就能实现爬升。

学习目标

- 说出 三种飞行动作
- 描述 隐形的方式
- 概述 离子飞行器
- 自制 制作无人机
  设计隐形飞机
  无线充电装置

关键词

- 隐形
- 离子

科学思维

吊扇受力的秘密

吊扇（图3-4-3）悬挂在天花板上时，天花板对它施加了向上的拉力。如果打开吊扇，让它正常工作，天花板对它的拉力会改变吗？为什么？同学们可以借助一个弹簧测力计、一个微型吊扇进行一番探究。

图 3-4-3 吊扇

科学思维

自制悬浮的"小鸟"

制作一只"小鸟",找到它的重心,用细棍从它重心处支起,模拟在空中悬浮的无人机。请动手制作一只悬浮的"小鸟"(图3-4-4)。

图3-4-4 悬浮的"小鸟"

知识链接

无人机航拍技术

随着我国经济和文化事业的发展,许多考古遗址、城乡地貌发生了巨大变化,常规的成图周期已不能满足需要,一些版图也反映不出新的面貌。因此,使用无人机进行区域遥感航拍,按照一定精度要求制成图像(图3-4-5),适时更新地理资料,不仅对国家和地区的经济发展有着积极的促进作用,还对国家和地区的形象塑造和传播有着重要意义。

图3-4-5 无人机航拍图

工程技术

自制无人机

活动目的 了解无人机的工作原理。

活动器材 塑料板、两个顺时针旋转同步电机(CW)、两个逆时针旋转同步电机(CCW)、两节电池、四个螺旋桨、接收器、发射器、胶水、剪刀等。

活动步骤

1. 先用一块塑料板剪出无人机的外形。(图3-4-6)

图3-4-6 步骤一

2. 再把两个顺时针旋转同步电机(CW)和两个逆时针旋转同步电机(CCW)嵌在开好的圆槽内。(图3-4-7)

图3-4-7 步骤二

3. 然后将四个螺旋桨和一个接收器,按图中所示方式固定在机身上,再做两个支架用胶水粘在机身底部。(图3-4-8)

图3-4-8 步骤三

4. 最后将两节电池安装在机身上,再将做好的无人机与遥控器进行配对。(图3-4-9)

图3-4-9 步骤四

二 隐形的奥秘

人们对"隐身"一词一点儿也不陌生。目前利用隐身技术的实例主要包括:行军打仗时,士兵身穿的吉利服(图3-4-10);士兵在衣服、皮肤上涂上与周边环境相似的颜色,类似动物界的隐身高手——越南的苔藓蛙(图3-4-11);飞机的机身被涂成与天空颜色接近的蓝色，让人抬头仰望时无法观察到飞机的存在。

图 3-4-10 吉利服

图 3-4-11 越南的苔藓蛙

隐形飞机的隐形方式主要有以下两种。

1. 采用能吸收电磁波的材料。隐形飞机外层的特殊材料能吸收电磁波，对方雷达发射出的电磁波遇到这些特殊材料的涂层时大部分会被吸收，反射回去的很少，这就不会引起敌方的注意。

知识链接

雷达探测的方法

雷达是一种利用电磁波探测目标的电子装备。当雷达发射出的电磁波照射到隐形飞机表面时，大部分电磁波会被飞机表面的特殊材料所吸收（图 3-4-14）。这大大减少了雷达反射波，促使隐形飞机达到隐身的效果。

图 3-4-14 雷达探测

探究·实践

探究不同物质的吸声性能

实验目的 比较不同物质的吸声效果。

实验器材 玻璃杯、细绳、小球、四种材料（聚酯棉、软木、泡沫、海绵）、纸、笔等。

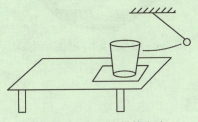
图 3-4-12 吸声性能实验

实验步骤

1. 先在桌上放置一个玻璃杯，在玻璃杯下分别放上大小和厚度相同的四种材料。
2. 再将悬挂在细线下的小球每次都拉到同一高度释放去敲击玻璃杯。
3. 然后比较四次玻璃杯发出的声音大小，用笔记录在纸上。
4. 最后根据记录的声音振幅大小来判断不同物体吸声性能的优劣。（图 3-4-12）

2. 通过隐形飞机（图 3-4-13）机身形状的设计，使其在各个方向上降低反射率。隐形飞机的外形要尽量做成由平面金属构成的多面体，这样可以将大部分的电磁波反射到其他方向，减小敌方接收的雷达散射截面面积。

图 3-4-13 隐形飞机

科学思维

吸声材料

吸声材料（图 3-4-15）是一种能在很大程度上吸收由空气传递的声波能量的材料。其特征是具有大量内外连通的微小空隙和气泡。请你举出一些例子，说明身边有哪些地方需要用到吸声材料，并回答在这些地方吸声的目的是什么。

图 3-4-15 吸声材料

知识链接

反射的原理

反射是指声波、光波或其他电磁波遇到障碍物而折回的现象。例如，隐形飞机可以反射雷达波（图3-4-16）。

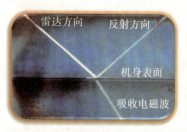

图3-4-16 隐形飞机反射雷达波

艺术鉴赏

自制隐形飞机纸艺作品

准备一张黑色的卡纸，试着折出一架隐形飞机。在设计隐形飞机的外部结构时，请尽量参考文中的介绍。希望你通过精心的设计，制作出一架既美观又精巧的隐形飞机纸艺作品（图3-4-17）。

图3-4-17 隐形飞机纸艺

知识链接

漫反射与镜面反射

当光照射到白纸上时发生了漫反射，反射的光线会射向四面八方；当光照射到镜子表面时发生了镜面反射，手电筒发出的光垂直照射到镜面，反射的光线会按原路返回。

探究·实践

探究漫反射和镜面反射的特点

实验目的 了解镜面反射和漫反射的异同。

实验器材 白纸、平面镜、手电筒等。

实验步骤

1. 先在桌上铺一张白纸。
2. 再把一块平面镜放在纸上（镜面朝上）。
3. 然后让手电筒的光正对着平面镜照射。
4. 最后从平面镜和白纸的正上方往下看，白纸和平面镜哪个更亮？人远离桌子，从侧面观察平面镜和白纸哪个更亮？你可以观察到两种不同的现象。（图3-4-18）

图3-4-18 漫反射和镜面反射实验

三 离子推进器

飞机在高空飞行时，飞机上的电池会向前端的金属（正极）施加20 kV的电压。高压将空气中氮气的电子剥离，氮原子变为带正电荷的离子，而后侧的金属带负电荷（负极），这些氮正离子就像被磁铁吸引的铁屑，迅速向后排移动，与中性空气分子发生碰撞，而碰撞产生的能量将空气分子推向飞机后方，从而产生足够的推力。这就是离子推进飞机（图3-4-19）的工作原理。

图3-4-19 离子推进飞机

工程技术

自制无线充电器

活动目的 利用类比的思路，通过制作无线充电器走近"离子风"。

活动器材 电池盒、砂纸、发光二极管、接线端子、漆包线、小电动机、两节电池等。

活动步骤

1. 先将一根漆包线绕成两个线圈（多绕几圈）。
2. 再用一张砂纸把线圈延伸出来的两个线头的漆磨掉。
3. 然后按住接线端子的一端，将一个线圈的两个线头插进去，再将剩余一个线圈的两个线头插入一个发光二极管中。（图3-4-20）

图 3-4-20　步骤三

4. 接着用漆包线将两节电池、小电动机、接线端子、发光二极管连接成两种电路结构。（图3-4-21）

图 3-4-21　步骤四

5. 最后将两个线圈靠近，观察发光二极管的发光情况。

人类真正的飞行实践起源于仿鸟飞行。在人类建立空气动力学理论体系之后，人类对鸟类飞行的研究获得了许多突破性的进展，一系列高科技的飞行器应运而生，进一步推动了人类飞行事业的发展，这将促进人类社会的文明不断向前迈进。

知识链接

离子推进器的优缺点

离子推进器最大的优点是发动机极小，所带的燃料也极少，可以持续不断地为宇宙飞船提供加速度，使得宇宙飞船的速度远远高于化学火箭的速度，但它的缺点是推力极小。

知识链接

无线充电器的工作原理

在制作无线充电器的实验中，当初级线圈（连有电池的线圈）上有交变电流流过时，线圈周围就会产生变化的电磁场。这个电磁场在次级线圈（接有二极管的线圈）靠近时等效于在做切割磁感线的运动，根据电磁感应原理，次级线圈中就会产生电流，从而达到无线充电的目的。

一、概念理解

1. 我国自主开发的战斗机歼-20，主要改进了飞机的形状与材料方面的技术，能有效避开雷达探测。下列关于战斗机歼-20 隐身原因的解释，正确的是（   ）。
   A. 由于战斗机歼-20 飞行速度太快，电磁波追不上
   B. 由于战斗机歼-20 是超音速飞机，声波追不上
   C. 通过改用新材料，减弱对电磁波的吸收能力
   D. 通过改变飞机的形状，减少对雷达探测方向反射的电磁波

2. 被称为"空中猎鹰"的国产第三代战斗机歼-10（图 3-4-22）和第四代战斗机歼-20，在中国航空工业创建 60 周年纪念日上再次亮相。请你回答以下问题。

图 3-4-22　国产第三代战斗机歼-10

图 3-4-23　歼-10 运动示意图

（1）战斗机歼-10 的机翼在设计时充分利用了流体力学的知识。当飞机高速飞行时，流过它上方的空气速度大于下方空气速度，此时，上方空气压强比下方空气压强 _____（填"大"或"小"）。这样，机翼受到一个向 _____（填"上"或"下"）的压力差。（图 3-4-23）

（2）战斗机歼-20 的隐形性能，可以有效避开雷达探测，秘密之一在于它的表面有一层特殊材料，这种材料能够 _____（填"增强"或"减弱"）对电磁波的吸收作用；秘密之二在于它的表面被制成特殊形状，这种形状能够 _____（填"增强"或"减弱"）电磁波的反射。

3. 无人机的英文缩写是（   ）。
   A. UVS　　　　　B. UAS　　　　　C. UAV

二、思维拓展

1. 关于飞行研究的最新进展有哪些呢？请查阅资料，把你的收获和朋友们一起分享。
2. 为了减少对电磁波的反射，隐形飞机在外形上应该避免出现什么样的设计结构？请你谈谈理由。

三、工程技术

目前科学家正在采用超材料研制一种"隐形斗篷"，其设计是超材料在物体周围形成一个盾，光线在超材料周围弯曲，并在另一侧重新组合。隐形并非是让真实的物体消失，而是将其用另一种方式呈现。科学家发明的隐形椅（图 3-4-24）正是利用了这种呈现方式。请你设计一张隐形椅的结构图，完成后与大家一起分享自己的设计。

图 3-4-24　隐形椅

一、概念理解

1. 鸟类有许多天然构造适应在空中飞行。这主要体现了生命观念中的（   ）。
   A. 稳态与平衡观　　B. 结构与功能观　　C. 物质与能量观　　D. 信息与调控观
2. 在家中使用吹风机吹纸片（图 3-4-25），纸片却稳如泰山。这是因为（   ）。
   A. 风太大　　　　　B. 相互作用力
   C. 风太小　　　　　D. 压力差
3. 蜜蜂（图 3-4-26）在空中飞行时需要不断扇动翅膀。请你分析蜜蜂不断扇动翅膀是为了（   ）。
   A. 保持飞行稳定　　B. 采蜜
   C. 获得升力　　　　D. 向同伴发出信号
4. 下列属于利用浮力升空的是（   ）。
   A. 飞机　　　　　　B. 热气球
   C. 风筝　　　　　　D. 火箭

图 3-4-25　　　　　图 3-4-26
吹风机吹纸片　　　蜜蜂

二、思维拓展

1. 制作一个纸杯飞行器，请你实践后思考，这个纸杯飞行器利用了什么飞行原理。
   （1）把两个一次性纸杯杯底相对，用胶带粘在一起。
   （2）准备一根长橡皮筋，制作时可以把四个普通的橡皮筋系在一起。
   （3）放飞时，先把橡皮筋的一头缠绕在纸杯中间的位置上，再留出一段橡皮筋，像发射弹弓一样拉开橡皮筋，然后松开手。注意橡皮筋缠绕的圈数越多，它产生的弹力越大，纸杯飞行器飞得越远。
   （图 3-4-27）

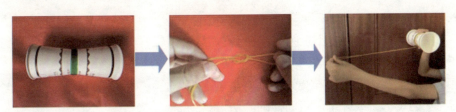

图 3-4-27　纸杯飞行器制作流程

2. 空气捕手：你有办法在最短的时间内使塑料袋内充满空气吗？你会运用什么原理呢？
3. 你留意过以下情况吗？划船时，桨向后划水，船会向前行驶；溜旱冰时，一个人用力去推对方时，自己也会向相反的方向运动；吹气球时，将吹足了气的气球嘴松开后，球内的气体从气球嘴喷出的同时，气球会向相反的方向运动（图 3-4-28）。你知道其中蕴含了什么道理吗？请你说一说并写下来。

图 3-4-28　生活中的反作用力

4. 在足球场上，优秀运动员的脚踢在足球的恰当位置，足球会先在空中划过一道弧线，然后越过球员和守门员飞入球门，这就是所谓的"香蕉球"。你知道踢出这样的球需要使用哪些技巧吗？请你谈谈自己的观点。

三、创客空间

1. 翼装服的发明是基于对蝙蝠飞行滑翔原理的研究。在高空飞行时，运动员将双臂、双腿间的飞翼张开，形成一个气流受力面，上升气流会将运动员的这对"翅膀"托起，这使得运动员可以通过双臂和双腿的调整在空中滑翔。请你上网搜索关于翼装飞行（图3-4-29）的资料，试着回答以下几个方面的问题。

    （1）制作翼装的材料有什么特点？
    （2）翼装一般有多重呢？
    （3）翼装和空气接触的面积是否越大越好呢？为什么？
    （4）为什么说蝙蝠的飞行技术不同于鸟类，并且凌驾于鸟类之上？

图3-4-29 翼装飞行

2. 蒲公英种子（图3-4-30）是自然界绝妙的飞行器。只要风轻轻一吹，就可以看到这些毛茸茸的"小降落伞"在空中飘远。这些种子很擅长乘风传播，它们经常能飞到1 000 m以外甚至更远的地方。了解了蒲公英种子的飞行，或许可以用同样的方法设计出在空中长时间悬浮的小型飞行器。

    （1）估算蒲公英一颗种子上的绒毛数量，测量并计算每一根绒毛的长度和宽度。
    （2）请使用解剖镜仔细检查蒲公英种子的冠毛结构，说说它有什么特点？
    （3）模拟蒲公英种子下落的过程，画出悬浮的蒲公英种子上方的空气流向，再用激光照亮空气中悬浮的小颗粒，用这种方法记录下蒲公英周围的空气流向。

图3-4-30 蒲公英种子

第 4 章 传感与生活
——生活中的传感器

古时候，有"银针试毒"，人们试图通过银针来断定食物中是否有毒；有"悬丝诊脉"，人们希望通过悬丝来探知病人的脉象；还有"龟壳占卜"，人们幻想通过龟壳来预知未来……在人类社会不断发展的进程中，我们努力认识自然、利用自然、改造自然，而这种认识、利用和改造的过程必然伴随着对各种"未知"的探索和研究。

如今，我们通过温度传感器感知外界的温度，通过心率传感器感知人的心跳，通过超声波传感器感知距离，通过压力传感器感知压力的大小……这些传感器犹如我们的眼睛、耳朵、手、大脑和皮肤，从外界获取各种"信息"，再转换成电信号传递到计算机系统中，最终由执行器来完成相关操作。这就是我们的智能生活、未来生活。

内容提要
* 传感器的构造
* 传感器的原理
* 传感器的应用
* 选用、设计传感器
* "智造"改变生活

学习本章意义

随着科技的发展，智能科技已经成为一种新的生活方式和社会潮流，它改变着我们的生活环境与生活习惯，也改变着我们的生活态度。智能生活，已经来到我们身边。你愿意了解其中的奥妙，学会使用传感器"智造"美好生活吗？

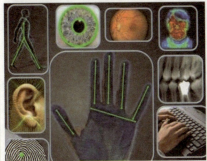

走进本章，我们将会和你一起揭开传感器的神秘面纱，认识传感器的构造，了解传感器的原理，学会使用传感器，一起"智造"属于我们的美好生活。

第 1 节 锦绣江苏
——穿戴中的传感器

学习目标

说出 恒温控制原理
　　　继电器原理
　　　心率传感器原理
　　　电磁继电器原理

描述 热敏电阻与温度
　　　光敏电阻与温度
　　　功能性服饰
　　　智能手表与智能手环

自制 恒温桑蚕保育箱

体验 智能手表测心率

探究 热敏电阻的特性
　　　电磁继电器的启动电流
　　　各种类型的生物传感器
　　　电子罗盘

关键词

- 传感器
- 穿戴设备

据《圣经》记载：亚当和夏娃原本幸福地生活在伊甸园里，后来受了蛇的引诱，偷吃了树上的苹果，便有了七情六欲，有了羞耻之心，于是把无花果的叶子连缀成衣，用来遮盖。当然，这只是宗教神话而已。或许，用树叶、兽皮等制成的原始"衣服"，最初是出于遮风挡雨、抗御寒冷的需要，也许还掺杂了一些害羞的心理。直至棉、丝等新型材料的广泛运用，才逐步赋予衣服更为丰富的功能与含义。而现代科技的出现，将赋予衣服更为奇妙的功能。

一　科技助力锦绣传统

据考古研究发现，在新石器时代中期，在中国这片古老的土地上，人们便开始了养蚕、缫丝、织绸。商周时期，农业有了很大发展，蚕桑业也形成了一定的规模。北宋丝绸生产主要集中于黄河流域、江南地区和四川地区，至中晚期生产重心逐渐转移至江南地区。仅苏州的苏绣与宋锦（图 4-1-1）就分别占据了"四大名绣""三大名锦"中的一席。如今在苏州的吴江等地依然保留着栽桑养蚕的传统技艺，并在现代科技的助力下，进入了自动化养蚕和纺织的新时代。

图 4-1-1　苏绣（左）与宋锦（右）

✤ 自制恒温桑蚕保育箱

要产出上等的好丝，就得养出健康的桑蚕和优质的蚕茧（图 4-1-2）。除了要有上等的桑叶外，还得营造适宜桑蚕生长的环境。制作一个自动化恒温桑蚕保育箱是一个不错的主意。在这个自动化恒温桑蚕保育箱中，我们要用到热敏电阻和电磁继电器。

图 4-1-2　桑蚕（左）与蚕茧（右）

技能训练

了解热敏电阻的阻值与温度变化之间的关系

活动目的 探究热敏电阻的温度特性。

活动器材 热敏电阻（图4-1-3）、烧杯、酒精灯、温度计、多用电表等。

活动步骤

1. 先在烧杯里盛 200 mL 的水，放入温度计，并用酒精灯加热。
2. 然后将热敏电阻的引脚绝缘处理后放入水中，并用多用电表测量出不同温度下热敏电阻的阻值。
3. 最后绘制电阻—温度曲线图。

图 4-1-3 热敏电阻

思维拓展 热敏电阻与普通的金属电阻的阻值变化原理是否相同？

知识链接

电磁继电器

电磁继电器（图4-1-4）是一种电子控制器件，它主要是由控制系统（又称"输入回路"）和被控制系统（又称"输出回路"）组成，通常应用于自动控制电路中。电磁继电器实际上是一种用较小的电流、较低的电压去控制较大电流、较高的电压的"自动开关"，因此它在电路中起着自动调节、安全保护、转换电路等作用。

探究·实践

探究 HH52P 型电磁继电器控制电路的启动电流大小

实验目的 了解 HH52P 型电磁继电器的工作原理。

实验器材 HH52P 型电磁继电器、12 V 直流电源、电阻箱、电流表、电键等。

实验步骤

1. 先阅读说明书，了解 HH52P 型电磁继电器引脚对应的功能。
2. 再将 12 V 直流电源、电阻箱、电流表、电键与 HH52P 型电磁继电器的控制电路引脚串联。
3. 然后将电阻箱的阻值调至最大，闭合电键，逐步调小电阻箱的阻值，注意观察 HH52P 型电磁继电器衔铁的变化情况。
4. 最后当 HH52P 型电磁继电器的衔铁被线圈吸引时，读出电流表的电流大小，同时记下此时电阻箱的阻值。

思维拓展 仔细观察和研究，判断 HH52P 型电磁继电器是属于常开型电磁继电器，还是属于常闭型电磁继电器？

图 4-1-4 电磁继电器

　　桑蚕发育过程是完全变态发育，在它的一个世代中要经过蚕卵、蚁蚕、熟蚕、蚕茧、蚕蛾五个发育阶段。在一年内自然发生的世代数称为"化性"，一年发生一代的称为"一化性"，发生二代的称为"二化性"，发生三代及以上的称为"多化性"。在热带地区还有终年不滞育的多化性品种。桑蚕发育的温度范围随发育时期的不同而变化，但大致维持在 7 ℃～40 ℃，能正常发育的温度范围为 20 ℃～30 ℃。因此，在制作恒温桑蚕保育箱时，可以参考常见的恒温箱（图4-1-5）的制作原理，设置好箱内的温度范围。

图 4-1-5 常见的恒温箱

创客空间

制作恒温桑蚕保育箱

活动目的 制作一个温度控制在 20 ℃～30 ℃ 的恒温桑蚕保育箱，并测试恒温桑蚕保育箱的功能。

活动器材 NTC47D-15 热敏电阻、12 V PTC 暖风机、散热风扇、电磁继电器、若干定值电阻、12 V 直流电源、不透明亚克力板、温度计等。

创新思维

由于桑蚕宝宝吐丝的质量取决于桑蚕宝宝的健康状况,因而提供干净新鲜的桑叶就显得尤为重要。

我们可以利用常见的恒温桑蚕保育箱的原理制作一个规模较大的温室大棚。通过控制温室大棚内的温度、湿度、光照,让温室大棚内的桑树在一个干净、温暖的环境中生长,并产出优质的桑叶。

活动步骤
1. 先阅读电磁继电器和 NTC47D-15 热敏电阻的参数,设计好控制电路与工作电路的原理图,根据安全的要求,选用 12 V PTC 暖风机。
2. 再根据饲养桑蚕的要求,利用不透明亚克力板制作恒温桑蚕保育箱的箱体(预留好相应的元器件的空间和接口)。
3. 然后装配好电路元器件、散热风扇、12 V PTC 暖风机和箱体部分。
4. 最后寻找合适的温度环境,测试保育箱的功能。当温度低于 20 ℃时,启动 PTC 暖风机进行加热;当温度高于 30 ℃时,启动风扇散热系统进行降温。

思维拓展 制作恒温桑蚕保育箱除了要将温度控制在一定范围内之外,还要设置箱内的光照亮度调节功能,你将怎样改进前面的设计?

二 穿在身上的传感器

服装最初的功能主要是御寒和遮羞,后来又逐渐融入了装饰的作用。人们希望通过服装的样式、图案和色彩的搭配展示人体之美。在等级森严的封建社会,服饰还被赋予了象征身份地位和划分阶级等级的功能。

如今,随着现代科技的不断发展,人类的服饰文化、服饰功能又有了跨越性的发展,智能型穿戴设备不断问世。

❈ 智能运动背心

智能运动背心(图 4-1-7)采用透气的速干面料来散失水分、调节热量,让穿戴者的皮肤在运动中保持干爽、舒适。智能运动背心内置多个生物传感器,白天能监测使用者的心率、呼吸频率、运动强度、热量消耗、疲劳程度等;晚上能监测使用者的睡眠质量和呼吸活动。智能运动背心主要是通过蓝牙功能与多种第三方应用软件以及智能手表、GPS 设备等硬件进行连接。

创新思维

虚拟试衣镜

目前,市场上出现了深受女性用户追捧的一项新技术——虚拟试衣。虚拟试衣镜(图 4-1-6)是一种基于"增强现实"的虚拟试衣系统,一方面实现了线上商品在线下门店的展示;另一方面,依托三维虚拟试衣技术,试衣镜能根据测量出的用户身体尺寸自动为其匹配合身的衣服。用户不仅可以随意进行款式搭配,还可以直接通过客户端扫码下单购买。

图 4-1-6 虚拟试衣镜

图 4-1-7 智能运动背心

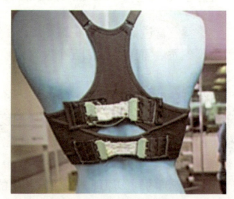

图 4-1-8 Bionic Bra

❈ 呵护女性的智能内衣

不合适的内衣对于女性的乳房不但起不到保护的作用,反而会影响乳房的健康。为此,澳大利亚一个研究小组研制出一款名为"Bionic Bra"(图 4-1-8)的智能内衣。Bionic Bra 的智能之处在于借助智能布料、3D 打印和仿生肌肉等多种"黑科技",能精确地判断出人体的移动状态，自动调整内衣的松紧度，使人体始终处于一种舒适的状态。

✿ 替婴儿"说话"的袜子

初生婴儿不能通过语言文字表达自身的感受和需求。当婴儿有发烧或其他不舒适的情况时，只能通过啼哭表达情绪。美国 Owlet 公司推出了一款针对婴儿的智能袜子（图 4-1-9）。这款袜子不仅能通过红光和红外线在无侵扰的情况下测量宝宝的心率、血液含氧量和皮肤温度等数据，还能通过蓝牙模块将记录到的信息传输到配套的 App 上。此外，这款袜子可以将测量的数据通过家庭 Wi-Fi 网络在任何联网设备上查看。

图 4-1-9　婴儿的智能袜子

✿ 梦想中的钢铁侠

在自然界中，狮子的力量、猎豹的速度、袋鼠的弹跳力都让人类望尘莫及。好在我们拥有更为强大的智慧，可以利用科技圆一个"超人梦"。

科研人员已经研发出如同钢铁侠般酷炫的机械衣（图 4-1-11）。机械衣装有髋、膝、踝关节的力传感器，可感知运动轨迹，当使用者迈步向前时，机械衣可实时提供迈步、抬腿、跨步所需的不同力量，让使用者轻松地举起更重的物体。

探究·实践

探究各种类型的生物传感器原理

实验目的　探究生物传感器的类型及其工作原理。

实验步骤

1. 先分小组搜集资料，通过搜索引擎或者图书馆，查阅生物传感器的类型及其工作原理。如：心率传感器、呼吸频率传感器、血糖检测传感器等。
2. 每个小组再将研究成果制作成 PPT，并集中展示，分享交流。

✿ 洗衣机里的大学问

洗衣机的出现极大地解放了人类的双手，尤其是智能洗衣机让洗衣服变得轻松起来。你知道一台全自动洗衣机中有哪些传感器吗？

全自动洗衣机包括光线、温度、布质、压力、水位、湿度等传感器，这些传感器会将相应的信息检测出来，并发送到单片机中。单片机应用模糊控制程序对所检测到的信息进行分析，以确定最佳的洗涤时间、水流强度、漂洗方式、脱水时间以及注水水位等参数，并对

创新思维

每一根纤维都是传感器

智能研发机构 Cambridge Consultants 开发出一种新的智能纺织品——Xelfle X（图 4-1-10）。它通过嵌入特殊衣服布料中的光纤传感器，对人的运动轨迹进行跟踪，通过算法描绘出人的 3D 运动模型。

当人在运动的时候，电子组件产生的光脉冲沿着光纤传输，一定数量的光连续散射在光纤上，光纤的弯曲会导致散射和反射的增加，这个增量可以被测量出来，用于记录人的行为数据。这项研究不仅让运动员与教练感到兴奋，也让虚拟现实效果变得更加真实。

图 4-1-10　Xelfle X

图 4-1-11　机械衣

实践活动

查阅资料，了解智能洗衣机中传感器的种类及其相应的功能。

洗衣机全过程进行自动控制。

知识链接

洗衣机里的光敏传感器

洗衣机里的光敏传感器，即洗净度传感器。它的作用是先检测排水口的光透射率，再由微型电子计算机进行数据处理，判断洗涤、排水、漂洗、脱水等状况。

例如，在洗涤衣物时，洗涤液会变得浑浊，光的透射率降低，直至洗涤液的浑浊度不再变化，透光率也不再变化。微型电子计算机可以判断某一阶段的洗涤过程是否结束。

探究·实践

寻找洗衣机中的水位传感器

实验目的　寻找洗衣机中的水位传感器（图 4-1-12），熟悉水位传感器的工作原理。

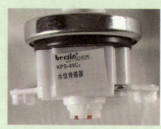 

图 4-1-12　水位传感器

实验器材　一台废旧洗衣机、扳手、螺丝刀等。

实验步骤

1. 先在互联网上查阅相关资料或者咨询资深修理专家，制订拆解洗衣机的计划。
2. 再拆解洗衣机并了解洗衣机各部件的功能。
3. 然后寻找洗衣机的水位传感器，判断是哪一种类型的水位传感器。
4. 最后分析该水位传感器的工作原理。

知识链接

洗衣机里的布质传感器

洗衣机里的布质传感器，即衣质传感器，是为了检测衣物的质地而设置的。根据衣物纤维中棉纤维、化学纤维所占比例的大小，衣物的布质分为"柔软棉""较硬棉""棉与化纤""化纤"四种类型。

三　戴在手上的传感器

曾经，我挥一挥衣袖，不带走一片云彩。如今，我挥一挥手，就能优雅地买单，统计走路的步数，知道自己的健康状况……戴在手上的智能手表与智能手环（图 4-1-13），能帮助人们将儿时的梦想变为现实。

知识链接

电子罗盘的材料

1. 霍尔效应型。

霍尔效应，简单来说就是当恒定的电流通过一段导体时，其侧面的电压 U_H 会随磁感应强度呈线性变化。手机通过测量电压，可以测出磁感应强度的大小。假定地球磁场与地平面平行，如果在与手机平面垂直的方向放上两个霍尔器件，就可以感知地球磁场在这两个霍尔器件的磁感应强度的分量，从而得到地球磁场的方向，有点类似于力的分解。

图 4-1-13　智能手表（左）与智能手环（右）

探究·实践

探究智能手表中电子罗盘的工作原理

实验目的　探究智能手表中的电子罗盘的准确性。

实验器材　智能手表、带底座的小磁针（图 4-1-14）。

实验步骤

1. 先打开智能手表中的指南针应用程序。
2. 再将智能手表平放在桌面上,在水平面内转动手表,注意观察智能手表上指南针的指向是否发生变化。

图 4-1-14 电子罗盘(左)与带底座的小磁针(右)

3. 然后在离智能手表一定距离处,放置一个带底座的小磁针,待带底座的小磁针稳定后,注意观察带底座的小磁针 S 极的指向。
4. 最后观察智能手表上指针的指向与带底座的小磁针的指向是否一致。

思维拓展 智能手表中的电子罗盘功能,用到了什么类型的传感器?查阅资料后,请描述它的工作原理。

智能手表(智能手环)检测心率的方法

1. 光电透射测量法。

目前,市面上的智能手表(智能手环)监测心率(图 4-1-15)大多数是采用光电透射测量法。智能手表(智能手环)与皮肤接触的传感器会发出一束光照在皮肤上,而血液对特定波长的光有吸收作用。因此,每次心脏泵血时,该波长的光都会被大量吸收,以此就可以确定心跳。该方法的缺点是耗电量大,同时会受环境光的干扰。

2. 测试心电信号法。

智能手表(智能手环)的传感器也可以通过测量心肌收缩的电信号来判断使用者的心率情况,原理与心电图类似。该方法的缺点是电路比较复杂,占印制电路板的空间比较大,易受电磁干扰,传感器必须紧贴皮肤,放置位置相对固定,所以很少有智能手表(智能手环)采用这种测量方式。

3. 振动式测量法。

每次心跳都会引起身体振动,通过高精度的传感器捕捉这种振动,再经过信号处理可以测得心率。智能坐垫、智能按摩器一类的产品通常会采用这种测量方法。

探究·实践

探究智能手表测心率的工作原理

实验目的 测试智能手表测心率的准确性。
实验器材 智能手表(带有心率测量功能)。
实验步骤

1. 先打开智能手表(带有心率测量功能)中测量心率的应用程序(图 4-1-17)。
2. 再观察智能手表背面发出了什么颜色的光(图 4-1-18)。

知识链接

2. 磁阻材料型。

磁阻材料是指在磁场作用下电阻发生变化的物质。作为磁性材料中的磁阻材料,主要包括有异常磁电阻效应的镍、镍锰、镍钯合金等强磁性物质。磁阻材料的特点是电阻会随磁感应强度的变化而变化,使用磁阻材料能构成一个电桥,测量电桥的两节点的电压,可以测出单一方向的磁感应强度。同理,在手机中放置两个相互垂直的电桥,就可以测得磁场的方向。

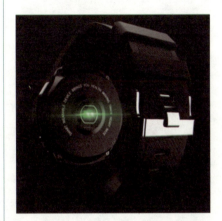

图 4-1-15 智能手表测量心律

知识链接

手机测血糖

来自加州大学圣地亚哥分校的科学家们开发了一款智能手机外壳及其应用程序,帮助有需要的人群在家中或路上测量和记录他们的血糖情况。这款设备名为 GPhone,是一种新型的便携式葡萄糖传感系统。GPhone 有两个核心零部件:一是轻薄的智能手机的外壳上有一个永久的、可重复使用的传感器;二是一次性使用并通过磁性附着在传感器上的小球,这些小球中含有一种葡萄糖氧化酶(图 4-1-16),与葡萄糖发生反应。这种反应产生的电信号可以用传感器的电极来测量。信号越强,葡萄糖浓度越高。

3. 然后戴好智能手表，测量自己的心率，同时按压自己的脉搏，人工测量心率，比较检测结果是否大致相同。

图 4-1-17　测量心率的应用程序　　图 4-1-18　智能手表背面的光束

4. 最后改变手表与手臂之间的松紧程度，多次测量心率，比较误差是否有明显变化？

思维拓展　智能手表中的心率测量功能用到了什么类型的传感器？查阅资料后，请说明手表背面发出绿光的原因。

图 4-1-16　葡萄糖氧化酶

便携式、可穿戴式及远程化的应用对设备端传感器的信号采集及多芯片融合提出了更高的要求。正是这种不断追求精细、极致与人性化的设计，让我们体验到锦绣江苏的舒适生活。

本节自我评估

一、概念理解

1. （多选）NTC47D-15 型热敏电阻是（　　）。
   A. 正温度系数的电阻　　B. 负温度系数的电阻　　C. 金属电阻　　D. 半导体电阻
2. （多选）下列传感器中，属于生物类型的传感器是（　　）。
   A. 心率传感器　　B. 血糖传感器　　C. 呼吸频率传感器　　D. 水位传感器
3. （多选）HH52P 型电磁继电器是（　　）。
   A. 电磁传感器　　　　　　　　　　B. 常开型继电器
   C. 常闭型继电器　　　　　　　　　D. 自动化控制中重要的电子器件
4. 常见的智能手表中测量心率是利用了（　　）。
   A. 光电透射测量法　　B. 测试心电信号法　　C. 振动式测量法　　D. 呼吸频率测量法

二、思维拓展

日常使用的智能家电中，涉及的传感器非常多。以洗衣机为例，你知道它主要使用了哪些传感器吗？相应的传感器所运用的功能分别是什么？

三、工程技术

小华同学的妈妈洗好衣服后，喜欢将其挂在阳台外晾干，只是江南地区经常下雨，小华家的衣服也时常被雨水淋湿。

（1）请你分析一下，根据实际情况，设计一个智能晾衣架，要求当阳台外的风速达到一定数值时，或者阳台外有雨滴下落时，智能晾衣架能够自动收回。

（2）根据你的设计，尽可能地制作实物并安装试用。注意观察实物在试用过程中存在的缺陷，提出改进意见，最后完善自己的作品并与同学分享。

第 2 节 食在江苏
——舌尖上的传感器

中国美食向来有着"东酸、西辣、南甜、北咸"的分布特点。江苏菜简称"苏菜",是中国八大菜系之一。苏菜按地理位置、历史条件、文化传承等因素来划分,可以分为淮扬、金陵、苏锡、徐海四个地方风味区。虽然这四个地方相距不远,但各成一系,别具特色。让我们一起走近江苏美食,用传感器来探知美食中的奥秘吧!

学习目标

理解 pH 传感器原理
温度传感器原理
溶解氧传感器原理
生物传感器原理

学会 使用传感器
物联网应用

实践 自制智能增氧机
自制智能保温箱

关键词

- 传感器
- 物联网
- 智能制作

一 食材好

"药材好,药才好"。同样,要想食物有好的味道,一定要有好的食材。正所谓"食材好,食才好"。

❀ 一方水土养一方好食材

"橘生淮南则为橘,生于淮北则为枳,叶徒相似,其实味不同。所以然者何?水土异也。"《晏子使楚》中的这句话说明环境不一样,植物的性状也会有差异。正所谓"一方水土产一方物,一方水土养一方人"。

"秋风起,蟹脚痒;菊花开,闻蟹来。"秋季,苏州地区最著名的时令美食之一就是阳澄湖大闸蟹(图4-2-1)。金风送爽、菊花怒放之时,正是大闸蟹上市的旺季。章太炎的夫人汤国梨寄居吴中时,曾经留下名句:"不是阳澄湖蟹好,人生何必住苏州。"

图 4-2-1 阳澄湖大闸蟹

阳澄湖大闸蟹被称为"蟹中之冠",这与阳澄湖优越的水域生态环境(图4-2-2)密切相关。阳澄湖水草茂盛、水质清澈、饵料丰富,特别适合大闸蟹的生长,因此自古就以盛产优质的大闸蟹闻名于世。

图 4-2-2 阳澄湖优越的水域生态环境

知识链接

"莼鲈之思"

《晋书·文苑传·张翰传》写道："翰因见秋风起，乃思吴中菰菜、莼羹、鲈鱼脍，曰：'人生贵适志，何能羁宦数千里以要名爵乎？'遂命驾而归。"

秋风起兮佳景时，
吴江水兮鲈正肥。
三千里兮家未归，
恨难得兮仰天悲。

实践活动

学会使用 pH 检测计

使用步骤：

1. 先取下 pH 检测计下方的电极保护帽。
2. 再将 pH 复合电极放入纯净水中搅动，待充分洗净后甩干。
3. 然后开机，将 pH 复合电极浸入被测溶液中，稍加晃动后静止放置。
4. 最后待 pH 稳定后读数。

湖泊水质主要的理化特征

水温通过改变水体的其他要素，间接对水生生物产生作用，影响水生生物的生长、发育和繁殖。几乎所有的环境因子都会受到水温的影响。

水体透明度的大小，不仅直接影响水中浮游植物的光合作用，也反映了水中浮游生物的丰歉和水质的肥度。水体透明度越小，浮游生物越多；反之，浮游生物越少。

pH 的大小对渔业生产影响较大。一般认为，渔业用水的适宜 pH 为 6.5～8.5。当水体的 pH 低于 6.5 时，可使水生生物血液中的 pH 明显下降，削弱了其血液的载氧能力，造成水生生物出现生理性缺氧；水体的 pH 过高，则会腐蚀鱼、虾等水生生物的鳃部组织，影响其正常的呼吸功能。

技能训练

了解 pH 检测计

活动目的 了解 pH 检测计的构造及原理。

活动器材 家用型 pH 检测计（图 4-2-3）。

实验步骤

1. 先了解家用型 pH 检测计的构造。

图 4-2-3 家用型 pH 检测计

2. 再探究 pH 传感器的工作原理。

pH 传感器是基于电位分析法的测量原理，包含两个不同的电极：一个叫作工作电极，另一个叫作参比电极。当 pH 传感器插入被测溶液中时，工作电极的电位随着溶液中氢离子浓度的变化而变化，而参比电极有固定的电位，两个电极形成一个原电池，测量电势差就可以计算出溶液的 pH 了。

思维拓展 请你进一步了解温度检测计和溶解氧检测计的构造和原理，撰写研究性学习报告。

水体中溶解氧的高低是衡量水体自净能力的一个指标，因而对水产养殖有着非常重要的意义。

总氮和总磷是衡量水质富营养化的重要指标，总氮和总磷过量会加快浮游植物的繁殖速度，一旦水体出现富营养化，就会破坏水体中的氧平衡，使鱼类等水生生物因缺氧而死亡，最终导致水质恶化。

探究·实践

探究阳澄湖与太湖水域的水质特征

实验目的 学会使用各类检测计，比较不同水域的水质特征。

实验器材 溶解氧检测计、pH检测计、温度检测计。

实验原理

1. 采用瞬时采样法采集表层水样，分析水质的三个主要理化性质，即水温、pH、溶解氧，分别使用溶解氧检测计、pH检测计、温度检测计进行现场测定。
2. 采用单因子指数评价法进行水质评价。单因子指数评价法根据《地表水环境质量标准》（GB 3838—2002），以最差水质指标所属类别作为综合水质类别。该方法评价过程简单，评价结果直观清晰。

实验步骤

1. 先现场采集阳澄湖与太湖水域的表层水样。
2. 然后分别使用温度检测计、pH检测计、溶解氧检测计进行现场测定，并记录相关数据。
3. 最后采用单因子指数评价法对两种水域的水质进行比较与评价。

智慧水产养殖——物联网

随着科技的迅猛发展，智能养殖已成为水产养殖的潮流。采用先进的物联网技术、网络监控、传感设备可以帮助蟹农智能养蟹，依托无线应用载体平台，将物联网水产养殖模式（图4-2-4）应用于螃蟹养殖之中。

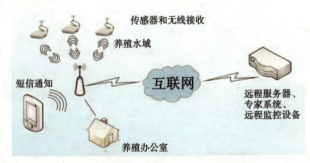

图4-2-4 物联网水产养殖模式

养殖水域中的环境数据采集仪（图4-2-5）包括水位传感器、水温传感器、溶解氧传感器、电导率传感器、pH传感器和浑浊度传感器等。传感器采集养殖水域的各种环境指标，通过互联网把数据发送至远程服务器，通过专家系统分析，得到相应的数据，再将数据传输到监控管理中心和移动手机终端后，使用者可以通过终端远程控制，进行养殖水域增氧、给排水管理和饲料投喂等操作。同时，监控管理中心还可以根据养殖区的历史数据，判断可能发生的天气变化，通过互联网向所有养殖户发送天气预警、水产疾病预警等信息，提醒他们采取增氧、移植水草、消毒等相应的防范措施。

图4-2-5 环境数据采集仪

实践活动

学习使用温度检测计（图4-2-6）测量不同水体的温度。

图4-2-6 温度检测计

实践活动

农业物联网前景广阔

现代高效农业是朝阳产业、富民产业、幸福产业，有着"先进、实用、增效"的特点。现代高效农业发展速度快、质量高，为农业物联网技术的运用提供了良好的产业平台，其前景广阔，潜力巨大。目前，智能水产养殖只是农业物联网应用的一个重要领域，以后农业物联网将在花卉栽培、瓜果栽培、水稻种植、家畜养殖等各个领域展开全面的信息化探索，以物联网科技推动现代农业朝着规模化、智能化方向发展。

实践活动

智能家居新体验

智能家居是在互联网影响之下物联化的体现。智能家居通过物联网技术将家中的各种设备（如：智能视频设备、照明系统、窗帘控制系统、空调控制、安防系统、数字影院系统、影音服务器、影柜系统、网络家电等）连接到一起，提供家电控制、照明控制、电话远程控制、室内外遥控、防盗报警、环境监测、暖通控制、红外转发以及可编程定时控制等多种功能。与普通家居相比，智能家居不仅具有传统的居住功能，还为网络通信、信息家电、设备自动化提供全方位的信息交互功能，甚至可以为用户节约各种能源支出。

创客空间

制作自动增氧机

活动目的　利用溶解氧传感器制作自动增氧机。

活动器材　Makeblock mBot专用主控板、溶解氧传感器、电动机。

活动原理　利用溶解氧传感器采集水中的溶解氧含量数据,设定溶解氧的最低阈值。当溶解氧的含量低于最小阈值时,启动电动机搅动水,增加水中的溶解氧含量。

活动步骤

1. 先根据实验原理,设计实验电路图。
2. 再以Makeblock mBot专用主控板为基础,安装溶解氧传感器和电动机,连接好电路。
3. 然后将装置放入要检测的水中。
4. 最后通过暴晒的方式改变水中的溶解氧含量,观察自动增氧机的工作情况。

思维拓展　在自动增氧机的基础上,如果要实现自动鱼食投喂的功能,该如何操作呢?

实践活动

学习使用溶解氧检测计(图4-2-7)测量不同水质中的溶解氧含量。

图4-2-7　溶解氧检测计

二　加工严

人们在关注食物美味的同时,也开始重视食品的安全。随着科学技术的不断进步,先进的检测手段不断被引入食品安全检测之中。其中,传感器技术成为食品检测技术研究的新热点。

技能训练

使用农药残留测定仪

活动目的　测定蔬菜和水果中的农药残留情况。

活动器材　新鲜蔬菜和水果、农药残留测定仪(图4-2-8)。

图4-2-8　农药残留测定仪

活动步骤

1. 先按照农药残留测定仪使用说明,测定新鲜蔬菜和水果的农药残留情况。
2. 再归纳出哪些新鲜蔬菜和水果的农药残留情况比较严重。
3. 然后尝试分析新鲜蔬菜和水果出现农药残留现象的原因。
4. 最后撰写关于新鲜蔬菜和水果出现农药残留现象的报告。

知识链接

农药残留快速检测方法

国际上用于农药残留快速检测的方法繁多,究其原理,主要分为两大类:高效液相色谱法和生化测定法。

高效液相色谱法能够对大多数农药进行较为精确的定量检测,但是耗时较长,检测费用过高,这些因素限制了其发展。生化测定法是利用生物体内提取出的某种生化物质进行的生化反应来判断农药残留是否存在的方法。在测定时,样本无须经过净化,或净化手法比较简单,检测速度较快。生化测定法中又以酶抑制法和酶联免疫法应用最为广泛。

同时,生物传感器还可以用于生物毒素的检测与分析,在食品安全检测中起着非常重要的作用。

技能训练

尝试使用微生物快速检测仪

活动目的　检测食物中微生物的情况。

活动器材　微生物快速检测仪(图4-2-9)、食物、餐具。

活动步骤

1. 先按照微生物快速检测仪的使用说明,对食物、餐具进行微生物含量的测定。

第4章 传感与生活
——生活中的传感器

图 4-2-9 微生物快速检测仪

2. 然后尝试分析哪些情况容易造成微生物含量超标。
3. 最后撰写关于避免微生物含量超标的报告，并在全班分享。

知识链接

微生物快速检测仪的使用步骤如下：
1. 先握住球管，从检测管中取出沾湿了的拭子，涂抹监测区域。
2. 再将拭子插入检测管。
3. 然后握住吸阀，用另一只手捏住球管，从吸阀处折断。
4. 接着轻挤球管两次，挤出球管内试剂，轻摇两三次。
5. 最后将检测管放入检测仪中进行检测，读取测量数据。

三 用具智

制作美食需要新鲜的食材，除了需要高超的烹饪技术之外，还需要精良的制作器皿。使用数字技术的智能烹饪工具既能给烹饪大师带来别样的体验，又能让他们时刻感受烹饪的乐趣。

❀ 低温烹饪的特点

随着时代的进步和生活环境的变化，人们对食物的口味、营养甚至颜色提出了新的要求。科技的进步对烹饪技术的发展起到了重要的推动作用。许多新式烹饪方法应运而生，低温烹饪就是其中之一。低温烹饪对食材的营养损伤较小，不仅对人体的健康有益，也能较好地保留食物本身的味道和色泽。

科学思维

请调查厨房里的家电，哪些家电使用了传感器？这些使用了传感器的家电有什么显著效果？

探究·实践

炒制温度对蔬菜总酚含量的影响

实验目的 探究炒制温度对蔬菜总酚含量的影响。

实验器材 托盘天平、总酚分析仪（图4-2-10）、数显恒温油浴锅、100 g 韭菜等。

实验步骤

1. 先取 100 g 韭菜洗净、沥干，切成 3 cm 长。
2. 再经不同的炒制温度烹饪后碾碎。
3. 然后将韭菜粉末溶于乙醇溶液之中并提取 5 mL 溶液。
4. 接着使用总酚分析仪对溶液进行总酚测定。
5. 最后得出炒制温度对蔬菜总酚含量的影响。

图 4-2-10 总酚分析仪

❀ 智能家电之智能电磁炉

随着国家大力推行清洁能源，电磁炉成为不少家庭厨房的主要厨具之一。但普通电磁炉在煎炒时火力不均衡，控温不准确，使得烹饪出的食物失去原本的鲜美。而智能控温的电磁炉不仅能保留食物原本的营养，还能让食物更加美味。

智能电磁炉（图4-2-11）微晶面板外置感温探头（温度传感器），能够准确感知锅内温度，可以实现 40 ℃～80 ℃ 的低温慢煮，减少

知识链接

蔬菜富含维生素、矿物质、膳食纤维以及各种植物化学物。多酚类物质是重要的植物化学物，对人体具有抗氧化、清除自由基、延缓衰老、预防心血管疾病等作用。

水分的流失，不仅可以保留食物的营养成分，还保留了食物原本的香味。

图 4-2-11　智能电磁炉

智能电磁炉既可以采用传统的手动操控，又可以安装 App 将复杂烦琐的按键操作简单化。通过使用 App，你不仅可以自由切换烹饪模式，还可以自定义安装许多功能。不管是何种食材，都能在这里找到合适的烹饪方案。

调查研究

1. 观察自己家中的电磁炉，判断其是否为智能电磁炉。
2. 调查智能电磁炉的使用现状并分析原因。
3. 小组间交流成果。

知识链接

智能家电 App

随着人们对家电安全性、便利性、舒适性、艺术性等居住环境要求的提高以及物联网技术的飞速发展，家电智能化已成为家电产业发展的必然趋势。智能家电 App 系统推出的综合智能家电控制系统整体解决方案，将家电监控、电视、空调、窗帘、净水机、娱乐影音、智能灯光、家电安防、可视对讲、远程监控、手机报警、电子门锁、环境监测、健康检测等智能电器与 App 进行关联并组成系统，真正实现智能家居的功能。

创客空间

自制智能保温箱

活动目的　利用温度传感器制作智能保温箱。

活动器材　Makeblock mBot 专用主控板、温度传感器、加热模块、电动机、风扇。

活动原理　利用温度传感器采集智能保温箱内的温度数据，设定温度的上下阈值。当温度低于最小阈值时，启动加热模块；当温度高于最大阈值时，关闭加热模块，启动风扇降温。

活动步骤

1. 先根据实验原理，设计智能保温箱的电路图。
2. 然后以 Makeblock mBot 专用主控板为基础，安装温度传感器、加热模块、电动机、风扇，连接好电路。
3. 最后观察智能保温箱的工作情况。

思维拓展　如果想要将智能保温箱内的湿度控制在一定范围内，请你思考还需要哪些类型的传感器？你能设计并制作出来吗？

江苏一带，各类美食琳琅满目。随着传感器被广泛地应用于食品生产、流通与烹饪等环节，我们的食物会变得更加美味，生活也会变得更加美好。

一、概念理解

1. （多选）下列属于湖泊水质理化性质的是（　　）。
   A. 透明度　　　　　B. 溶氧量　　　　　C. pH　　　　　D. 透明度

2. 1999年，美国麻省理工学院的凯文·阿什顿教授首次提出"物联网"的概念。凯文·阿什顿教授最初提出的"物联网"设想是（　　）。
   A. 万物互联　　　　　　　　　　　B. 人与互联网互联
   C. 万物皆可通过网络互联　　　　　D. 基于不同协议的网络互联

3. （多选）国际上用于农药残留快速检测方法有（　　）。
   A. 高效液相色谱法　　　　　　　　B. 生化测定法
   C. 酶抑制率法　　　　　　　　　　D. 电解法

4. 低温烹饪过程中，实现温度监控的传感器是（　　）。
   A. 压力传感器　　　B. 水位传感器　　　C. 位移传感器　　　D. 温度传感器

二、思维拓展

日常使用的智能家电中，涉及的传感器非常多。以智能电饭煲为例，你知道它主要使用了哪些传感器吗？这些传感器所实现的功能是什么？

三、工程技术

小明同学家里的鱼缸中水草疯长，严重影响了鱼苗的生长。
（1）请你分析一下产生这个现象的原因。
（2）请你根据分析出来的原因，利用传感器设计一个智能化设备。

第 3 节 宜居江苏
——屋顶下的传感器

学习目标

说出 门磁传感器原理
红外传感器原理
气体传感器原理
温度传感器原理
湿度传感器原理

概述 门磁系统
红外报警器
燃气报警器
空气净化器
空调与加湿器

创客制作 门磁报警器
红外报警器
燃气泄漏报警器
可控温湿度实验箱

关键词

● 传感器
● 家居生活

江苏环境清幽，生态系统保存完好，有着秀丽迷人的山水风光，是一个宜居的省份。医疗与卫生、文化与环境、教育与基础建设等是宜居的主要评判标准。就单个家庭而言，最基本的需求就是家居的安全和舒适了。为了满足这一需求，越来越多的传感器被应用于各种住房基础设施和家用电器之中，以达到智能、安全、舒适等目的。那么，这些传感器究竟是如何工作的呢？其工作原理又是什么呢？

一 居住安全与防护

很多人对科幻电影中的一些精彩片段印象深刻，主人公回到家中，随着门锁被开启，家中的安防系统自动解除警戒，廊灯缓缓点亮，智能通风系统自动开启，动听的轻音乐缓缓响起。早上，主人公坐在家中的沙发上时，手拿一个外观精美的遥控器，就能控制家中所有的电器。晚上，主人公上床休息时，所有的窗帘自动关闭。入睡前，主人公床头的晚安灯亮起，所有需要关闭的灯光和电器设备自动关闭，同时安防系统自动开启并处于警戒状态。随着智能家居逐渐走进我们的生活，这样的场景也许不久就会变成现实。

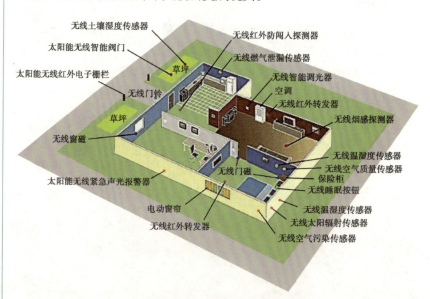

图 4-3-1 智能家居中常见设备及传感器

智能家居是以住宅为平台，利用综合布线技术、网络通信技术、安全防范技术、自动控制技术、音视频技术将与家居生活有关的设施进行集成化管理，构成高效的住宅设施与家庭日程事务的管理系统。智能家居系统可以提供家电控制、照明控制、窗帘控制、电话远程控制、室内外遥控、防盗报警以及可编程定时控制等多种功能和手段（图 4-3-1），让生活变得更加舒适和安全。

✲ 门磁系统

大门是家庭安全的第一道警戒线。我们的家庭需要安装一个报警装置，在有人非法闯入时第一时间发出警报（图 4-3-2），确保我们能及时做好安全防范工作。现在有很多家庭安装了门磁系统，甚至安装了更高级的智能门磁系统。门磁是指门磁开关，主要是由两部分组成：较小的部件是永磁体，内部有一块永久磁铁，用来产生恒定的磁场；较大的部件是门磁主体，内部有一个常开型的干簧管。当永久磁铁和干簧管靠得很近时（小于 5 mm），门磁传感器处于待机状态；当永久磁铁离开干簧管一定距离后，门磁传感器处于常开状态。如果将门磁传感器直接与警报系统相连，就可以发出足够震慑非法闯入者的警报声。

知识链接

干簧管工作原理

干簧管（图 4-3-3）的工作原理非常简单，它是将两片端点处重叠的可磁化簧片密封在一根玻璃管中，两片簧片分隔的距离仅为几微米，玻璃管中装有高纯度的惰性气体，在尚未操作时，两片簧片并未接触且外加的磁场使两片簧片端点位置附近产生不同的极性，结果两片不同极性的簧片将互相吸引并闭合。

图 4-3-2　报警装置现场演示图

图 4-3-3　干簧管

这样就可以形成一个转换开关：当永久磁铁靠近干簧管或绕在干簧管上的线圈通电形成的磁场使簧片磁化时，簧片的触点部分就会被磁力吸引，当磁力大于簧片的弹力时，接点就会闭合；当磁力减小到一定程度时，接点就会被簧片的弹力打开（图 4-3-4）。

近年来，随着智能家居技术的发展，门磁传感器可以和无线发射设备组成无线门磁系统，向家中的中央主机设备发出信号，主机可以发出警报，并拨打指定电话或者通过家庭监控设备将现场实况图像远程发送到用户的手机上。

如果家里有听力不好的老人，那么仅有警报声是不够的。下面我们一起来利用门磁传感器设计并制作一个门磁报警器。

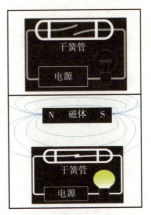

图 4-3-4　干簧管工作原理

创客空间

自制门磁报警器

活动目的　利用门磁传感器设计并制作一个针对听力不好的老人的门磁报警器。

活动器材　门磁传感器、偏振电机、警报灯、电路元件。

活动原理　当永久磁铁和干簧管的间距小于临界距离时，电路会自动断开，系统处于待机状态；当永久磁铁和干簧管的间距大于临界距离时，电路会自动闭合，系统处于常开状态，接通电路中的多元报警装置。

活动步骤

1. 先根据实验原理，设计多功能门磁报警器电路图。
2. 再安装门磁传感器、偏振电机、警报灯、电路元件，连接好电路，并测试门磁报警器的性能。

思维拓展　如何在电路中体现非法进入和合法进入两种情况呢？

✲ 红外线防盗报警器

在顺利通过门磁系统进入室内时，我们依然可以发现非法闯入者，这就需要用到红外报警器了。（图 4-3-7）

知识链接

红外传感器原理

红外传感器（图4-3-5）包括光学系统、检测元件和转换电路三大部分。光学系统按结构不同可分为透射式和反射式两类。检测元件按工作原理可分为热敏检测元件和光电检测元件两类。热敏检测元件中最常见的就是热敏电阻，热敏电阻受到红外线辐射时，温度升高，电阻发生变化，通过转换电路变成电信号输出。

图4-3-5　红外传感器

红外传感器探测的波长范围是8～14 μm，由于人体的红外辐射波长正好在此探测波长范围之内，因此红外传感器能探测到人体存在或活动。

图4-3-6　被动式红外报警器

图4-3-7　房间安防效果图

红外防盗报警器（图4-3-8）是一种利用红外线的报警装置，主要分为主动式和被动式两种。

图4-3-8　红外防盗报警器

主动式红外报警器的工作原理是报警器主动发出红外线，红外线碰到障碍物，就会被反弹回来，并被报警器的探头接收。如果探头监测到红外线是静止不动的，即报警器不断发出红外线，而红外线又不断被反射回来，那么报警器就不会报警。当有活动的物体触及了这根看不见的红外线时，探头就会检测到异常，进而报警器就会报警。

被动式红外报警器（图4-3-6）的核心部件是红外探测器（红外传感器），通过与光学系统的配合，它可以探测到某一空间内热辐射的变化。当防范区域内没有移动的人体等目标时，由于室内背景物体（诸如墙、家具等）在室温下的红外辐射能量较小，而且基本处于稳定的状态，所以报警器就不会报警。反之，报警器会报警。

事实上，一些老款手机的摄像头或USB摄像头都可以感应到红外线，新款手机由于加装了红外滤光镜，所以无法拍到红外线。

探究·实践

探究USB摄像头捕捉红外线的功能

实验目的　利用USB摄像头捕捉红外线。

实验器材　USB摄像头、普通家电遥控器（图4-3-9）。

实验步骤

1. 先将USB摄像头连接电脑，打开监控摄像头。
2. 再将普通家电遥控器的信号发射端对准摄像头，比较按下开机键前后在摄像头

图4-3-9　USB摄像头（左）、普通家电遥控器（右）

中观察到的普通家电遥控器信号发射端的变化（图4-3-10）。

图4-3-10 普通家电遥控器发射端的变化

了解了红外报警器的基本原理，让我们一起利用Makeblock人体红外传感器模块和Makeblock mBot专用主控板来做一个红外报警器吧！

创客空间

制作红外报警器

活动目的 利用红外传感器设计制作一个室内的红外报警器。

活动器材 Makeblock mBot专用主控板、Makeblock 人体红外传感器模块（图4-3-11）。

图4-3-11 Makeblock mBot专用主控板（左）、Makeblock人体红外传感器模块（右）

活动原理 当人体在探测区域内走动时，就会造成红外热辐射能量的变化。红外传感器将接收到活动的人体与背景物体之间的红外热辐射能量的变化转换为相应的电信号，经适当的处理后，送往报警控制器，发出报警信号。

活动步骤

1. 先根据实验原理，设计红外报警器电路图。
2. 再安装Makeblock mBot专用主控板、Makeblock人体红外传感器模块，连接好电路，将身体靠近红外传感器，观察红外报警器是否正常工作。

燃气泄漏报警器

在现实中，很多安全问题不是出自外部，而是源自内部。例如，家庭燃气泄漏会导致人体急性中毒或窒息，甚至可能引起爆炸。燃气泄漏报警器（图4-3-12）既是非常重要的燃气安全设备，又是安全使用燃气的最后一道保护屏障。

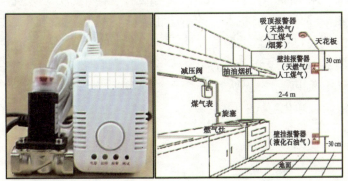

图4-3-12 燃气泄漏报警器（左）、厨房燃气报警器安装示意图（右）

科学思维

请调查红外传感器还可以用于哪些家用电器？红外线还有哪些特性和作用，在日常生活中有哪些应用？

知识链接

气体传感器

气体传感器（图4-3-13），又称"气敏传感器"，可用来测量气体的类型、浓度和成分，能把气体中的特定成分检测出来，并将成分参量转换成电信号的器件或装置。它主要包括半导体气体传感器、接触燃烧式气体传感器、电化学气体传感器、光学式气体传感器、表面声波气体传感器等，其中常用的是半导体气体传感器。

气体传感器是通过对周围环境中的可燃气体的吸附，在传感器表面发生化学反应或电化学反应，造成传感器物理特性的改变。

图4-3-13 气体传感器

燃气泄漏报警器通过气体传感器探测周围环境中的低浓度可燃气体。可燃气体报警器探测可燃气体的传感器主要有氧化物半导体型、催化燃烧型、热线型气体传感器等类型，还有少量的其他类型，诸如化学电池类传感器。

知识链接

空气质量传感器

空气质量传感器（图 4-3-14）的作用是对空气中的 PM2.5 等颗粒物浓度进行监测。在与光源对角的另一侧设置光线探测器，它能够探测到被颗粒物反射的光线，并根据反射光强度输出 PWM 信号（脉宽调制信号），从而判断颗粒物的浓度。对于不同粒径的颗粒物（诸如 PM10 和 PM2.5），光线探测器能够输出多个不同的信号并加以区分。如果将光源换成激光，那么其内部光电探测器的光电效应就会产生电流信号，经过电路放大处理后，可以得到颗粒物的浓度值，信号一般为串口输出。这也就解释了为什么部分净化器只能通过不同颜色灯光来指示空气质量，而其他净化器则能够以数字形式显示具体空气质量的指数。

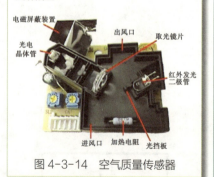

图 4-3-14　空气质量传感器

创客空间

制作燃气泄漏报警器

活动目的　利用气体传感器设计并制作燃气泄漏报警器。

活动器材　Makeblock mBot 专用主控板、Makeblock 气体传感器（图 4-3-15）、其他元件和配件。

图 4-3-15　Makeblock mBot 专用主控板（左）、Makeblock 气体传感器（右）

活动原理　通过气体传感器的采样电路，将探测信号用数字量传递给控制器，当可燃气体浓度超过控制器或控制电路中设定的值时，控制器通过执行器或执行电路发出报警信号，并执行关闭燃气阀门等操作。

活动步骤

1. 先根据实验原理，设计燃气泄漏报警器电路图。
2. 再安装 Makeblock mBot 专用主控板、Makeblock 气体传感器、其他元件和配件，并连接好电路，用打火机或其他燃气存储容器释放少量燃气，观察燃气泄漏报警装置是否正常工作。

二、环境的健康与舒适

居住环境的健康与舒适主要可以用四个基本指标来衡量：水质、空气质量、温度、湿度。

温度、湿度直接影响人体的健康。对有些人而言，体感不舒适也许还可以忍受，但空气质量差就无法容忍了。随着空气质量问题日益严重，空气净化器悄然地进入了人们的家居生活之中。

❋ 空气净化器

空气净化器（图 4-3-16）主要由壳体、净化部分、风机、电控电器四个部分组成。机器内的马达和风扇使室内空气循环流动，污浊的空气通过机器内的空气滤网后，其携带的污染物或被清除，或被吸附。某些型号的空气净化器还会在出风口加装负离子发生器，将空气不断电离，生成大量负离子，被风扇送出，形成负离子气流，达到清洁、净化空气的目的。

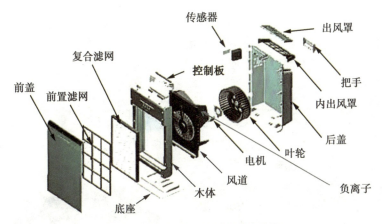

图 4-3-16　空气净化器的基本结构

探究·实践

探究空气质量检测仪的功能

实验目的　利用空气质量检测仪来检测室内的空气质量。

实验器材　空气质量检测仪（图 4-3-17）。

实验步骤

1. 先打开空气质量检测仪，待数据稳定后记录各组数据。
2. 再将记录下来的数据与《室内空气质量标准》（GB/T 18883-2002）对照，了解你所处室内的空气质量情况。

图 4-3-17　空气质量检测仪

知识链接

湿度传感器

湿敏元件（图 4-3-19）是最简单的湿度传感器。湿敏元件主要有电阻式、电容式两大类。

图 4-3-19　湿敏元件

湿敏电阻的特点是在基片上覆盖一层用感湿材料制成的膜，当空气中的水蒸气吸附在感湿膜上时，湿敏元件的电阻率和电阻值就会发生变化，利用这一特性即可测量湿度。

湿敏电容一般是用高分子薄膜电容制成的，常用的高分子材料有聚苯乙烯、聚酰亚胺、酪酸醋酸纤维等。当环境中的湿度发生改变时，湿敏电容的介电常数就会发生变化，其电容量也会随之发生变化，其电容变化量与相对湿度成正比。

为了检验空气净化器对颗粒物的净化效果，实现空气净化器净化效果的可视化，空气净化器内常常会装有空气质量传感器。

✱ 加湿器

空气质量这个大问题解决后，为了让家居生活更加舒适，需要调节温度和湿度，使之形成当季的体感舒适区（图 4-3-18）。

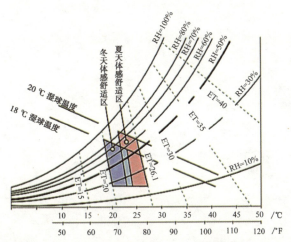

图 4-3-18　两个涂色区域分别是夏天和冬天的体感舒适区

以家庭常用的超声波加湿器为例，它的原理是利用超频振荡（振荡频率为 1.7 MHz，也有 2.4 MHz 的），将水珠打散成 5 μm 左右的微小漂浮颗粒，在风机的作用或者自然状态下不断地形成悬浮的

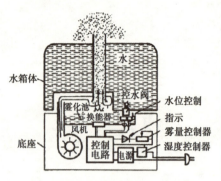

图 4-3-20 超声波加湿器原理图

水雾，最终达到湿润空气的效果。使用者可以利用湿度传感器探测房间湿度，如果室内湿度低于设定湿度，那么超声波加湿器就开始工作；如果室内湿度高于设定湿度，那么超声波加湿器就停止工作（图 4-3-20）。

创客空间

制作可控温湿度实验箱

活动目的 利用温湿度传感器设计并制作可控温湿度实验箱。

活动器材 Makeblock mBot 专用主控板、Makeblock 温湿度传感器（图 4-3-21）、其他元件和配件。

图 4-3-21 Makeblock mBot 专用主控板（上）、Makeblock 温湿度传感器（下）

活动原理 通过 Makeblock 温湿度传感器测得温度、湿度与设定的初始条件进行对照，当温度和湿度的数值在规定范围之内时，则系统正常运行；当温度和湿度的数值不在规定范围之内时，必须按照规定进行升温、降温、加湿、散温使系统维持正常的工作状态。

活动步骤

1. 先根据实验原理，设计可控温湿度实验箱的电路图。
2. 然后制作一个封闭的有机玻璃箱，拼搭好装置和电路。
3. 最后在某一恒定湿度下调节温度，观察水的凝结现象并绘制曲线。

宜居江苏，智慧生活。智能家居不仅保留了传统的居住功能，还提供了全方位的信息交互功能，甚至能节约各种能源支出。传感器在实际生活中起到了至关重要的作用。

一、概念理解

1. （多选）下列各项中，组成门磁系统中的门磁开关是（　　）。
   A. 永久磁铁　　　　　B. 软磁铁　　　　　C. 干簧管　　　　　D. 喇叭
2. 红外传感器的探测波长范围为（　　）。
   A. $2\sim6\ \mu m$　　　　B. $6\sim12\ \mu m$　　　　C. $8\sim14\ \mu m$　　　　D. $16\sim24\ \mu m$
3. PM2.5 是天气阴霾的主要原因。PM2.5 是指（　　）。
   A. 直径小于 $2.5\ \mu m$ 的颗粒物　　　　　　B. 直径大于 $2.5\ \mu m$，小于 $10\ \mu m$ 的颗粒物
   C. 直径等于 $2.5\ \mu m$ 的颗粒物　　　　　　D. 直径大于 $2.5\ \mu m$，小于 $5\ \mu m$ 的颗粒物

二、思维拓展

笔记本计算机作为一种便携式个人计算机，具有体积小、携带方便的优点。由于它的价格较高，其数据存储的安全性就显得尤为重要。因此，这对笔记本计算机的防盗功能提出了较高的要求。

（1）参照本节学习的内容，请你选择合适的传感器，制作一个笔记本计算机防盗装置。

（2）请你写出防盗系统的工作原理。

（3）利用 Makeblock mBot 可编程机器人设计模块，制作一个防盗系统。

三、工程技术

用红外传感器做成的防盗报警器存在人像识别不准确的问题，请你思考如何在不关闭报警器的情况下使其准确识别人像。

第 4 节 驰骋江苏
——行走间的传感器

学习目标

说出　距离传感器原理
　　　倾角传感器原理
　　　风速风向传感器原理
　　　压力传感器原理
　　　烟雾传感器原理

探究　用超声波传感器测距离及避障
　　　用传感器模拟"无人驾驶"
　　　用传感器设计家庭智能高效节水器
　　　用传感器测风速和风向
　　　用压力传感器测高度
　　　学会安装和使用烟雾传感器

关键词

- 传感器
- 交通工具
- 智能制作

　　交通工具是人们生活中重要的出行法宝。随着时代的发展和科技的进步，交通工具的变革不仅改变了人们的出行方式，也给人们的生活带来了极大的便利。陆地上的汽车、海洋里的轮船、天空中的飞机，大大缩短了人们交往的时空距离；火箭和宇宙飞船的发明，使人类探索另一个星球的梦想变成现实。也许在不远的将来，人类可以到太空中去旅行观光，星际遨游不再是梦想。

一　陆上行——汽车上的传感器

　　随着科技的飞速发展，汽车电子化、轻型化和智能化的程度也日益加快，而关键因素是传感器。传感器作为汽车中的信号获取来源和转换装置，在很大程度上提高了汽车的安全性、经济性、舒适性，这对于汽车产业的创新和发展具有重要意义。

　　汽车传感器（图 4-4-1）是一种检测装置，它可以实时检测汽车行驶过程中的各种工况信息，诸如车速、各种介质的温度、发动机转速等，并把这些工况信息按一定规律转化成电信号或其他所需形式的信号，以满足信息的传输、处理、显示、存储、记录、控制等要求，使汽车保持最佳状态。汽车传感器按照用途划分，可分为压力敏和力敏传感器、速度传感器、位置传感器、热敏传感器、湿敏传感器等；按照输出信号划分，可分为模拟传感器、数字传感器、开关传感器等；按照制造工艺划分，可分为集成传感器和单体传感器等。

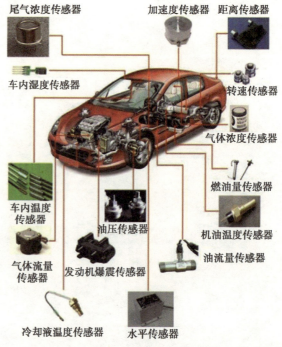

图 4-4-1　汽车传感器

探究·实践

超声波传感器测量距离和躲避障碍物

实验目的 利用超声波传感器测距离和躲避障碍物。

实验器材 Makeblock mBot 可编程机器人套件1（图4-4-2）。

实验原理 超声波传感器就像 Makeblock mBot 可编程机器人的"眼睛"，能让 Makeblock mBot 可编程机器人知道自己与前方物体的距离。超声波传感器的测量精度为 1 cm，最大可测距离为 400 cm。超声波传感器可以通过定义前方物体与 Makeblock mBot 可编程机器人距离的临界值，将该值作为判断 Makeblock mBot 可编程机器人是否前进的阈值。当 Makeblock mBot 可编程机器人与前方物体的距离小于阈值时，小车启动刹车功能，停止运动。

图4-4-2 Makeblock mBot 可编程机器人套件1

实验步骤

1. 先基于实验原理组装实验器材。
2. 然后根据实验原理进行编程。
3. 最后利用超声波传感器测量距离并使 Makeblock mBot 可编程机器人顺利躲避障碍物。

人类社会进入21世纪以来，随着高性能计算、人工智能、大数据等新一代信息技术的飞速发展，传统的汽车制造工业也发生了巨大变革。未来，具有"安全、高效、节能"特点的无人驾驶汽车将逐步取代传统的汽车。

传感器是汽车电子控制系统的基础元件，是提高汽车动力性、制动性、燃油经济性、操纵稳定性、行驶平顺性、通过性等特性的信息源头。没有先进的传感器，就没有现代化的汽车。传感器在智能汽车中是举足轻重的基础部件，因此加强传感器技术的开发，对于加强和完善智能汽车消费市场供给体系，进一步加大中国智能汽车传感器产品的战略规划布局，对中国的智能汽车跻身世界先进行列具有划时代的意义。

探究·实践

探究传感器在无人驾驶汽车中的应用

实验目的 了解无人驾驶汽车的工作原理。

实验器材 Makeblock mBot 可编程机器人套件2（图4-4-3）。

实验原理 由于黑色可以吸收红外光，因此 Makeblock mBot 可编程机器人既可识别浅色平面上的黑色轨迹，又可识别黑色平面上的浅色轨迹（图4-4-4）。

实践活动

查阅资料，了解汽车传感器的种类及其相应的功能。

知识链接

无人驾驶，前景可期

无人驾驶汽车是通过车载传感系统感知道路环境，自动规划行车路线并控制车辆到达预定目的地的智能汽车。它可以根据车载传感器感知所获得的道路、车辆位置和障碍物信息，控制车辆的转向和速度，从而使车辆能够安全、可靠地在道路上行驶。无人驾驶汽车集自动控制、体系结构、人工智能、视觉计算等众多技术于一体，既是计算机科学、模式识别和智能控制技术高度发展的产物，又是衡量一个国家科研实力和工业水平的一个重要标志，在国防和国民经济领域中具有广阔的应用前景。

图 4-4-3 Makeblock mBot 可编程机器人套件 2

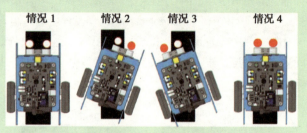

图 4-4-4 Makeblock mBot 可编程机器人的工作原理

实验步骤

1. 先根据实验原理组装实验器材。
2. 然后根据实验原理进行编程。
3. 最后实现无人驾驶功能。

知识链接

巡线传感器的原理

巡线传感器位于 Makeblock mBot 可编程机器人套件的下方，由两个传感器 Sensor 1 和 Sensor 2 构成，每个传感器又由一个红外发射器和一个红外接收器组成。由于它经常被用来控制机器人沿着规划线路行走，故被称作"巡线传感器"。它的检测范围为 1~2 cm。红外发射器在 Makeblock mBot 编程机器人行走过程中不断向地面发射红外光：如果红外光被反射（如遇到白色或其他浅色平面），则红外接收器收到红外信号，输出数值为 1（此时可观察到巡线传感器背面对应的蓝色 LED 指示灯亮起）；如果红外光被吸收或无法被反射，则红外接收器收不到红外信号，输出数值为 0。当巡线传感器前方没有物体或离物体较远时，由于红外光无法被反射，或反射回来的信号较弱，因而传感器 Sensor 1 和 Sensor 2 未收到红外信号，输出的数值均为 0。更多细节请查看 Makeblock mBot 可编程机器人说明书。

二 水上行——船舶上的传感器

近年来，随着船舶自动化水平的不断提高，各类新型的传感器广泛地应用于船舶系统中，如：通信导航系统中使用 GPS 实现自动导航，利用测深仪测量船舶的航速与水底的深度，等等。随着船载控制系统复杂性的不断增加，需要用到更多的传感器全面探测环境中的信息，为现代船舶的操作提供瞬时、丰富的数据，进而为船舶操作人员提供早期危险报警和损伤评估，提高行船的安全性。船舶系统中使用的传感器种类繁多，常用的传感器包括液位传感器、可视液位指示器、油罐液位指示器、流量开关、数字模拟接收器（图 4-4-5）。

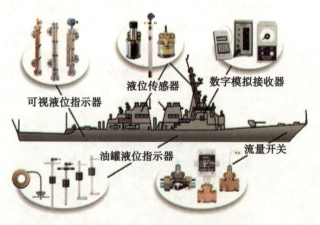

图 4-4-5 船舶上的常用传感器

船舶在行驶时如果遇到大风浪，船身会出现剧烈的摇晃，产生航速下降、航向不稳定等问题。倾角传感器可以实时测量物体的倾斜角度，而船舶的倾角传感器可以实时测定船舶的俯仰角度和侧滚角度，让驾驶员能够实时掌控船舶当前运行的姿态，及时调整运行方向，从而为船舶安全稳定的行驶提供保障。倾角传感器渐渐成为现代船舶不可缺少的设备之一，成为船舶行驶中重要的监测仪器。

技能训练

倾角传感器的使用

活动目的　了解倾角传感器的使用方法。

活动器材　倾角传感器（图4-4-6）、小船、水槽。

活动原理　倾角传感器可以用来测量相对于水平面的倾角变化量。当倾角传感器静止时，侧面和垂直方向没有加速度作用，那么作用在它上面的只有重力加速度。重力垂直轴与加速度传感器灵敏轴之间的夹角就是倾斜角了。

图4-4-6　倾角传感器

活动步骤

1. 先在小船中安装倾角传感器，并将其置于水槽中。
2. 然后在水槽中模拟不同程度的波浪，使小船晃动。
3. 最后观察倾角传感器采集的数据。

接下来，我们探究船舶中的水速传感器，并利用水速传感器设计家庭智能高效节水器。

探究·实践

探究传感器在家庭智能高效节水器中的应用

实验目的　了解家庭智能高效节水器（图4-4-7）的设计原理。

实验器材　水流传感器、控制模块和电磁阀。

实验原理　利用一对永久磁铁浮子的磁性相斥力和水流的冲击力来相互作用，配合干簧管输出开关信号(0/1)，靠永久磁铁之间的相斥力来复位，相对于机械性的弹簧更稳定、更可靠，使用寿命更长，启动流量更小，通水通电，没水断电。控制模块是用来接收水流传感器的开关信号，并通过输出控制信号对电磁阀的通断进行有效控制。电磁阀采用先导式结构，通电后，电磁线圈利用压差打开阀门；断电后，电磁线圈磁力消失，关闭阀门。电磁阀启闭迅速，性能稳定。一旦有水流信号，超过 t 秒后，继电器吸合，复位之后，继电器停止控制。

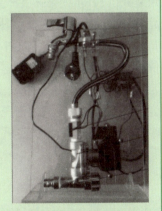

图4-4-7　家庭智能高效节水器

实验步骤

1. 先使用 Keil μVision4 编写控制程序，编译、仿真、调试，最后生成 hex 文件，并将 hex 文件下载到 MCU 中。
2. 再模拟自来水停水后重新供水的情况，观察节水器的工作过程。

知识链接

无人驾驶船舶的发明

全球第一艘无人驾驶船舶"Yara Birkeland"号（图4-4-8）已于2018年开始下水航行，该船舶最初被投放到挪威南部一条长37英里（约59.5千米）的航线上，用于肥料运送。"Yara Birkeland"号无人驾驶船舶的下水，被寄予厚望，甚至成为全球航运史上的一个巨大转折点。"Yara Birkeland"号被称为"海上特斯拉"，据媒体报道称，其航线的起始点为一处肥料生产工厂，终点为拉维克港口。"Yara Birkeland"号可以借助自身安装的GPS、雷达、摄像头和传感器，不仅能自由地穿梭于其他船舶之间，还能在到达终点时实现定点停靠。

图4-4-8　"Yara Birkeland"号

实践活动

调查研究倾角传感器的应用领域，与同学分享研究成果。

科学思维

船舶上的传感器有哪些可以应用到生活中？如何使生活更加便捷？

知识链接

编程思想是指用计算机语言来解决人们实际问题的思维方式，主要包括过程性、结构性和面向对象的编程思想。

在水中行驶的时候，船会受到风力和风向的影响，可利用超声波风速风向传感器监测风速和风向。下面，我们一起利用超声波风速风向传感器测量空调出风口以及建筑工地塔式起重机高处的风速和风向。

知识链接

光纤光栅传感器

作为一种新型传感器，光纤光栅传感器是通过外界物理参量对光纤布拉格波长的调制来获取传感信息。它可以实现应变、温度、压力、加速度等多种物理参量的测量，可以耐受高电压、抗电磁干扰，也可以埋入结构机体的内部，多用于基础设施的在线监测，诸如桥梁、大坝、油库、铁路等。飞机作为一种高速飞行、使用环境严酷、结构复杂的装备，如何实现飞机结构的安全监测，一直是世界性的难题。而光纤光栅传感器则解决了这个难题。利用光纤光栅传感器，既可以通过数据对异常状况进行安全预警，又可以通过数据积累实现长期的健康判断和寿命预测，还可以为飞机机翼的变形提供数据支持，使飞机飞行更加安全，更加智能。

探究·实践

探究用传感器测风速和风向的原理

实验目的　学会使用超声波风速风向传感器测风速和风向。

实验器材　超声波风速风向传感器等（图4-4-9）。

实验原理　超声波风速风向传感器测量风速和风向是超声波检测技术在气体介质中的一种应用，它是利用超声波在空气中传播速度受空气流动的影响来测量风速和风向的。与常规的风杯式或旋翼式风速仪相比，这种测量方法的最大特点在于整个测风系统没有任何机械转动部件，属于无惯性测量，因此能准确测量出自然风中阵风脉动的高频成分。超声波风速风向传感器使用四个超声波探头在二维平面内循环发送和接收超声波，通过超声波在空气中传播的时差来测量风速和风向。

图 4-4-9　超声波风速风向传感器

实验步骤

1. 先利用超声波风速风向传感器测量空调外机出风口的风速和风向。
2. 再利用超声波风速风向传感器测量建筑工地塔式起重机高处的风速和风向。

三 空中行——飞机上的传感器

现代航空设备中广泛应用到了各种各样的传感器，尤其是一些多用途战机，其应用的机载传感器代表了当前传感器的最高水平和发展趋势。现代飞机传感器（图4-4-10）除了传统的红外、激光、图像、雷达等机载传感器系统之外，还包括大量的温度、加速度、角度、压力、位移、化学敏、生物敏传感器，能够对飞机飞行过程中的姿态、动力装置工作状况、燃油系统、导航定位等参数进行测量。同时，还可以为驾驶人员提供飞机的液压、电源、飞机机械结构、环控、安全防护等方面的工作参数，为飞机正常飞行功能的实现提供精确的指导。

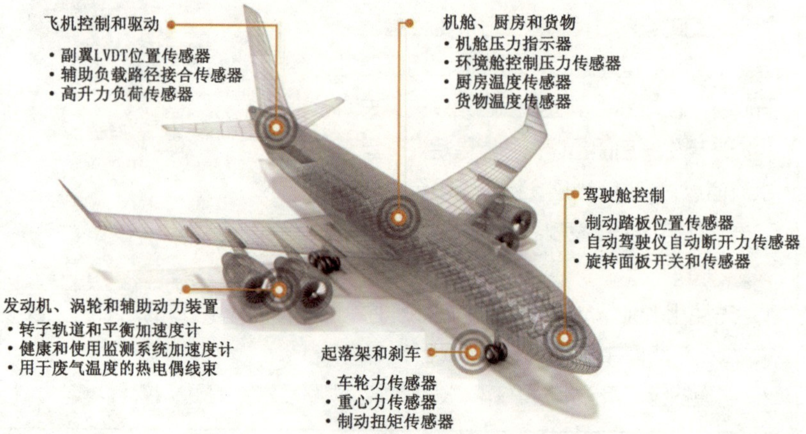

知识链接

全球最小的压力传感器

全球领先的半导体供应商、全球最大的MEMS（微型电子机械系统）制造商、全球最大的消费电子及便携产品MEMS供应商——ST Microelectronics（意法半导体）日前推出了一款新的压力传感器，允许手机和其他移动终端计算其相对于海平面的垂直高度差，而且这个数字的准确性非常高。这意味着，该移动装置不仅能准确定位到某个建筑物，还能精确到该建筑物某个楼层位的位置。

飞机控制和驱动
- 副翼LVDT位置传感器
- 辅助负载路径接合传感器
- 高升力负荷传感器

机舱、厨房和货物
- 机舱压力指示器
- 环境舱控制压力传感器
- 厨房温度传感器
- 货物温度传感器

驾驶舱控制
- 制动踏板位置传感器
- 自动驾驶仪自动断开力传感器
- 旋转面板开关和传感器

发动机、涡轮和辅助动力装置
- 转子轨道和平衡加速度计
- 健康和使用监测系统加速度计
- 用于废气温度的热电偶线束

起落架和刹车
- 车轮力传感器
- 重心力传感器
- 制动扭矩传感器

图 4-4-10　现代飞机传感器

高度计是飞行器中重要的传感器,对于飞行器的安全飞行与自主控制具有十分重要的作用。例如,直升机的垂向控制是通过控制主旋翼的升力而实现的,垂向控制的高度信息和速度信息就来自于高度传感器。高度传感器记录近地面的气压,并将其和直升机飞行时的气压值进行比较。由于直升机飞得越高,压力越低,通过二者之间的差就能计算出直升机当前的高度。通过直升机高度的变化,就可以计算出直升机的垂向速度。一旦高度传感器出现故障,直升机的垂向控制系统就会出现问题,甚至会导致严重的事故。接下来,我们将利用压力传感器测量建筑物的高度。

探究·实践

利用压力传感器测量建筑物的高度

实验目的 学会使用压力传感器(图4-4-11)测量建筑物的高度。

实验器材 压力传感器。

实验原理 压力传感器测量建筑物的高度可以用下面的公式表达:

$$h = 44\,330 \times \left[1 - \left(\frac{p}{p_0}\right)^{\frac{1}{5.255}}\right]$$

其中 p_0 为标准大气压强,p 为测量的压强,计算待测量位置的高度 h。

实验步骤

1. 先利用压力传感器测量苏州东方之门的高度。
2. 然后利用压力传感器测量苏州穹窿山的高度。
3. 最后将所测量的高度与官方实际高度进行对比,分析产生误差的原因。

图4-4-11 压力传感器

调查研究

1. 烟雾传感器的应用场所。
2. 撰写调查报告,与同学分析调查研究成果。

飞机火灾作为一种特殊的火灾形式,其特点包括:火灾征兆不明显、火灾扑救难度大、火灾燃烧猛烈、人员疏散困难、一次性死亡人数较多等。飞机上的火灾与地面常规的火灾具有显著的差异。一旦发生火灾,就可能酿成机毁人亡的重大事故,造成重大经济损失,后果不堪设想。飞机一旦发出火警信号时,为了保障乘客的安全,必须按真火警处理程序进行处置。由于过多的假火警会给航空公司带来巨大的经济损失,而且飞机在应急着陆的过程中会增加恶性事故的可能性,因而提高报警器灵敏度的同时降低误报率,将是先进飞机火灾探测器设计的发展方向。下面,我们一同探究机载烟雾传感器的报警功能。

知识链接

探测飞机火灾的实用工具

在大多数的火灾发生时,首先出现的物理现象一般是产生烟雾,因此目前飞机上主要采用的火灾检测装置是烟雾探测器。但在没有可见烟雾发生的火灾时,仅仅使用烟雾探测器是很难进行检测的,而温度探测器对于温度的变化极为敏感,因此温度探测器也是一个重要的火灾检测装置。

在选择了对烟雾敏感的烟雾探测器和对温度敏感的温度探测器的基础上,再选择探测温度变化不大的火焰探测器,可以更为准确地对大多数的火灾进行有效探测。对从烟雾探测器、温度探测器和火焰探测器所输出的信号进行有效的信息处理,不仅可以完成大部分火灾的有效探测,还可以提高火警信号的可信度,更好地完善飞机火灾预警系统的功能。

探究·实践

探究烟雾传感器的报警功能

实验目的 学会使用烟雾传感器(图4-4-12)。

实验器材 烟雾传感器。

实验原理 当火灾场所产生的烟雾进入装入烟雾传感器的电离室时,位于电离室中的检测源镅-241放射 a 射线,使电离室内的空气电离成正负离子。当烟雾进入时,电离室内外因极性相反,所产生的离子电流保持相对稳定,处于平衡状态。火灾发生

图4-4-12 烟雾传感器

初期释放的气溶胶亚微粒子及可见烟雾大量进入电离室,吸附并中和正负离子,使电离电流急剧减少,改变电离平衡状态而输出检测电信号,经后级电路处理识别后,发出报警,并向配套监控系统输出报警信号。

实验步骤
1. 先安装烟雾传感器,模拟火灾发生时的情景。
2. 再观察烟雾传感器的工作过程。

随着物联网技术的不断发展,作为物联网的末梢神经,传感器已渗透到我们日常生活的方方面面。智能生活,传感天下。相信传感器一定会给我们的学习、生活、工作带来很多的惊喜。我们也终究会爱上这样的传感生活。

本节自我评估

一、概念理解

1. 如果将计算机比喻成人的大脑,那么传感器则可以比喻为(　　)。
   A. 眼睛　　　　　　B. 感觉器官　　　　　C. 手　　　　　　　D. 皮肤
2. 通常意义上的传感器包含了敏感元件和(　　)两个组成部分。
   A. 放大电路　　　　B. 数据采集电路　　　C. 转换元件　　　　D. 滤波元件
3. 随着人们对各项产品技术含量要求的不断提高,传感器也朝着智能化方向发展,其中典型的传感器智能化结构模式是(　　)。
   A. 传感器+通信技术　　　　　　　　　　B. 传感器+微处理器
   C. 传感器+多媒体技术　　　　　　　　　D. 传感器+计算机

二、思维拓展

1. 什么是传感器?它由哪几个部分组成?
2. 传感器技术发展迅速的原因主要有哪些?

三、工程技术

制作一个烟雾报警器,并测试其功能。

一、概念理解

1. （多选）在家用洗衣机中，常见的传感器有（　　）。
   A. 温度传感器　　　B. 布料传感器　　　C. 水位传感器　　　D. 超声波传感器
2. 湖泊水的酸碱度对渔业生产有较大影响。下列用来测量酸碱度的传感器是（　　）。
   A. 溶解氧传感器　　B. 温度传感器　　　C. pH 传感器　　　D. 红外传感器
3. 居住安全是我们关注的重点。用于厨房中检测煤气泄漏的是（　　）。
   A. 红外传感器　　　B. 温度传感器　　　C. pH 传感器　　　D. 压力传感器
4. （多选）物联网三层体系结构中主要包含的是（　　）。
   A. 感知层　　　　　B. 网络层　　　　　C. 应用层　　　　　D. 编辑层

二、思维拓展

1. 请你简要说明压力传感器的工作原理。
2. 简要分析湿度检测计的工作原理。
3. 学会使用土壤湿度检测计，比较各种土壤的湿度情况，并分析原理。

三、创客空间

全球正在悄悄燃起一场智能化革命，可以说是人类历史上第四次科技革命，推动着人类生活从信息时代迈向智能化时代。如今的智能化已经深入人类社会的各个领域，包括人们的衣食住行，智能化的新模式不断地涌现出来，人类已经迎来了"智生活"的时代。

（1）请你设想一下，未来的智慧生活会是什么样子的呢？
（2）未来的智慧生活会有哪些智能设备呢？
（3）这些智能设备会用到哪些传感器呢？
（4）请你选择一种设想的智能设备，利用 Makeblock mBot 可编程机器人设计模块实现。

第5章 "新神农"尝百草
——植物有效成分的提取与应用

内容提要

* 主宰生命的物质
  ——DNA 的粗提取
* 生命活动的舞者
  ——蛋白质的提取
* 浴兰汤兮沐芳
  ——植物芳香油的提取
* 百般红紫斗芳菲
  ——植物色素的提取

学习本章意义

细胞中的主要成分包括糖、脂质、蛋白质、核酸等,它们赋予了生物体精彩纷呈的生命活动。要想了解分子的作用机理,需要进行分子的分离与提纯。你将在本章学习从植物中提取各种成分的方法及其应用。

自渺无人烟的荒漠至碧波荡漾的大海,从万里冰封的两极到炽热无比的火山口,处处都有植物在繁衍生息。植物世界是个绚丽多彩、妙趣横生的世界,在多姿多彩的植物世界中,有的植物枝繁叶茂,有的却疏疏落落;有的长命万年,有的却昙花一现;有的互利共生,有的却相生相克……

明代著名医药学家李时珍在行医期间,读万卷书,行万里路,尝遍百草,编写了药学巨著《本草纲目》,不仅为中国药物学的发展做出了重大贡献,而且对世界医药学、植物学、动物学、矿物学、化学的发展也产生了深远的影响。1971年,我国科学家屠呦呦和她的同事们,在植物黄花蒿中提取到了一种分子式为 $C_{15}H_{22}O_5$ 的无色结晶体,并将这种无色结晶体命名为青蒿素——一种用于治疗疟疾的药物,挽救了全球特别是发展中国家数百万人的生命。

随着科技的进步和文明的发展,人们逐渐认识到地球上种类和数量众多的植物是人类重要的资源宝库。美国国家癌症研究所发现了3 000多种植物可以提炼抗癌药物,诸如人参、亚洲盾叶鬼臼、紫杉、长春花等。植物富含生物碱、抗生素等次级代谢产物,是治疗哮喘、传染性疾病药物的重要原料。从玫瑰、月季等植物中提取的植物芳香油极其昂贵,是高档化妆品的重要添加成分。

走进本章,像古时"神农尝百草"那样,一起来研究如何从植物中提取各种有效成分,并探索其在科研、药物制造、医疗、化妆品生产、军事等领域的广阔应用吧!

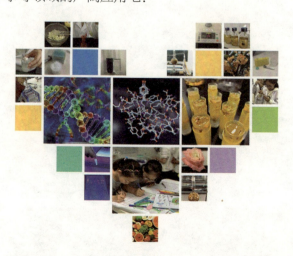

第 1 节 主宰生命的物质
——DNA 的粗提取

自古以来，万物生灵都拥有着自己的故事，或漫长，或短暂，或庞大，或渺小，或辉煌，或平凡。这其中的秘密都隐藏在一个极其微小而又无处不在的小东西之中，它就是主宰生命的遗传物质——DNA。DNA 的全称是脱氧核糖核酸，是由 4 种脱氧核苷酸聚合而成的高分子化合物。仅仅从课本上了解 DNA，就像"雾里看花，水中望月"，总隔着一层，而本节课程为你提供了从植物体内直接提取 DNA 的机会。

学习目标

- **说出** DNA 的理化性质
- **概述** DNA 粗提取的步骤
- **学会** DNA 粗提取
- **尝试** PCR 扩增 DNA 片段

关键词

- DNA 粗提取
- 溶解度
- 变性
- PCR

一 基础知识

提取生物大分子的基本思路是选用一定的物理或化学方法分离具有不同物理或化学性质的生物大分子。细胞中主要的有机物有 DNA、RNA、蛋白质、糖类、脂质与色素等，要粗提取 DNA，就必须利用细胞中这些物质的理化性质差异来进行分离。

（1）DNA 在 NaCl 溶液中的溶解度随 NaCl 溶液浓度的变化而变化（图 5-1-2）。

（2）DNA 不溶于乙醇溶液，有些蛋白质可以溶于乙醇溶液。

（3）DNA 能被 DNA 酶水解，蛋白酶对它不起作用；反之，蛋白酶能水解蛋白质，但对 DNA 没有影响。

（4）DNA 比较耐高温，在 80 ℃以上才会变性，大多数蛋白质在 60 ℃～80 ℃的时候就开始变性、沉淀。

（5）洗涤剂中的去污剂能够瓦解细胞膜（图 5-1-1），但对 DNA 没有影响。

图 5-1-2 DNA 在 NaCl 溶液中溶解度的变化

图 5-1-1 洗涤剂瓦解细胞膜示意图

科学思维

DNA 能溶于水吗？什么浓度下 DNA 的溶解度最小？

如何通过控制 NaCl 溶液的浓度使 DNA 溶解或析出？

二 实验设计

1. **实验材料的选取。**

原则上，凡是有 DNA 的生物材料都可以被用来提取 DNA，但是选用 DNA 含量相对较高的生物组织，实验成功的可能性更大。花椰菜、香蕉、猕猴桃、洋葱、麦芽等均可作为实验材料，你可以选择其中的 2~3 种实验材料，最后比较哪种材料中的 DNA 含量更高。

2. **破碎细胞，获取含 DNA 的滤液。**

在切碎的植物组织中加入一定量的洗涤剂和食盐，进行充分的研磨，过滤后收集滤液。

社会责任

取材时要注意安全问题,并注意保护环境,不要将珍稀濒危生物作为实验材料。

科学思维

加入洗涤剂和食盐的作用分别是什么?

研磨不充分,会对实验结果产生怎样的影响?

此步骤获得的滤液中可能含有哪些细胞成分?

在这一步骤设计中,你可以通过设置对照实验来探究生物材料与洗涤剂、食盐用量的最佳比例,也可以探究不同的洗涤剂,诸如洗洁精、洗衣液、沐浴乳对DNA提取量的影响。

3. *去除滤液中的杂质*。

为了纯化提取的DNA,需要将滤液进一步处理。你可以选择以下一种或两种以上的方案进行实验,也可以设置对照实验来探究哪一种方案获得的DNA更多。

方案一 通过控制NaCl溶液浓度去除杂质。具体操作是先在滤液中加NaCl溶液,使NaCl溶液浓度为2 mol/L,再过滤去除不溶性杂质,然后向滤液中缓缓加入蒸馏水,接着调节NaCl溶液浓度为0.14 mol/L,过滤去除滤液中的杂质,最后用2 mol/L的NaCl溶液溶解DNA。

方案二 直接在滤液中加入适量的蛋白酶(可用嫩肉粉替代),静置10~15 min,去除滤液中的蛋白质。

方案三 将滤液放在60 ℃~75 ℃恒温水浴锅中保温10~15 min,使蛋白质变性、沉淀。

4. *DNA的进一步纯化*。

先将处理过的溶液过滤到试管或小烧杯中,再缓缓加入与滤液同等体积冷却的乙醇溶液(体积分数为95%),静置2~3 min,溶液中会析出白色丝状物,然后用玻璃棒沿一个方向搅拌,最后卷起白色丝状物,这就是DNA粗提取(图5-1-3)的方法。

图5-1-3 DNA粗提取

图5-1-4 研钵

> **探究·实践**
>
> **探究花椰菜DNA粗提取**
>
> **实验目的** 通过本实验学习DNA的理化性质,掌握DNA粗提取的方法。
>
> **实验器材** 花椰菜、食盐、2 mol/L的NaCl溶液、洗洁精、乙醇溶液(体积分数为95%)、研钵(图5-1-4)、烧杯、玻璃棒、电子秤、纱布、漏斗、记号笔等。
>
> **实验步骤**
>
> 1. 先破碎细胞,获取含DNA的滤液。剪取花椰菜10 g,加入几滴洗洁精,充分研磨,然后加入2 mol/L的NaCl溶液10 mL,过滤后取滤液。
>
> 2. 然后去除滤液中的杂质。将滤液放在65 ℃恒温水浴锅中保温15 min,过滤后取滤液。
>
> 3. 最后将DNA进一步纯化。在上述滤液中缓缓加入相同体积冷却的乙醇溶液(体积分数为95%),静置2 min,即可看到白色丝状物。
>
> **注意事项** 加入洗洁精研磨时,动作要轻缓、柔和,否则容易产生大量泡沫。加入冷却的乙醇溶液后要静置2 min,会有白色丝状物析出,用玻璃棒卷起白色丝状物时,动作要轻柔,以免加剧DNA分子的断裂。

三 结果分析与评价

1. 你提取到白色丝状物了吗?

2. 你能分析出提取的DNA中可能含有哪些杂质吗?如何进行验证?

3. 在按照以上实验操作进行了DNA粗提取以后，你可以设计对照实验进一步探究影响DNA提取量的因素，诸如实验材料（图5-1-5）、实验方法、实验试剂等。

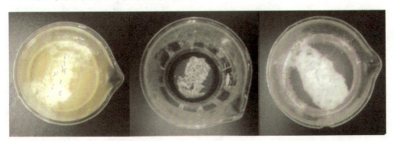

图 5-1-5 香蕉、花椰菜、洋葱均可作为 DNA 粗提取的材料

四 课题延伸

通过上述步骤获得的DNA含有很多杂质，在严格的科学实验中很少使用，感兴趣的同学可查阅相关资料，了解科研中提取DNA还会用到哪些原理与方法。目前有一种技术，能以极少量的DNA为模板，在几小时内复制出上百万份的DNA拷贝，这项技术叫作聚合酶链式反应（简称PCR）。（图5-1-6）

PCR体外扩增DNA的过程类似生物体内DNA复制的过程，都需要DNA模板、DNA聚合酶、引物、4种脱氧核苷酸（dATP、dGTP、dCTP、dTTP），都需要解链和链的延伸。不同的是，体内解链依靠解旋酶，体外解链依靠高温变性，体内引物是RNA片段，体外引物通常是DNA片段。

DNA复制的具体过程涉及DNA双链的方向。DNA双链是反向平行的，将DNA的羟基（—OH）末端称为3′端，磷酸基团的末端称为5′端。DNA复制时，双链打开，以母链为模板，通过碱基互补配对原则（A与T配对、G与C配对），合成子链。DNA聚合酶不能从头开始合成DNA，只能从3′端延伸DNA链，所以DNA复

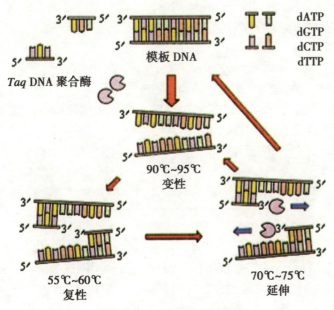

图 5-1-6 聚合酶链式反应图

知识链接

在沸水浴的条件下，DNA遇二苯胺会被染成蓝色。（图5-1-7）

二苯胺试剂的配制方法如下：

A液：1.5 g二苯胺溶于100 mL的冰醋酸中，再加入1.5 mL的浓硫酸，放入棕色瓶中保存。

B液：体积分数为0.2%的乙醛溶液。

将0.1 mL的B液加入10 mL的A液中，制成二苯胺试剂，现配现用。

图 5-1-7 DNA 的鉴定
（左为实验组，右为对照组）

科学思维

PCR扩增DNA片段时需要靠高温变性达到解开双链的目的，那么DNA聚合酶有什么特性？

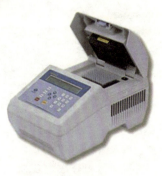

图 5-1-8　PCR 扩增仪

制需要引物。当引物与 DNA 母链通过碱基互补配对结合后，DNA 聚合酶就能够从引物的 3′ 端开始延伸 DNA 链，因此 DNA 的合成方向总是从子链的 5′ 端向 3′ 端延伸。

进行 PCR 时，待扩增的 DNA 片段 3′ 端的核苷酸序列要已知，因为引物的序列是根据被扩增区域的 3′ 端边界 DNA 序列确定的，这样设计出的引物才能与对应模板链结合。

知识链接

PCR 反应体系配方

10 倍浓缩的 PCR 扩增缓冲液	5 μL
20 mmol/L 的 4 种脱氧核苷酸的等量混合液	1 μL
20 mmol/L 引物 I	2.5 μL
20 mmol/L 引物 II	2.5 μL
1～5 U/mL 的 Taq DNA 聚合酶	1～2 U
模板 DNA	5～10 μL
H_2O	28～33 μL
总体积	50 μL

技能训练

利用 PCR 扩增 DNA 片段

实验目的　通过本实验学习用 PCR 体外扩增 DNA 的原理，掌握 PCR 技术的常规操作及 DNA 分离技术，学习使用微量移液器。

实验器材　高速离心机、PCR 扩增仪（图 5-1-8）、PCR 试剂盒、电泳槽、微量移液器及其枪头、微量离心管、电泳仪、琼脂糖凝胶板、凝胶电泳缓冲液、电泳示踪染料等。

实验步骤

1. 先参照 PCR 试剂盒配方用微量移液器在微量离心管中依次加入各组试剂。
2. 再按下表设置反应程序，将离心管放入 PCR 扩增仪中，运行反应程序。（表 5-1-1）

表 5-1-1　PCR 扩增 DNA 片段操作流程

循环数	变　性	复　性	延　伸
第 1 次	94 ℃, 10 min	−	−
30 次	94 ℃, 30 s	55 ℃, 30 s	72 ℃, 1 min
最后 1 次	94 ℃, 1 min	55 ℃, 30 s	72 ℃, 1 min

3. 然后将制好的琼脂糖凝胶板放入电泳槽内，加入凝胶电泳缓冲液，使琼脂糖凝胶板淹没。
4. 又向标准 DNA 液和待测样品液中分别加入样品溶液体积分数为 20% 的溴酚蓝—甘油溶液（电泳示踪染料）。
5. 接着向电泳槽的点样孔内分别加入含有电泳示踪染料的标准 DNA 液和样品液各 20 μL（图 5-1-9），打开电泳开关，设置电压 80 V，待示踪染料移至正极端 1～2 cm 处停止电泳。
6. 最后对电泳结果进行观察和分析。

注意事项

1. 为避免外源 DNA 等因素的污染，PCR 实验中使用的微量移液器、枪头、微量离心管、凝胶电泳缓冲液等都要进行灭菌。
2. PCR 实验中所用的凝胶电泳缓冲液和酶分装成小份，置于 −20 ℃ 储存，使用前放在冰块上缓慢融化。
3. 添加试剂时，微量移液器的枪头需每次更换，盖严微量离心管盖子，用手指轻弹微量离心管壁，使其混匀，并在高速离心机上离心 10 s，再放入 PCR 扩增仪中进行反应。

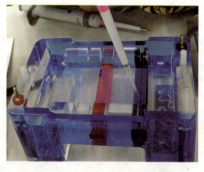

图 5-1-9　向电泳槽加入样品液

由于 PCR 技术具有高特异性、高灵敏度、操作快速、简便的特性，加之它与多种分子生物学技术配合使用，使得 PCR 技术在亲子鉴定、犯罪嫌疑人的认定、遇难者身份的辨认、拐卖儿童的认领、遗传病的诊断和传染病的研究等方面得到了广泛的应用。

评价与练习

一、概念理解

某兴趣小组以花椰菜为材料开展DNA的粗提取的实验。下列有关实验设计或操作步骤正确的是（　　）。

A. 向研磨液中加入EDTA（一种DNA酶抑制剂）以增加DNA的提取量
B. 用蒸馏水将NaCl溶液浓度慢慢调至0.14 mol/L，过滤后提取滤液
C. 向DNA的粗提取液中加入冷却的乙醇溶液（体积分数为70%）迅速搅拌，以获取更多的丝状物
D. 将丝状物溶解在2 mol/L的NaCl溶液中，加入双缩脲试剂，放入沸水浴后呈紫色

二、技能训练

参照"探究花椰菜DNA粗提取"，设计实验"探究不同植物组织对DNA提取量的影响"。

三、科学思维

在基因工程方面常利用PCR技术扩增目的基因，其原理与细胞内DNA复制类似。右图中引物为单链DNA片段，它是子链合成延伸的基础。

● 代表脱氧核苷酸链的5′端。（图5-1-10）

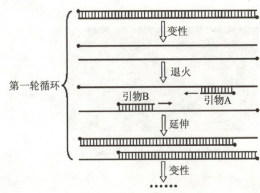

图5-1-10　基因工程示意图

（1）请依据右图第1轮循环的图解，绘制第2轮和第3轮产生的DNA片段。

（2）该模板DNA分子经过3次复制，共有DNA分子_____个，其中含有引物A的_____个。复制n次后，共有DNA分子_____个,其中含有引物A的_____个。

（3）设计引物是PCR技术关键步骤之一。某同学设计的两组引物（图5-1-11）都不合理（只标注了部分碱基序列），请分别说明理由。

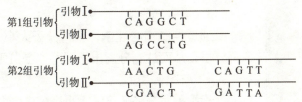

图5-1-11　两组引物设计图

① 第1组：_____；
② 第2组：_____。

（4）如果PCR反应得不到任何扩增产物，则可以采取的改进措施有_____（填标号：① 提升退火温度；② 降低退火温度；③ 重新设计引物）。

第 2 节 生命活动的舞者
——蛋白质的提取

学习目标

- 说出　蛋白质的理化性质
- 概述　蛋白质提取的方法
- 学会　从植物中提取特定的蛋白质

关键词

- 盐溶与盐析
- 透析
- 变性

如果说主宰生命的遗传物质 DNA 是导演的话，那么由 DNA 指导合成的各种各样的蛋白质则是一个个演员，几乎细胞中的每一项工作都是由蛋白质完成的。由 DNA 中 4 种脱氧核苷酸序列转换成蛋白质中 20 种氨基酸的序列精准而又迅速，令人不得不感叹生命的精妙。随着人类基因组计划的延伸及多种生物基因组测序工作的完成，人类跨入了后基因组和蛋白质组时代。对蛋白质的研究与应用，首先需要获得纯度较高的蛋白质。因此，从复杂的细胞混合物中提取、分离高纯度的蛋白质是生物科学研究中经常要做的工作。

一 基础知识

除了上一节提到的蛋白质的一些特性，蛋白质还具有很多理化性质，诸如分子大小、溶解度、电荷、吸附性质、对配体分子的生物学亲和力等。我们可根据一种或多种方法进行蛋白质的分离提纯。

1. 盐析法。

中性盐对蛋白质的溶解度有显著影响，一般在低盐浓度下随着盐浓度升高，蛋白质的溶解度增加，称为"盐溶"；当盐浓度继续升高时，蛋白质的溶解度会不同程度地下降并先后析出，称为"盐析"。（图 5-2-1）

图 5-2-1　盐析法分离蛋白质

2. 透析法。

利用蛋白质分子不能透过半透膜的特性，可采用透析法使蛋白质与其他小分子化合物诸如无机盐、单糖、二糖、氨基酸等分离开来。（图 5-2-2）

3. 离心沉降法。

通过控制离心速率，使得分子大小、密度不同的蛋白质发生沉降分层，从而达到分离出不同种类蛋白质的目的。

4. 凝胶色谱法。

根据相对分子质量的大小来分离蛋白质的有效方法。（图 5-2-3）

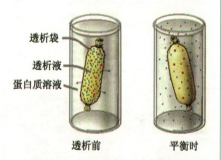

图 5-2-2　透析法分离蛋白质

科学思维

凝胶色谱法分离蛋白质时，为什么先分离出来的是大分子，后分离出来的是小分子？

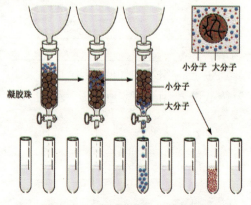

图 5-2-3　凝胶色谱法分离蛋白质

5. 聚丙烯酰胺凝胶电泳法。

蛋白质在聚丙烯酰胺凝胶中的迁移率取决于它所带净电荷以及分子的大小和形状等因素。在凝胶中加入SDS（十二烷基硫酸钠），能使蛋白质发生完全变性形成单链，SDS所带电荷量大大超过了蛋白质分子原有的电荷量，使电泳迁移率完全取决于分子的大小，因此可以用此电泳方法测定蛋白质的分子量。（图5-2-4）

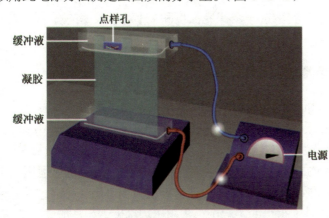

图5-2-4 聚丙烯酰胺凝胶电泳装置图

> **知识链接**
>
> 缓冲溶液指的是由弱酸及其盐、弱碱及其盐组成的混合溶液，能够在一定范围内抵制外界的酸和碱对溶液pH的影响，因此在生物化学的研究工作中具有极其重要的意义。

> **知识链接**
>
> 蛋白质与双缩脲试剂作用产生紫色反应。双缩脲试剂由A液和B液组成，A液是质量浓度为0.1 g/mL的NaOH溶液，B液是质量浓度为0.01 g/mL的CuSO$_4$溶液。

二 实验设计

探究·实践

制备果胶酶并观察其作用

实验目的 通过实验了解影响果胶酶活性的因素，通过观察果胶酶的作用了解其应用。

实验器材 新鲜黄瓜、NaCl溶液（体积分数为10%）、0.1 mol/L的冰醋酸、研钵、剪刀、滤纸、漏斗、烧杯、试管、离心机、榨汁机、苹果、纱布、恒温水浴锅、离心管、榨汁机、pH试纸、记号笔等。

实验步骤

一、制作果胶酶

1. 先破碎细胞，获取含果胶酶的滤液。取新鲜黄瓜50 g，在预冷的研钵内用剪刀迅速剪碎，充分研磨，一边研磨一边加入NaCl溶液（体积分数为10%）50 mL，制成匀浆液，用滤纸过滤取滤液。

2. 再离心，获取含果胶酶的上清液。以4 000 r/min的离心速度离心15 min，迅速将上清液倒入洁净的小烧杯内，用0.1 mol/L的冰醋酸将pH调至3~4，置于0 ℃~4 ℃保存备用。

二、观察果胶酶对苹果汁的作用

1. 先制备苹果汁。用榨汁机制取苹果匀浆，将苹果匀浆置于90 ℃恒温水浴锅中保温5 min，冷却后用单层纱布过滤，收集滤液。

2. 然后设置对照实验。取2支试管，编号1、2，分别加入5 mL苹果汁，再分别加入5 mL备用的上清液，其中1号试管中加的上清液要放入90 ℃恒温水浴锅中保温5 min。振荡摇匀2支试管，室温保存。

3. 最后观察和记录实验结果。观察并记录苹果汁澄清程度的变化。

注意事项 离心管的规格要一致，在离心机中要对称放置，管内的溶液质量要相等，不能超过离心管长度的2/3。

> **知识链接**
>
> 果胶是植物细胞壁以及胞间层的主要成分之一，由半乳糖醛酸聚合而成的高分子化合物，不溶于水。果胶酶能分解果胶，提高果汁产量，使果汁变得清亮。

> **科学思维**
>
> 将苹果汁放入90 ℃恒温水浴锅中保温5 min的目的是什么？在1号试管中加入置于90 ℃恒温水浴锅中保温5 min的上清液的目的是什么？

图 5-2-5 两支装有苹果汁的试管
（右边试管加入果胶酶，左边试管未加）

三 结果分析与评价

1. 你做出澄清的苹果汁了吗？（图 5-2-5）
2. 果胶酶制备过程中影响果胶酶的提取量及其活性的因素有哪些？
3. 在按照以上实验操作制备了果胶酶并观察其作用后，你还可以设计对照实验进一步探究温度和 pH 对果胶酶的影响以及果胶酶的用量。

四 课题延伸

蛋白质是生命活动的主要承担者，几乎细胞中的每一项工作都是由蛋白质完成的。生物界的蛋白质种类多达 1 010～1 012 种。那么，如何获取大量可供应用的蛋白质呢？

我们知道蛋白质是由基因控制合成的，我们可以运用在上一节中学到的 PCR 技术体外扩增所需要的目的基因，再通过转基因技术获取生产目的蛋白的工程菌，利用工程菌发酵生产所需要的蛋白质，使产量大幅度提升。

知识链接

用基因工程的方法，使外源基因得到高效表达的菌类细胞株系一般称为"工程菌"。

知识链接

GTE 缓冲液：破坏细胞壁与细胞膜。

裂解缓冲液：含 SDS，破坏细胞膜。

结合缓冲液：高盐环境使绿色荧光蛋白疏水基团暴露。

HIC 树脂：样品中疏水分子能结合到 HIC 树脂上。

洗涤缓冲液：中盐环境洗脱未结合或结合弱的蛋白。

洗脱缓冲液：低盐环境洗脱绿色荧光蛋白。

技能训练

荧光蛋白的纯化

实验目的 通过实验了解蛋白质的性质及其纯化的原理，学习使用微量移液器。

实验器材 含有转荧光蛋白基因的菌液、离心机、离心管、微量移液器、GTE 缓冲液、裂解缓冲液、结合缓冲液、HIC 树脂珠、洗涤缓冲液、洗脱缓冲液、手持式紫外灯等。

实验步骤

1. 先向 1.5 mL 离心管中加入 1 mL 含有转荧光蛋白基因的菌液，以 10 000 rpm 离心 5 min，丢弃上清液。
2. 然后加入 30 μL GTE 缓冲液，用微量移液器将细胞重悬于缓冲液中，加入 500 μL 裂解缓冲液轻柔混匀，冰浴 15 min。
3. 再放入离心机，以 10 000 rpm 离心 5 min，移取 300 μL 上清液至新的离心管中，再加入 150 μL 结合缓冲液，混匀。
4. 又取 300 μL 的混合液加入含 400 μL HIC 树脂珠的离心管中，摇晃混匀后，以 10 000 rpm 离心 1 min。
5. 还用微量移液器小心吸出上清液弃去，加入 800 μL 洗涤缓冲液，摇晃混匀后，以 10 000 rpm 离心 1 min。
6. 接着用微量移液器小心移出上清液，加入 200 μL 洗脱缓冲液，摇晃混匀后，以 10 000 rpm 离心 1 min。
7. 最后移取 200 μL 的上清液至 0.5 mL 离心管中，在紫外灯下检测荧光蛋白产物（图 5-2-6）。

注意事项 实验中用到的溶液有一定的毒性，使用时务必规范操作，正确处理废弃液。

图 5-2-6 荧光蛋白检测

蛋白质的分离纯化方法有很多种,实际工作中往往要联合使用多种方法,才能达到要求。

利用转基因技术获得蛋白质产品是生物工程的一项重要任务,诸如基因工程制药以及衍生出来的酶工程等,感兴趣的同学可以查找资料进一步了解相关信息。

评价与练习

一、概念理解

1. 如何区分生鸡蛋和熟鸡蛋?
2. 为什么吃熟鸡蛋比吃生鸡蛋容易消化?
3. 鸡蛋液煮沸后凝结成块的现象叫什么,原理是什么?
4. 为什么人误服重金属中毒后可以喝大量牛奶来解毒,原理是什么?

二、技能训练

1. 给你一份某种酶的结晶,你能设计一组实验鉴定它是不是蛋白质吗?请简略写出实验步骤。
2. 温度会影响酶的活性,最适温度下酶活性最高,温度偏高和偏低会使酶的活性降低(图5-2-7),而温度过高则会破坏酶的空间结构,使酶永久失活。当温度在0 ℃时,酶的活性很低,但是酶的结构稳定,在适宜温度下酶的活性可以升高。请利用唾液淀粉酶来设计实验验证此结论,写出实验方案并进行实验。

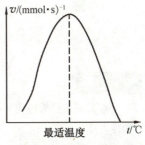

图5-2-7 在不同温度下,酶的活性变化示意图

三、科学思维

生产果汁时,用果胶酶处理果泥可提高果汁的出汁率。请回答下列相关问题。

(1)某同学用三种不同的果胶酶进行了三组实验,各组实验除果胶酶的来源不同外,其他条件都相同,测定各组的出汁量,据此计算各组果胶活性的平均值并进行比较。该实验的目的是_____。

(2)现有一种新分离出来的果胶酶,为探究其最适温度,某同学设计了如下实验:先取试管16支,分别加入等量的果泥、果胶酶、缓冲液,混匀,平均分成4组,再分别置于0 ℃、5 ℃、10 ℃、40 ℃下保温相同时间,然后测定各试管中的出汁量,最后计算各组出汁量的平均值。该实验温度设置的不足之处有_____和_____。

第 3 节 浴兰汤兮沐芳
——植物芳香油的提取

学习目标

- **说出** 植物芳香油的性质
- **概述** 提取植物芳香油的主要方法
- **学会** 提取植物芳香油
- **尝试** 制作精油产品

关键词

- 植物芳香油
- 蒸馏法
- 水油分离

知识链接

常见用于提取植物芳香油的植物种类及其器官。

花：玫瑰花、橙花。
茎叶：薄荷、薰衣草、桉树。
树干：香樟树。
树皮：桂皮。
根、地下茎：生姜。
果实、种子：杏仁、茴香。

人类自诞生以来就与植物息息相关。从某种意义上讲，植物不仅可以为人类提供食物和生活必需品，还可以为人类提供植物芳香油。植物芳香油，在香料工业中又称"精油"，其历史可追溯到古老的文明古国，诸如中国、古埃及、古巴比伦、古印度。古埃及人将植物芳香油用于治病和祭祀，还用在制造木乃伊的防腐剂。早在2 000多年前，我国屈原在《楚辞》等诗篇中就多次记载了各种香花、香草，多与祭祀活动有关。

古往今来，植物芳香油都是稀有珍品，被称为"液体黄金"。由于制造过程很烦琐，原料取之不易，因此无法大量生产。植物芳香油的提炼需要大量的植物，200 kg的薰衣草或2 000 kg～4 000 kg的玫瑰或3 000个柠檬才能提炼1 kg的天然植物芳香油。随着现代社会的发展，植物芳香油的用途也越来越广泛，常用于食品、烟、酒、糖果、牙膏、香皂、医药卫生、日用化妆品等。人们对于植物芳香油的需求越来越大，随着有机化学迅速发展，通过分析植物芳香油的化学成分，开始人工合成香料。然而，人们对于天然植物芳香油的独特品质，依然情有独钟，现在让我们一起来守护这一份来自天然的纯粹与芬芳吧！

一 基础知识

植物芳香油是植物体内产生的一种具有芳香气味的次生代谢产物，由细胞原生质体分泌产生，大多具有挥发性。其成分是由几十种到几百种化合物组成的复杂混合物，包括萜类化合物、芳香烃衍生物等。植物芳香油常呈小油滴状存在于由细胞群构成的分泌腔、分泌道以及由表皮组织特征形成的特殊腺体中，这些结构不均等地分布于某些植物的根、茎、叶、花和果实等部位。植物芳香油分子小，渗透力强，能够迅速渗入人体皮肤参与血液循环，可以达到某种治疗效果。

植物芳香油的提取方法有水蒸气蒸馏法、萃取法和压榨法等。具体采用哪种方法要根据植物原料的特点来决定。

1. 水蒸气蒸馏法。

水蒸气蒸馏法是提取植物芳香油最常用的方法之一，原理是利用水蒸气将挥发性较强的植物芳香油携带出来，形成油水混合物，冷却后，混合物又会重新分离为油层和水层。

根据蒸馏过程中原料放置的位置，水蒸气蒸馏法可分为水上（图5-3-1）、水中和水气三种，下面我们将它们的特点和优缺点进行分析比较（表5-3-1、表5-3-2）。

图 5-3-1 水上蒸馏法示意图

表 5-3-1　三种蒸馏法特点的比较

蒸馏法的类型	水中蒸馏	水上蒸馏	水气蒸馏
特　点	原料放在蒸馏容器的水中，水要完全浸没原料	容器中水的上方有筛板，水量以沸腾时不浸润原料为宜	蒸馏容器下方有一个通气孔连接外源蒸气，上方有筛板，上面放有原料

科学思维

1. 如何根据提取物的性质来选择合适的提取方法？是否考虑物质的化学性质、稳定性和溶解度等因素。

2. 如果使用水蒸气蒸馏法，你认为水中蒸馏、水上蒸馏和水气蒸馏三种方法中，哪一种更简便易行？

3. 使用萃取法有哪些优点和不足？

2. 萃取法。

植物芳香油可以溶于有机溶剂（诸如石油醚、乙醇、乙醚、戊烷等）中，对于不适于蒸馏的原料可以采用萃取法。大致方法是将干燥的植物粉碎，用有机溶剂浸泡，植物芳香油就会溶解在有机溶剂中，然后蒸发掉有机溶剂就可以获得植物芳香油了。

3. 压榨法。

对于原料中的有效成分，用水上蒸馏法时会发生部分水解，用水中蒸馏法时会产生焦煳的植物材料，可以考虑用压榨法。

表 5-3-2　三种提取方法优缺点的比较

植物芳香油的提取方法	水蒸气蒸馏法	萃取法	压榨法
实验原理	利用水蒸气将挥发性较强的植物芳香油携带出来	使植物芳香油溶解在有机溶剂中，蒸发溶剂后就可获得植物芳香油	利用机械压榨出果皮中的植物芳香油
优　点	简单易行，便于分离	出油率高，易分离	生产成本低，易保持原料原有的结构和功能
局限性	水中蒸馏会导致原料焦煳和有效成分水解等问题	使用的有机溶剂处理不当会影响植物芳香油的质量	分离较为困难，出油率相对较低
适用范围	适用于提取玫瑰精油、薄荷精油等挥发性强的植物芳香油	适用范围广，要求原料颗粒要尽可能细小，能充分浸泡在有机溶剂中	适用于柑橘、柠檬等易焦煳原料的提取

知识链接

血液透析是利用了半透膜的特点对尿毒症患者进行治疗。

二　实验设计

1. 实验器材的选取。

玫瑰精油是非常受欢迎的香精原料，其芳香能使人产生愉悦感。但是玫瑰精油的价格非常昂贵，这与原材料难得、玫瑰花瓣含油量较低有关。玫瑰（图 5-3-2）开花的季节是每年 5 月的上旬、中旬，取材受季节限制明显。而且，玫瑰已成为多种蔷薇科植物的通称，市面上出售的玫瑰其实大部分是切花月季，要想购买到真正的玫瑰并不容易。在实验室中成功提取玫瑰精油的成本较高，建议选取其他方便易得、出油率较高的植物进行替代，诸如薄荷、茴香、生姜和橘皮等。

2. 实验方法的选择。

由于玫瑰精油化学性质稳定，难溶于水，易溶于有机溶剂，从玫瑰中提取玫瑰精油可采用水蒸气蒸馏法。

3. 实验装置的搭建。

参照化学实验中的水蒸气蒸馏装置（图 5-3-6）和工业生产中的精油生产设备，设计并搭建合适的实验装置。

图 5-3-2　玫瑰

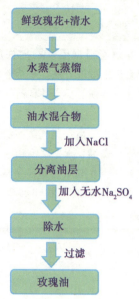

图 5-3-3 玫瑰精油提取流程

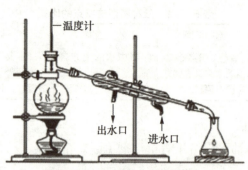

图 5-3-6 水蒸气蒸馏装置

4. 实验流程的确定。

水蒸气蒸馏后,锥形瓶中将收集到乳浊液,这是玫瑰精油与水的混合物。这时只需向乳浊液中加入 NaCl 溶液,就会出现明显的分层,再用分液漏斗将这两层分开。分离的油层还会含有一定的水分,一般可以加入一些无水 Na_2SO_4 吸水,放置过夜,再过滤除去固体 Na_2SO_4,就能得到玫瑰精油了。

将实验步骤整理、细化,得到最终的提取流程方案(图 5-3-3)。工业上制备玫瑰精油等植物芳香油通常要经过几次重复蒸馏,不断提纯,才能得到更高纯度、更高品质的植物芳香油。

图 5-3-4 蒸馏实验

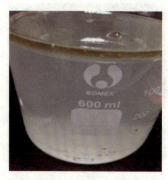

图 5-3-5 蒸馏获得水油分离

技能训练

使用蒸馏法获取玫瑰精油

实验目的 通过实验学习使用蒸馏法获取玫瑰精油。

实验器材 新鲜玫瑰花瓣(或新鲜薄荷叶等其他植物材料)、圆底烧瓶、研钵、锥形瓶、接收瓶、烧杯、温度计、冷凝管、导管、酒精灯、分液漏斗、沸石、0.1 g/mL 的 NaCl 溶液、无水 Na_2SO_4 等。

实验步骤

1. 先称取新鲜玫瑰花瓣 200 g,置于研钵中捣碎,放入 2 000 mL 圆底烧瓶中,按照材料和清水质量 1:4 的比例,量取清水 800 mL,分三次冲洗研钵和研棒,并将冲洗液一并倒入圆底烧瓶中。
2. 再按照设计好的蒸馏装置进行安装,蒸馏装置安装完毕后,在圆底烧瓶中加几粒沸石,防止液体过度沸腾。
3. 然后打开进水口水龙头,缓缓通入冷水,然后开始加热。控制蒸馏的时间和速度,通常以每秒 1~2 滴为宜。
4. 最后收集锥形瓶中的乳浊液,向锥形瓶中加入 0.1 g/mL 的 NaCl 溶液,使乳化液分层;再将其倒入分液漏斗中,用分液漏斗将油层和水层完全分开;打开顶塞,将活塞缓缓旋开,放出下层的玫瑰精油,用接收瓶收集;向接收瓶中加入无水 Na_2SO_4,吸去油层中含有的水分,放置过夜。(图 5-3-4)

注意事项

1. 水蒸气蒸馏装置的安装一般按照自下而上、从左到右的顺序,拆卸仪器的顺序与安装的顺序正好相反。
2. 使用分液漏斗的方法要正确,便于更好地分离水油层(图 5-3-5)。

三 结果分析与评价

1. 判断是否提取出了植物芳香油。

观察提取出的植物芳香油，从颜色、气味等方面来评价所提取的植物芳香油的纯度和质量。从玫瑰花瓣中提取的玫瑰精油是浅黄色的液体，带有甜韵的玫瑰香；从薄荷中提取的薄荷精油是浅绿色接近无色透明的液体，带有浓烈的薄荷气味。本实验只是对植物芳香油进行了初步的提取，其中仍然含有大量的杂质。

2. 出油率的计算。

根据出油率＝植物芳香油的质量 / 原料的质量 ×100% 的公式计算出油率。如果出油率高，说明实验方案设计合理，取材合适；如果出油率低，可以从实验方法的选择、实验过程的操作等方面分析原因，改进后再作尝试。

四 课题延伸

植物芳香油具有多种功能，如：茶树精油杀菌效果非常好，薰衣草精油治疗烧烫伤效果很好，薄荷精油可以缓解蚊虫叮咬的疼痛。此外，植物芳香油还有净化空气、抗菌防腐、增强免疫等功能，其芳香的气味有利于人的身心健康，由此诞生的芳香疗法也十分流行。因此，精油产品被越来越多地添加到各种日用品当中，诸如手工制作的精油香皂（图 5-3-7）、精油润肤露、精油润唇膏（图 5-3-8）等洗护用品。

> **知识链接**
>
> 经过萃取的玫瑰精油在保存时，一定要用褐色或是深色的瓶子保存，避免阳光直射，并且存放在阴凉的地方，以免受高温影响发生变质。

图 5-3-7 手工制作的精油香皂

创客空间

制作精油润唇膏

活动目的 通过实验学习精油润唇膏的制作方法。

活动器材 提取纯化过的植物精油、烧杯、酒精棉、润唇膏管、酒精灯、天然蜂蜡、橄榄油等。

活动步骤

1. 先用酒精棉将烧杯和润唇膏管消毒。
2. 再将 50 mL 橄榄油倒入烧杯中，将 10 g 蜂蜡剪碎后倒入烧杯中。
3. 然后点燃酒精灯加热，搅拌，使蜂蜡与油混合均匀。
4. 接着熄灭酒精灯，加入适量提取纯化过的植物精油，搅拌均匀后将烧杯内的混合物小心地倒入润唇膏管中。
5. 最后将润唇膏管置于冰水中，等待混合物凝固。

注意事项

1. 为了加快原料的溶解，用剪刀将原料剪碎。
2. 沿一个方向匀速搅拌，不要触碰容器内壁。
3. 可加入脂溶性维生素 E 作为天然防腐剂。
4. 橄榄油可用葵花籽油、乳木果脂等天然油脂替代。

评价标准

1. 精油润唇膏外观是否完美，是否有凹陷或小孔。
2. 精油润唇膏质地是否软硬适中，是否有异味。
3. 精油润唇膏制作过程中是否做到安全和卫生。

图 5-3-8 手工制作的精油润唇膏

> **合作交流**
>
> 请你给自制的精油润唇膏设计包装、商标和广告语，创造具有个人风格的商品品牌。

天然植物芳香油可以加入食品食用，以增添食物的风味。《红楼梦》第三十四回中，贾宝玉挨了打，王夫人派人送来了两个玻璃小瓶，上面分别写着"木樨清露"和"玫瑰清露"。其实木樨清露和玫瑰清露就是提取植物芳香油时蒸馏产生的花水，其中含有少量桂花或玫瑰精油的成分，具有养胃宽胸、行气解郁、补血养气、滋养容颜的功效。在古代还被作为进贡的上等贡品，可见其珍贵。

一、概念理解

1. 植物芳香油是一类具有什么特性的物质？常用的提取方法有哪些？
2. 在工业生产中，植物芳香油常采用水蒸气蒸馏法，原因是（　　）。
   A. 利用水蒸气可将挥发性强的植物芳香油携带出来
   B. 水蒸气蒸馏法可划分为水中蒸馏、水上蒸馏和水气蒸馏
   C. 植物芳香油挥发性强，易溶于有机溶剂
   D. 操作最简单，成本较低

二、技能训练

尝试制作玫瑰清露（图5-3-9），具体步骤如下：

1. 先将玫瑰花瓣洗净，在锅里倒入500 mL清水，加入一小勺玫瑰花瓣，小火熬煮10 min。
2. 再当汤汁颜色变深，将锅里的玫瑰花瓣捞出，把剩余的玫瑰花瓣放入锅中继续熬煮。
3. 然后待汤汁烧开以后，加入适量冰糖，盖上锅盖，小火煮5 min，把锅里的玫瑰花瓣捞出去。
4. 最后把汤汁盛入小碗，加入糖桂花搅拌均匀，这道甘甜香醇的玫瑰清露就做好了。

图5-3-9　玫瑰清露

三、科学思维

下面是与植物芳香油提取相关的问题，请回答以下问题。

1. 玫瑰精油适合用水蒸气蒸馏法提取，其理由是玫瑰精油具有_____的性质。蒸馏时收集的蒸馏液_____（填"是"或"不是"）纯的玫瑰精油，原因是_____。
2. 当蒸馏瓶中的水和原料量一定时，在蒸馏过程中，影响玫瑰精油提取量的主要因素有蒸馏时间和_____。当原料量等其他条件一定时，玫瑰精油提取量随蒸馏时间的变化趋势是_____。
3. 如果蒸馏过程中不进行冷却，则玫瑰精油提取量会_____，原因是_____。
4. 密封不严的瓶装玫瑰精油保存时最好存放在温度_____的地方，目的是_____。
5. 某花中精油的相对含量随着花的不同生长发育时期而变化（图5-3-10）。提取精油时采摘花的最合适时间为_____天左右。
6. 从薄荷叶中提取薄荷精油时_____（填"能"或"不能"）采用从玫瑰中提取玫瑰精油的方法，理由是_____。

图5-3-10　某花中精油的相对含量在花的不同生长发育期的变化

第 4 节　百般红紫斗芳菲
——植物色素的提取

大自然中的植物往往具有丰富多样的色彩，构成了自然界中绝美的景象。无论是"看万山红遍，层林尽染"，还是"接天莲叶无穷碧，映日荷花别样红"，描绘的都是四季植物颜色的变化。现在我们知道，植物的颜色是由所含有的色素决定的。这些色素有不同的类型、分子结构和化学性质。合理地利用天然植物色素，不仅能为我们的生活增添几分灵动的色彩，还能为医疗、工业、餐饮等领域提供原料。让我们一起走进植物绚丽多姿的彩色王国吧！

学习目标

说出　植物色素的种类
概述　提取植物色素的原理
学会　提取胡萝卜素
尝试　设计提取方案

关键词

- 植物色素
- 萃取法
- 溶解度

一　基础知识

1. 植物色素的分类。

植物色素按照溶解性划分，主要有脂溶性色素与水溶性色素两类。脂溶性色素主要包括叶绿素、叶黄素、胡萝卜素，三者可以共存。此外，还有藏红花素、辣椒红素等。除叶绿素之外，脂溶性色素多为四萜类衍生物。这类色素不溶于水，难溶于甲醇，易溶于高浓度乙醇、乙醚、氯仿、苯等有机溶剂。但胡萝卜素不溶于乙醇。

水溶性色素主要包括花青素、花黄素、儿茶素等。这类色素普遍存在于花中，溶于水和乙醇，不溶于乙醚、氯仿等有机溶剂，遇醋酸铅试剂会沉淀，并能被活性炭吸附，其颜色随着 pH 的不同而改变。

2. 植物色素的分布。

叶绿体　主要分布在叶肉细胞、绿色幼茎的皮层细胞、未成熟的果皮内，衣藻和水绵等植物细胞内均可见叶绿体，其细胞的宏观颜色是绿色。

有色体　主要分布在番茄果肉细胞、红辣椒果皮等果实、花卉组织中。有色体使植物组织呈现出黄色、橙色或橙红色的美丽色彩。（图5-4-1）

白色体　主要分布在植物体内不见光的部位，诸如根和茎的皮层细胞中，其细胞的宏观颜色是无色或白色。

液泡中含有花青素，颜色与细胞液的 pH 有关，其规律是酸红碱蓝，中性时呈紫色，这就使得花朵可以呈现出蓝色、紫色、红色三种不同色彩。

3. 植物色素的用途。

β-胡萝卜素摄入后可以转化成维生素 A，是目前相对安全补充维生素 A 的物质，但人体摄入过量的化学合成维生素 A 时，会引起一系列中毒的症状。β-胡萝卜素可以维持眼睛和皮肤的健康，改善夜盲症、皮肤粗糙的状况，有助于身体免受自由基的伤害。研究表明，叶绿素有造血、提供维生素、解毒、抗病等多种用途。

图 5-4-1　植物体中有色体的分布

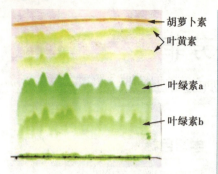

图 5-4-2 用色谱法分离色素

知识链接

很多人误认为只有胡萝卜中才富含胡萝卜素，其实除了胡萝卜之外，还有一些深绿色或红黄色的蔬菜和水果中胡萝卜素含量也很高，诸如西兰花、菠菜、空心菜、甘薯、杧果、哈密瓜、杏及甜瓜等。实际上，越是颜色鲜艳的蔬菜和水果，富含的 β-胡萝卜素越丰富。

天然植物色素可以作为食品添加剂和食品着色剂，比起人工合成的色素更为安全，在食品、药品和化妆品生产中都有广泛的应用。

4. 分离提取植物色素的方法。

色谱法是一种很好的分离纯化、鉴定有机化合物的重要方法。色谱法利用不同物质在不同相态下的选择性分配，以流动相对固定相中的混合物进行洗脱，混合物中不同的物质会以不同的速度沿固定相移动，最终达到分离的效果。（图 5-4-2）

果蔬中的色素主要包括脂溶性的胡萝卜素、叶黄素、叶绿素和水溶性的花青素。在做提取实验时，我们可以利用相似相溶的原理把水溶性的花青素滤掉，继而可以利用色谱法对胡萝卜素、叶黄素和叶绿素进行分离。通常选用纸层析法，又称"纸色谱法"，是将纸作为载体的一种色谱法。不同种类的色素在层析液中的溶解度不同。溶解度大的色素，随层析液在滤纸上扩散得快，反之则慢；含量较多的色素，其色素带也较宽。最后在滤纸上留下四种色素带，所以利用纸层析法能清楚地将叶绿体中的色素分离。

如果要进一步提取胡萝卜素（图 5-4-4），则需要根据胡萝卜素的理化性质选择提取方法。胡萝卜素为橘黄色结晶，其化学性质较为稳定，不溶于水，微溶于乙醇，易溶于石油醚等有机溶剂。胡萝卜素在弱碱条件下较为稳定，在酸中不稳定，在光照和含氧条件下也不稳定。由于胡萝卜素易溶于有机溶剂，可以采用萃取的方法提取。

图 5-4-4 胡萝卜素分子结构

二 实验设计

1. 萃取剂的选择。

胡萝卜素可溶于乙醇和丙酮，但它们是水溶性有机溶剂，能与水混溶，继而影响萃取效果，所以它们不适宜用作萃取剂。在石油醚、乙酸乙酯、乙醚、苯和四氯化碳这五种有机溶剂中，石油醚的沸点最高，在加热萃取时不易挥发，所以石油醚最适宜用作萃取剂。

2. 提取胡萝卜素装置的设计。

萃取装置：铁架台、酒精灯、水浴锅、烧瓶、冷凝管等。（图 5-4-3）

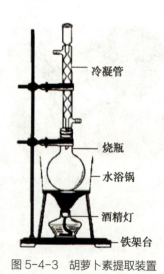

图 5-4-3 胡萝卜素提取装置

3. 提取胡萝卜素的实验流程（图 5-4-5）。

图 5-4-5 提取胡萝卜素的实验流程

特别提醒：

在使用有机溶剂和萃取过程中，一定要注意操作规范和安全，预防燃烧、爆炸等事故发生。

科学思维

在提取胡萝卜素的装置中，为什么要采取水浴加热？为什么要在瓶口安装冷凝回流装置？在安装的过程中需要注意什么？

技能训练

胡萝卜素的提取

实验目的 通过实验学习胡萝卜素的提取方法。

实验器材 新鲜胡萝卜、冷凝管、酒精灯、铁架台、圆底烧瓶、石油醚、接收瓶、烘箱等。

实验步骤

1. 先选取 500 g 新鲜胡萝卜，用清水洗净，沥干后切碎，然后在 40 ℃的烘箱中烘干，时间约为 2 h。将干燥后的胡萝卜进一步粉碎过筛，做成样品。
2. 再将样品放入圆底烧瓶中，加入 200 mL 石油醚混匀，安装萃取回流装置，萃取 30 min，然后过滤萃取液，除去固体物质。
3. 然后安装蒸馏装置，对萃取的样品进行浓缩。
4. 最后收集接收瓶中的样品，观察样品的颜色和气味，可通过纸层析法进行鉴定。

注意事项

1. 一般来说，原料颗粒小，萃取的温度高、时间长，需要提取的物质就能够充分溶解，萃取效果就好。
2. 萃取的最佳温度和时间可通过设置对照实验来探究。
3. 新鲜胡萝卜含有大量的水分，在干燥时要注意控制温度，既可以用烘箱，又可以用吹风机烘干。

知识链接

黄金大米，又称"金色大米"，是一种转基因大米。它是通过转基因技术将胡萝卜素转化酶系统转入大米胚乳中，可获得外表为金黄色的转基因大米，富含维生素 A。

图 5-4-6 纸层析法装置示意图

三 结果分析与评价

鉴定胡萝卜素的方法有以下几种。

1. 纸层析法。

与标准样品的胡萝卜素层析带进行比较，观察提取效果。如果发现在滤纸上出现多个不同高度的色素点样，则说明提取到的胡萝卜素含有杂质。（图 5-4-6）

2. 分光光度法。

在 200~800 nm 的波长范围内，以氯仿为空白溶液，对 10 μg/mL 的标准溶液进行吸收度的测定。如果发现在 430~460 nm 的波长范围内吸收能力最强，则说明产品中含胡萝卜素。

四 课题延伸

随着科学技术的发展，越来越多的新型提取方法投入到工业生产中。相比传统的提取方法，往往更加高效、环保，获得的产品纯度更高、质量更好。如：超临界二氧化碳萃取法、微波辐射提取法、酶法提取法和吸附精制法等。

这些提取方法可以用于植物色素的提取，可以用于其他植物有效成分的获取，还可以用于试验研究。如：秋水仙素是一种生物碱，

社会责任

国际上对食品安全问题日益重视，回归天然、崇尚绿色成为时代发展的潮流。随着医学与毒理学的进一步发展，人们陆续发现化学合成色素中有不少品种具有慢性毒性和致癌性，而它们也逐渐被天然色素所取代。请查阅相关资料讨论、交流这个问题。

被广泛应用于细胞学、遗传学的研究和植物育种中；从大蒜中提取的大蒜素可以作为有效的抑菌剂；从红豆杉树皮中提取的紫杉醇具有良好的抗肿瘤作用，特别是对抑制卵巢癌、子宫癌和乳腺癌等疾病有特效。

由中国药学家屠呦呦在1971年发现的青蒿素是抗疟特效药，具有速效和低毒的特点，曾被世界卫生组织称作"世界上唯一有效的疟疾治疗药物"。青蒿素是从复合花序植物黄花蒿茎叶中提取的一种无色针状晶体，其分子式为$C_{15}H_{22}O_5$。屠呦呦从东晋葛洪所著的《肘后备急方》中获取灵感，并认识到传统的水煮或高温提取会破坏黄花蒿茎叶中的有效成分，因而重新设计提取方法，用乙醚低温提取，从而显著降低了其有效成分被破坏的风险。

知识链接

2015年10月8日，中国药学家屠呦呦荣获2015年诺贝尔生理学或医学奖，成为第一个获得诺贝尔自然科学奖的中国人。多年从事中药和中西药结合研究的屠呦呦，创造性地研制出抗疟新药——青蒿素和双氢青蒿素，获得对疟原虫100%的抑制率，为中医药走向世界指明了方向。

调查走访

关于天然植物有效成分的调查

利用本章节所学到的关于植物色素和其他天然药物成分的知识，利用互联网和图书馆查阅相关资料，了解更多植物提取物产品的生产工艺和流程。关注不同提取成分的化学性质与对应提取方法的联系，选择其中一种制作PPT，并向同学们展示。

设计、发放问卷，调查人们对于天然植物有效成分的认识及看法，形成调查报告，分小组交流和讨论。

多姿多彩的植物王国是一座探究不尽的宝藏。它与人类生活紧密相连，为健康、医疗等领域提供了广泛的研究材料。而提取植物细胞内的有效成分是一项有着广阔发展前景的课题，利用现代科学手段进行研究，它将会在未来发出更耀眼的光芒。

一、概念理解

1. 下列有关胡萝卜素的叙述，**错误**的是（　　）。
   A. 胡萝卜素的化学性质稳定，溶于水，不溶于乙醇
   B. 胡萝卜是提取天然 β - 胡萝卜素的原料
   C. 微生物的发酵生产是工业提取 β - 胡萝卜素的方法之一
   D. 胡萝卜素提取后，在干燥过程中，时间不能太长，温度不能太高

2. 萃取前往往要将胡萝卜烘干、粉碎，并且原料颗粒越小越好。这样做的目的是（　　）。
   A. 让胡萝卜尽快溶解成胡萝卜素
   B. 让原料与萃取剂充分接触，提高萃取效率
   C. 让原料颗粒尽快溶于萃取剂中
   D. 节省萃取剂的使用量

二、技能训练

参照"胡萝卜素的提取"实验，选取不同植物材料（诸如枸杞、辣椒等）设计实验方案，比较不同植物材料的胡萝卜素含量。

三、科学思维

1. 下面是甲、乙两位同学用萃取法提取胡萝卜素时的有关做法，请予以评价。

   （1）右图是甲同学提取胡萝卜素的装置示意图（图5-4-7）。该装置有一处明显的错误，请指出并加以改正。

   （2）乙同学操作步骤如下：
   ① 选用 100 g 新鲜胡萝卜，清水洗净，然后切碎；
   ② 将切碎的原料放入圆底烧瓶中，加入 50 mL 酒精；
   ③ 将圆底烧瓶置于水浴装置中，并将其固定在铁架台上，用酒精灯缓缓加热 20 min，移去酒精灯，待圆底烧瓶冷却；
   ④ 过滤（略）；
   ⑤ 浓缩干燥（略）；
   ⑥ 鉴定（略）。
   请指出上述操作的不当之处并加以改正。

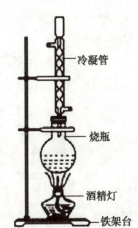

图 5-4-7　提取胡萝卜素的装置示意图

2. 回答下列与胡萝卜素有关的问题。
   （1）胡萝卜含有的胡萝卜素中，最主要的是_____（填"α - 胡萝卜素"或"β - 胡萝卜素"或"γ - 胡萝卜素"），该胡萝卜素在人体内可以转变成两分子_____，后者缺乏会引起人在弱光下视物不清的病症，该疾病称为_____，胡萝卜素是_____（填"挥发性"或"非挥发性"）物质。
   （2）在工业生产上，用养殖的岩藻作为原料提取胡萝卜素时，_____（填"需要"或"不需要"）将新鲜的岩藻干燥。
   （3）现有乙醇和乙酸乙酯两种溶剂，应选用其中的_____作为胡萝卜素的萃取剂，不选用另外一种的理由是_____。

一、概念理解

1. DNA 粗提取的方法有哪些?
2. 什么是缓冲溶液? 它的作用是什么?
3. 凝胶色谱法分离蛋白质的原理是什么?
4. 植物芳香油的提取方法主要有哪几种? 各有什么优缺点?

二、科学思维

某生物兴趣小组开展 DNA 粗提取的相关探究活动。具体步骤如下所示：

材料处理

称取新鲜花椰菜、辣椒、蒜黄各两份，每份 10 g。剪碎后分成两组，一组置于 20 ℃、另一组置于 −20 ℃条件下保存 24 h。

DNA 粗提取流程

1. 将上述材料分别放入研钵中，各加入 15 mL 研磨液，充分研磨。用两层纱布过滤，取滤液备用。
2. 先向 6 只小烧杯中分别注入 10 mL 滤液，再加入 20 mL 冷乙醇溶液（体积分数为 95%），然后用玻璃棒缓缓地向一个方向搅拌，使絮状物缠绕在玻璃棒上。
3. 取 6 支试管，分别加入 4 mL 浓度为 2 mol/L 的 NaCl 溶液溶解上述絮状物。

DNA 检测

在上述试管中各加入 4 mL 二苯胺试剂，混合均匀后，置于沸水中加热 5 min，待试管冷却后比较溶液的颜色深浅。结果如下表所示（表 5-4-1）。

表 5-4-1　DNA 粗提取探究实验结果表

材料保存温度	花 椰 菜	辣 椒	蒜 黄
20 ℃	++	+	+++
−20 ℃	+++	++	++++

（注："+"越多表示蓝色越深）

分析上述实验过程，回答下列问题。

1. 该兴趣小组实验研究的自变量有_____。
2. 根据实验结果，可得出的结论有以下几点。

    结论 1：_____。

    结论 2：_____。

3. 氯仿密度大于水，能使蛋白质变性沉淀，与水和 DNA 均不相溶，且对 DNA 影响极小。为了进一步提高 DNA 纯度，依据氯仿的特性，在"探究花椰菜 DNA 粗提取"实验的第三步的基础上继续操作的步骤为：_____，然后用冷乙醇溶液（体积分数为 95%）使 DNA 析出。

三、工程实践

1. 调查走访周围地区的高校实验室或研究所，学习 DNA、蛋白质或其他细胞成分的分离提纯与实验研究，尝试进行实验操作，写出实验论文或心得。
2. 调查走访周围生产植物芳香油的厂家或作坊，了解这些植物芳香油在人们生活中的作用以及生产植物芳香油的经济效益与发展前景。

第 6 章　精致生活
——动植物的饲养、栽培和管理

"汀州采白苹，日落江南春。"美丽的江南虽历经千年沧桑，却依然保存着她特有的雅致与风韵。她是岁月里蕴藏的一壶美酒，愈陈愈醇，唯有慢酌细品，方能感受她的精致馨香。江浙人的精致生活，不仅隐匿在游人宴乐的小桥流水里，氤氲在评弹书场的昆曲清唱中，更充实在平凡生活的花鸟鱼虫间。

今日的江浙，街是堂堂男儿，水是纤纤女子。无论是玲珑萃秀的古典园林、安闲明澈的老街民房，还是镶嵌在现代摩登广厦间的一窗水色天光、一门长河风景，无不展示出这一带特有的淳朴和精细。乡村有科技进步带来的物联网农业，城市有经济发展赋予的精致生活，旷野林间有草木青葱、蛙鸣鸟语，枕河人家有慵懒猫犬、桂馥兰香。这一章，我们从古代追溯至现代，从家庭的养殖饲育走进农业的智能科技……

走近这一章，你将在鱼龟戏水的悠闲中润湿灵思，在鸟虫齐鸣的演奏间极尽视听，在桂子飘香的木樨上施黄点翠，在观赏多肉的绽放下涤荡肺腑。这是现代人对休闲心境的追求，对精致生活的向往。让我们一起，轻轻地推开这扇科技之门吧！

内容提要

* 生活中常见动物的饲养和管理
* 生活中常见植物的栽培和管理
* 大棚蔬菜的智能管理
* 智慧家居生活

学习本章意义

精致是一种追求，更是一种心态。精致蕴含在生活中、实践中，在花鸟鱼虫的饲养栽培活动中。学习本单元，将加深你对现代生活中所蕴含各种科学原理的理解，提升科学探究能力、创新思维品质和信息技术素养，促使你成为一个有耐心、有科学素养、有生活品位的人。

第 1 节 寄怀鱼鸟欲忘形
—— 江浙地区的鱼类和鸟类

学习目标

了解 江浙地区常见的鱼类和鸟类
家庭观赏鱼养殖方法

理解 鱼类生存的环境特点
鸟蛋的结构、成分、孵化过程

制作 生态鱼缸

实践 探究不同水质对金鱼生活的影响
探究鸡蛋的结构、成分、孵化过程

设计 观赏鱼生态养殖缸
机械鱼

关键词

- 鱼类
- 鸟类
- 鸟蛋
- 孵化

"海阔凭鱼跃，天高任鸟飞。"鸟飞于天，鱼跃于川，正是天地之物象、自由之象征，是早期人类可望而不可即的美好愿景。原始人以鱼、鸟作为部族图腾，奉之为神；古人以鱼、鸟作为爱宠，视之为寄托；今人以鱼、鸟作为生态环境的一部分，视之为生灵。让生活回归自然与山水，在喧嚣的都市中感受"闲寻诗册应多味，得意鱼鸟来相亲"的诗情画意。

一 认识鱼类和鸟类

鱼类和鸟类均属于脊椎动物，与人类生活关系密切，很多家庭中饲养的宠物大多属于鱼类和鸟类。

❀ 鱼类

鱼类属于变温动物，多以卵生为主，偶有卵胎生，是低等无颌、无脊椎动物向有颌、脊椎动物飞跃性进化中的关键一支。一切现存的高等生物，诸如鸟类、哺乳类等都是在此基础上发展而来的。最早的鱼类——星甲鱼出现于奥陶纪。现代鱼类分为硬骨鱼纲和软骨鱼纲（图6-1-1）。鱼类的种数在脊椎动物中占有绝对优势，脊椎动物现有品种近 40 000 种，鱼类约占 1/2。我国鱼类资源丰富，有近 3 000 种。

宽纹虎鲨（软骨鱼纲）

彭泽鲫（硬骨鱼纲）

图 6-1-1 鱼类成员

❀ 鸟类

鸟类可以脱离水体环境繁殖和生存，卵生，体温恒定，标志着其结构和功能进入了更高水平。鸟类适应于空中飞行，鸟类的体表被羽毛覆盖，前肢进化为翼，主要用肺呼吸，有气囊辅助呼吸。鸟类的起源目前有三种假说，分别是鳄类起源说、槽齿类爬行动物起源说与恐龙起源说（图6-1-2）。现代鸟类根据形态特征，可分为古颚总目、楔翼总目、今颚总目；根据生存环境，又可分为游禽、涉禽、攀禽、走禽、猛禽、鸣禽六大类。

小盗龙化石

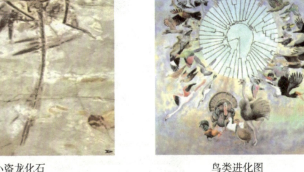
鸟类进化图

图 6-1-2 鸟类的起源和进化

二 江浙地区的鱼类和鸟类

水孕育了丰饶多姿的生命。江浙地区河湖众多，是许多鱼类良好的繁殖环境和栖息地。江浙地区拥有丰富的湿地和平原资源，为鸟类提供了繁殖和栖息的场所。

※ 江浙地区的主要鱼类

江浙地区位于中国东南部，年降水量充足，水资源丰富。江浙地区可用于水产养殖的江河、湖泊和水库等水域面积约为 2.38 万平方千米，富春江、钱塘江、太湖、千岛湖等水系湖泊交叉，产出多种特色品牌鱼种，既有诸如太湖短吻银鱼、白鱼、慈溪鳗鱼等江浙地区常见的养殖鱼类（图 6-1-3），又有诸如眼斑双锯鱼、红十字鱼、灯鱼等江浙地区常见的观赏鱼类（图 6-1-7）。江浙地区临海，海水养殖业和捕捞业也十分发达，两省近几年海洋渔业产值超千亿元。

图 6-1-3 江浙地区常见的养殖鱼类

科学思维

鱼类的记忆

有人说："鱼的记忆只有 7 秒，7 秒之后一切都会变成新的开始。"这句话有科学依据吗？

实验器材 一个鱼缸、五条斑马鱼（图 6-1-4）。

实验步骤

1. 先准备五条斑马鱼，五天不给其喂食。
2. 再每隔一天给斑马鱼喂食，喂食前站在鱼缸前定点处，将亮起的红色信号灯作为信号，持续一周。
3. 然后终止使用信号灯，但依然每隔一天在定点处给斑马鱼喂食，持续一周。
4. 最后再次亮起红色信号灯，观察斑马鱼是否会快速地游过来准备进食。

图 6-1-4 斑马鱼

知识链接

吴人喜食鱼虾，各种水产有最佳食用期。吴谚有云：

正月梅花塘鳢肉头细，
二月桃花鳜鱼长得肥，
三月菜花甲鱼补身体，
四月汪丝籴莼鲜无比，
五月莳里银鱼更加肥，
六月夏鲤鲜胜鸡，
七月鳗鲡正当时，
八月桂花肥鱼要吃肺，
九月吃蟹赏菊打牙祭，
十月芙蓉青鱼要吃尾，
十一月大头鲢鱼头更肥，
十二月寒鲫赛人参。

科学思维

水质表示水体质量，其基本参数包括物理参数（诸如温度、颜色、透明度等）以及化学参数（诸如pH、溶解氧、化学需氧量、生化需氧量或生化耗氧量、总磷、总氮、氨氮等）。

在"探究不同水质对金鱼生活的影响"实验中，你认为可能是哪些指标影响了金鱼？请用便携式水质检测仪（图6-1-5）测一测你的猜想是否正确。

图6-1-5 便携式水质检测仪

眼斑双锯鱼

红十字鱼

灯鱼

红白锦鲤

图6-1-7 江浙地区常见的观赏鱼类

鱼类的生存与环境水质息息相关，一些鱼类甚至只能在特定的水域孵化、发育、繁殖。因此，只有保护好水环境，才能让鱼类生生不息。

探究·实践

活动一 探究不同水质对金鱼生活的影响

实验目的 了解金鱼对水质的要求，并且意识到保护环境的重要性。

实验器材 干净鱼缸、不同水质的水、十五条金鱼。

实验步骤

1. 先取等量河水、井水、自来水、洗衣粉水、洗洁精水。
2. 然后在五组水中各放入三条金鱼，置于相同的饲养环境之中。
3. 最后观察金鱼的生活状况，记录在下表中（表6-1-1）。

表6-1-1 金鱼在不同水质中的生活状况表

组 别	第1天	第2天	第3天	……	第n天
河 水					
井 水					
自来水					
洗衣粉水					
洗洁精水					

知识链接

留鸟和候鸟

许多鸟类每年会在繁殖区和越冬区之间来回迁徙，根据鸟类迁徙的特点，可以分为留鸟和候鸟。留鸟不进行迁徙。候鸟可以分为冬候鸟和夏候鸟。冬候鸟是秋冬季来当地过冬，春季离开的鸟类（图6-1-6）；夏候鸟是春夏季来当地繁殖，秋冬季离开的鸟类。

图6-1-6 迁徙中的鸿雁

江浙地区的主要鸟类

江浙是鸟类栖息的天堂。据统计，仅江苏地区就有鸟类约448种，占全国鸟类种数的1/3以上。根据鸟类有无迁徙习性划分，可以分为留鸟和候鸟两大类。留鸟是不随季节迁徙，终年栖居在繁殖地区的鸟类。江浙地区常见的留鸟有树麻雀、喜鹊、乌鸫等（图6-1-8）。候鸟则会随着季节的变化有规律地迁徙，因此作为鸟类物种的重要成员，其种群数量可以反映整个生态环境的状况。江浙地区位于东亚—澳大利西亚鸟类迁徙通道上，每年的春秋季是候鸟迁徙的黄金时期。江浙地区常见的候鸟有鸿雁、苍鹭、家雁等（图6-1-9）。

树麻雀

珠颈斑鸠

棕背伯劳

喜鹊

白头鹎

乌鸫

大山雀

小䴙䴘

图 6-1-8 江浙地区常见的留鸟

图 6-1-9 江浙地区常见的候鸟

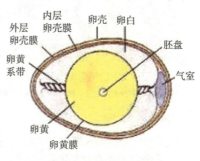

图 6-1-11 鸡蛋的结构

鸟类是卵生动物,可以脱离水环境繁殖。鸟蛋的结构和成分为幼雏的发育提供了保障。

> **探究·实践**
>
> ### 活动二 观察鸡蛋的结构
>
> **实验目的** 说明鸡蛋的结构(图 6-1-11)对鸟类孵化的意义,说出拱形结构的概念,探究拱形结构的作用。
>
> **实验器材** 若干鸡蛋、温水、放大镜、解剖剪、镊子、培养皿、纸板、小木块、砝码、弹簧测力计等。
>
> **实验步骤**
>
> 1. 先用放大镜观察鸡蛋表面的结构,将鸡蛋放入 40 ℃左右的温水中,观察鸡蛋表面出现的现象,思考鸡蛋的结构和作用。
> 2. 再在鸡蛋的钝端轻轻敲出裂纹,用镊子去除碎裂的鸡蛋壳,观察卵壳和外层卵壳膜。
> 3. 又用解剖剪将外层卵壳膜剪破,卵壳下有一个小空腔,说明其用途。
> 4. 然后用解剖剪将小空腔下的内层卵壳膜剪破,使卵白、卵黄流入培养皿中,观察卵黄,判断它是否为受精卵,说明你的理由。
> 5. 接着用镊子挑破卵黄膜,观察卵黄流出的情况。推测卵黄膜有什么作用。
> 6. 最后在大纸板上裁出 A 板和 B 板(长 40 mm、宽 10 mm)。将 A 板用两个大小相同的小木块支撑起来,在纸板中间不断增加砝码,直到 A 板塌陷下去,用弹簧测力计测量砝码总质量。保持两个小木块位置不变,将 B 板弯成拱形,在拱形中间不断增加砝码,直到 B 板塌陷下去,用弹簧测力计测量

图 6-1-10 A、B 板受力示意图

> **知识链接**
>
> #### 拱形先驱——赵州桥
>
> 赵州桥(图 6-1-12)始建于 1 400 多年前的隋代,是世界现存的最早的敞肩石拱桥。赵州桥没有桥墩,只有一个长度为 37.4 米的大拱,由 28 道拱券拼成,每道拱券都能独立承重,且不影响其他拱券。据测,赵州桥可荷载 8 吨。

图 6-1-12 赵州桥

艺术鉴赏

蛋壳作画

醋含有醋酸，可乐、雪碧里含有碳酸，会和蛋壳中的碳酸钙发生反应。蜡烛含有石蜡，涂在蛋壳上能阻止醋和碳酸钙发生反应。利用蜡烛和醋就能进行蛋壳作画（图6-1-13）。

图6-1-13 蛋壳作画

学科交叉

焰色反应

某些金属元素及其化合物在灼烧时会使火焰呈现出特殊的颜色，这就是焰色反应。例如，钾元素使火焰呈浅紫色，钠元素使火焰呈黄色，钙元素使火焰呈砖红色，锂元素使火焰呈紫红色（图6-1-14）。利用焰色反应可以制作美丽的烟花。

锂　　钠　　钾　　钙

图6-1-14 金属元素的焰色反应

知识链接

鱼鳃

鱼鳃是硬骨鱼的呼吸器官。水从鱼嘴流入，从鱼鳃流出。鳃丝中含有大量毛细血管，和进入鱼鳃的水流进行气体交换。因此，富含氧的水流过鳃丝后，氧气被吸收，二氧化碳被排出。鱼鳃式水下呼吸器就是利用了鱼鳃的呼吸原理制作而成的。（图6-1-15）

图6-1-15 鱼鳃（左）与鱼鳃式水下呼吸器（右）

砝码总质量（图6-1-10）。观察A板和B板的受力情况，将结果记录在下表中（表6-1-2）。

表6-1-2 A板、B板的受力情况表

纸板类型	纸板形状	砝码总质量/g
A板		
B板		

思维拓展　鸡蛋的拱形结构有什么好处？对于鸟类繁殖具有怎样的意义？

探究·实践

活动三　探究蛋壳的成分

实验目的　了解蛋壳的形成，并且探究蛋壳的成分。

实验器材　鸡蛋、水、醋、橙汁、可乐、试管、烧杯、酒精灯、镊子、稀盐酸、澄清石灰水等。

实验步骤

1. 先用水、醋、橙汁、可乐浸泡鸡蛋，一段时间后，观察到除水一组以外的蛋壳开始变软、变薄，说明蛋壳的成分能与酸性物质发生反应。（图6-1-16）

2. 然后验证碳酸根离子。搭建实验装置（图6-1-17），往烧杯中加入适量澄清石灰水。取半个干净、新鲜的鸡蛋壳，研磨后放入试管中，加入稀盐酸15 mL，塞紧塞子，观察烧杯中澄清石灰水的变化。

3. 最后验证钙离子。用坩埚钳夹取一片鸡蛋壳，在酒精灯上灼烧，观察火焰颜色。（图6-1-18）

实验现象　盐酸与鸡蛋壳发生反应，产生的气体能使澄清石灰水变浑浊，说明产生了二氧化碳，它来自鸡蛋壳中的碳酸盐。如果被检验物中含有钙离子，灼烧后会产生砖红色火焰。

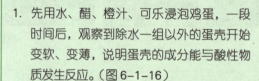

图6-1-16 实验结果

图6-1-17 实验装置

图6-1-18 蛋壳的焰色反应

三　家庭观赏鱼养殖管理

现在，许多家庭都会购置一个大大的水族箱或鱼缸（图6-1-19），里面水草丰美，饲养着各种各样的观赏鱼。那么，你是否曾经养过鱼呢？观赏鱼的饲养需要注意哪些事项呢？

选择合理的环境容纳量　需要根据鱼的种类和数量购买合适的鱼缸。鱼缸能容纳的水量是一定的，越小的鱼缸，存水量越少，水中的溶解氧就越少，氨、氮浓度越高，能饲养观赏鱼的数量、体形就越小。

图6-1-19 家庭鱼缸

例如，斗鱼、龙鱼、锦鲤等鱼类就需要较大的生存空间，在饲养时需要较大的鱼缸。

及时换水 这种方式在一定程度上可以保证观赏鱼的氧气供应。另外，如果换水不及时，观赏鱼的排泄物不仅会使水中的氨、氮、亚硝酸盐含量升高，还会导致水体细菌、藻类、寄生虫滋生，影响观赏鱼的健康。换水时要注意，如果使用自来水，需要先将其放在太阳下暴晒数小时，使水中的氯气逸出，否则观赏鱼接触到次氯酸很容易死亡。

控制温度 鱼类属于变温动物，因此必须根据观赏鱼的特点，调节水温。冬季气温骤降时，一定要做好保温措施。

控制喂食次数和数量 观赏鱼摄食过多容易引发肠道疾病，还会诱发肥胖。吃不完的饲料还会在水体中发酵、腐烂，影响水质。因此，给观赏鱼喂食时要注意控制次数和数量。

种植水生植物 在水体中种植一些水生植物，不仅能给观赏鱼提供氧气和食物，还能净化水质，为观赏鱼提供庇护。但也要注意藻类植物过度繁殖的问题。

图 6-1-20 观赏鱼生态养殖缸

探究·实践

活动四　搭建观赏鱼生态养殖缸

活动目的　了解生态系统的构成，设计并搭建一个完整的观赏鱼生态养殖缸（图 6-1-20）。

活动器材　干净鱼缸、水生植物、水草泥、观赏鱼、螺蛳、若干石头、水草籽、洄水、水草泥等。

活动步骤

1. 先在缸底铺设水草泥，撒入少量水草籽。
2. 再放置若干石头造景，在石头上缠绕一些水草，方便水草生长。
3. 然后向缸内加入适量清水，并加入少量洄水作为鱼食。
4. 最后放入观赏鱼、螺蛳。每隔 5 天更换 1 次水。

思维拓展　尝试将观赏鱼生态养殖缸放置 180 天，看看缸内会发生什么变化，并且将这个变化的过程记录下来。

图 6-1-21 鸟蛋

四　鸟类的繁殖

从古至今，生活在地面上的我们对广阔的天空向往不已，更将这份美好的情感寄托在了自由的天之精灵——鸟类的身上。无论是在古代的田园村庄，还是在今日的"钢铁森林"之中，鸟类是生活赠送给我们的惊喜。它的啾鸣唤来晨光，它的身姿给予我们美的享受，它的出现代表着自然的勃勃生机。现今，许多家庭饲养鸟类。在相对优越的环境条件下，鸟类繁殖产卵，孕育着一代又一代的生命。

鸟类的生命也始于一颗受精卵。鸟蛋（图 6-1-21）在孵化时需要怎样的条件？鸟蛋又会发生怎样的变化呢？

图 6-1-22 受精鸡蛋（上）和未受精鸡蛋（下）

图 6-1-23 恒温孵化箱

知识链接

出生在杯子里的小鸡

"小茶缸"（图 6-1-24）是中国首只无壳孵化小鸡，它的"蛋壳"是一只无菌杯，"卵壳膜"是保鲜膜。2018 年 8 月 14 日，在摄像机和许多人的见证下，"小茶缸"顺利出生，它被誉为"生命的奇迹"。

图 6-1-24 "小茶缸"

探究·实践

活动五　书写"母鸡日记"

实验目的　探究鸡蛋的孵化过程。

实验器材　若干受精鸡蛋、未受精鸡蛋（图 6-1-22）、恒温孵化箱（图 6-1-23）、摄像机、手电筒、培养皿、解剖剪等。

实验步骤

1. 先选取若干受精鸡蛋、未受精鸡蛋，在暗室中用手电筒照射鸡蛋内部。受精鸡蛋、未受精鸡蛋有什么区别？
2. 再将一枚受精鸡蛋和一枚未受精鸡蛋轻轻打开，分别放入干净的碗里，注意不要破坏卵黄。仔细观察，二者的结构主要有哪些不同？
3. 然后选择一枚受精蛋，清洗表面。擦干后放入恒温孵化箱内孵化，鸡蛋孵化时间为 21 天。孵化时控制好温度，早期 38 ℃～39 ℃为宜，后期 37 ℃～38 ℃为宜。高于 43 ℃或低于 32 ℃都会影响胚胎的发育，甚至还会导致其死亡。由于小鸡孵化的时间较长，可以架设摄像机拍摄整个过程，每日做好观察记录（表 6-1-3）。

表 6-1-3　观察记录表

时　　间	温度/℃	观察记录	附图和备注
第 1 天	38.5	第 12 h 小鸡的心脏开始跳动；第 16 h 小鸡的体节开始形成；第 22 h 小鸡的头部开始形成；第 24 h 小鸡的眼睛开始形成，其胎盘边缘出现许多红点。	第 1 天照蛋
第 2 天			
……			
第 21 天	38	小鸡破壳而出	破壳而出

注意：在孵化过程中，每天至少上下翻蛋两次，保证其受热均匀。若胚胎发育时为蜘蛛状，说明发育良好。小鸡出壳时，尽量让小鸡自己破壳，人为帮助有时反而不利于小鸡的健康。

4. 最后和同学交流此次孵化小鸡的心得，并且将收获整理成报告，写一篇 500 字的"母鸡日记"。

　　鱼类和鸟类经常出现在各类艺术作品中。这种历史渊源一直可以追溯到史前时期。人们崇拜鱼类和鸟类，主要有三点原因：一是鱼类和鸟类可以作为食物，寓意丰收；二是鱼类和鸟类具有多子的特点，象征部族繁荣；三是鱼类和鸟类代表自由与自然的力量，象征阴阳调和，太极图就是由黑、白两个鱼形纹组成的图案。而今，我们虽然不再崇拜鱼类和鸟类，但它们依然是我们生活中不可或缺的一部分，并且将长久地伴随我们，与山川、天地共存。

一、概念理解

1. "百啭千声随意移,山花红紫树高低。始知锁向金笼听,不及林间自在啼。"诗句中描写的鸟类是( )。
   A. 绿头鸭　　　　　B. 麻雀　　　　　C. 鸽子　　　　　D. 画眉
2. 下列江浙地区常见的鸟类中,属于涉禽的有( )。
   A. 白鹭　　　　　B. 东方大苇莺　　　C. 黑天鹅　　　　D. 家燕
3. 下列有关鸡蛋及其孵化过程的叙述,**错误**的是( )。
   A. 蛋壳的主要成分是碳酸钙
   B. 蛋内的气室可以为胚胎呼吸提供气体
   C. 卵黄在适宜的条件下发育成小鸡
   D. 卵白不仅能保护胚胎,还能为胚胎发育提供水分和养料
4. 饲养鱼类过程中,可以促使鱼类多摄食的途径有( )(多选)。
   A. 调节水温　　　　　　　　　　　B. 增加水体中食物的丰富度
   C. 提高饵料的质量和适口性　　　　D. 改善水质条件
5. 鱼类在水中运动的动力来自( )。
   A. 尾鳍　　　　B. 胸鳍　　　　C. 腹鳍　　　　D. 尾部和躯干部的摆动

二、思维拓展

在生态农业蓬勃发展的今天,水产行业逐渐规模化、自动化、生态化。现在有一种"水产养殖+水生蔬菜"的模式,例如,在中央鱼池中养鱼,产生的渔业尾水排放到四周的水生作物种植池内。渔业尾水中含有较多的鱼粪和饵料,利于水生作物的生长。通过水生作物的逐级净化,经过泵机再流回鱼池。泵机在工作时,还能模拟自然界河水流动的效果,使鱼的运动量增加(图6-1-25)。因此,这种鱼池中养殖的鱼更为强壮,且肥美鲜嫩。参考"水产养殖+水生蔬菜"的模式,设计一个家用水生植物—观赏鱼生态养殖缸(或养殖池),画出草图并阐述设计思路。

图6-1-25　生态渔业养殖基地

三、创客空间

观察鱼类在游动时的动作,结合鱼类的结构,设计并制作一款机械鱼(图6-1-26),可以给机械鱼增加摄像头和遥控装置,并且将其放入生态瓶或者自然水体中,拍摄水下的景观。

图6-1-26　机械鱼

第 2 节 坐卧青毡旁，优游度寒暑
——猫、犬札记

学习目标

了解 猫、犬的特点
　　　常见猫、犬的品种
　　　仿生学
理解 宠物猫、犬的饲养与管理
制作 宠物营养舒化奶
　　　猫掌鞋垫
　　　宠物自动喂食器
设计 残疾猫、犬假肢

关键词

- 猫、犬的饲养
- 生活中的猫、犬
- 仿生学

知识链接

"小美人鱼"——折耳猫

折耳猫（图6-2-1）因紧贴脑袋的小耳朵而得名。折耳猫外表可爱，但其实是猫中的"小美人鱼"。其折耳的特征是由一种遗传性骨骼病导致的，发病率很高。发病猫咪关节肿大、脚趾畸形，不能正常走路，十分痛苦。饲养折耳猫的家庭切记定时给猫咪检查身体，多补充钙、磷等元素。

图 6-2-1 折耳猫

身为宠物，猫猫狗狗的生活令人羡慕。它们慵懒地沐浴在阳光下，食物、玩具应有尽有，生活有人打理，最烦恼的事就是被"铲屎官"拥在怀里揉搓了。人们对猫、犬投入了太深的情感。君不见，前有人簇拥于电脑前，沉溺猫犬之戏；后有人视猫、犬为亲人，赠之遗产保其一世无忧。生活若是少了这些小生灵的陪伴，该有多无趣？

一 认识猫、犬

猫、犬分布较广泛，是深受人们喜爱的宠物。猫、犬属于哺乳动物，体表被毛，胎生，恒温，拥有灵敏的感官和较为发达的大脑。

❋ 猫

若按栖息环境划分，猫可分为家猫、野猫。猫的祖先可以追溯到2 500年前的古埃及。为了控制鼠患、保护粮食，古埃及人驯养野猫捕食老鼠。因此，猫被古埃及人尊崇为圣兽，是神的象征（图6-2-2）。猫女神巴斯特也被视作太阳神瑞的女儿、国家的保护神。

图 6-2-2 古埃及的猫

猫是家庭中的"捕鼠官"，保护我们的粮食，但未参与到其他人类活动中，因此人类并未特意驯化与改良猫种。现今，猫的种类约有50种（图6-2-3）。

美国布偶猫　　美国短毛猫　　缅因猫　　中国狸花猫

苏格兰折耳猫　挪威森林猫　埃及猫　俄罗斯蓝猫

图 6-2-3 常见的宠物猫

第6章 精致生活
——动植物的饲养、栽培和管理

❁ 犬

关于犬的祖先有很多不同的观点，狼、狐、豺都曾被视作犬的直接祖先（图6-2-7）。当今世界上数不胜数的犬种，是早期人类对犬进行精心选育再加上遗传变异的结果。根据对犬骸骨的研究，犬的驯化在19 000年前就已经开始了。人们驯养犬类最初是为了工作，诸如比格猎犬、边境牧羊犬等（图6-2-4），后来由于人们的选育，形成了五花八门的种类。据统计，世界上有犬种1 400多种，其中定类的犬种有500多种，常见的犬种约有450种。

哈士奇　　边境牧羊犬　　腊肠犬　　博美犬

秋田犬　　吉娃娃　　约克夏梗　　比格猎犬

图6-2-4　常见的宠物犬

图6-2-7　犬的演化史假设图

猫、犬与人的消化系统存在很大差异，例如，猫、犬的消化道较短，因此它们没有足够的消化吸收时间。由于猫、犬缺少某些种类的消化酶，诸如乳糖分解酶，因此猫、犬都不能多喝牛奶。猫、犬与人的进食需求是不同的，如果随意饲喂成分复杂的食物，会导致猫、犬消化不良，严重时会引发疾病甚至死亡。

技能训练

自制宠物营养舒化奶

活动目的　通过制作宠物营养舒化奶（图6-2-5），了解乳糖不耐症和酶的作用，尝试用包埋法固定酶。

活动器材　乳糖酶溶液、海藻酸钠溶液、滴管、$CaCl_2$ 溶液、滤纸、葡萄糖试纸、牛奶等。

活动步骤

1. 先将2 mL乳糖酶溶液倒入6 mL海藻酸钠溶液中。
2. 再用滴管缓慢地将乳糖酶溶液和海藻酸钠溶液的混合物滴入盛有 $CaCl_2$ 溶液的烧杯中，每滴形成一个小球。滴加时，保持滴管垂直于容器正上方，小球以圆润无拖尾为佳。
3. 然后用滤纸过滤，留下乳糖酶溶液和海藻酸钠溶液的混合物小球。
4. 接着用葡萄糖试纸测量牛奶中的葡萄糖含量，作为阴性对照。（图6-2-6）
5. 最后把乳糖酶溶液和海藻酸钠溶液的混合物小球加入牛奶中，5 min后测量葡萄糖水平。

图6-2-5　宠物营养舒化奶

图6-2-6　测定葡萄糖含量

知识链接

酶的包埋法

酶是一种可以促进化学反应速率的物质。如果用不溶于水的凝胶、微胶囊或是纤维作为载体，将酶包埋、固定，可让反应底物与酶充分接触，催化效率更高。从原理上而言，由于酶分子本身不发生物理和化学变化，酶的高级结构改变较少，酶的回收率较高，适用于固定各种类型的酶。使用包埋法时，浓度合适的 $CaCl_2$ 溶液可以帮助凝胶珠的形成。（图6-2-8）

图6-2-8　用包埋法固定的酶

猫、犬具有许多人类羡慕的本领。通过借鉴猫、犬等生物的结构和功能的特点进行发明创造，这属于仿生学的研究范畴。

猫是一种夜行性动物，能够在黑暗中视物。猫的视网膜上有上亿个能感受弱光刺激的视杆细胞，而人却只有100多个。猫的视网膜后部还有一层反射膜，就像一面反光镜，即使很微弱的光线也能被其捕捉，并反射到视网膜上。这也是夜间猫的眼睛会发光的原因。（图6-2-12）

黑暗中的瞳孔　一般光亮下的瞳孔　阳光强烈下的瞳孔

图6-2-12　不同光照环境下猫的视网膜变化情况

犬的嗅觉特别灵敏，能分辨出约200万种物质的气味。科学家经过对犬嗅觉器官的研究，发明了电子鼻（图6-2-13）。当电子鼻接触到不同味道的化学分子时，感应器会产生相应的变化，就能识别出气味来（图6-2-10）。电子鼻可以区分水果成熟度、食品新鲜度等，有些电子鼻甚至能检测出癌症的"味道"。

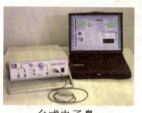  

台式电子鼻　　　手持式电子鼻　　　芯片式电子鼻

图6-2-13　不同的电子鼻

知识链接

马路保护神——猫眼道钉

猫的视野范围比人更广阔，是人的两倍。根据这一特点，我们研制出了加强版道路反光设备——猫眼道钉。传统反光标志随公路弯度反光程度递减，当弯度达45°以上时传统标志丧失全部功能。而猫眼道钉不受公路弯度影响，比传统标志反光面积大一倍，且天色愈暗，反射力愈强。尤其在雨雾天气和能见度较差的天气，猫眼道钉反光效果能发挥更好的导航作用。（图6-2-9）

图6-2-9　猫眼道钉及其反光效果

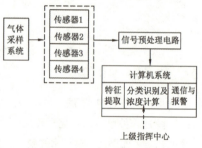

图6-2-10　电子鼻原理

艺术鉴赏

模拟动物的视觉

鸟可看到至少五种光谱带，猫和犬具有夜视能力，动物眼中的世界和人类眼中的世界完全不同。下载App软件"动物眼睛模拟器"，通过这款软件模仿各种动物的眼睛，从另一个角度观察这个世界吧！（图6-2-11）

图6-2-11　雪貂、人、瓢虫的模拟视觉

创客空间

制作猫掌鞋垫

猫可以从四层楼高的地方稳稳地跳下来。猫掌能化解高速飞跑和从高处落地时所产生的冲击力，这主要得益于它足底的五个肉垫与脚骨、韧带之间的精密配合。

活动目的　利用工业设计原理，结合日常观察所得，进行仿生学设计。（图6-2-14）

活动器材　鞋垫、硅胶等。

活动步骤

1. 先观察猫的足部，了解猫的肉垫是如何降低冲击力的。
2. 然后利用硅胶模拟猫的肉垫，根据人行走时的受力特点，设计能缓解走路压力的猫掌鞋垫，并绘出草图。
3. 最后根据草图，制作出猫掌鞋垫，将其放入鞋子，感受"猫步"的轻盈。

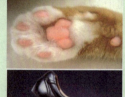

图6-2-14　猫掌与减压鞋垫

二　宠物猫犬的饲养和管理

万物有灵，选择一个小生命作为新的家庭成员，欣赏它们毛茸

茸的样子，享受它们对你的依赖，对它们的生命负起责任。家庭中饲养和管理猫、犬也有相应的技巧和规范。

足够的活动空间　一些大型犬运动量较大，如果总是在狭小的区域内活动，容易将过剩的精力释放在搞破坏上，因此人们每天都必须遛犬。猫喜欢从上而下的俯瞰感，且需要能够躲藏的空间，在有条件的情况下，可以给猫安装猫爬架。（图6-2-15）

图6-2-15　饲养时要给猫、犬留出足够的活动空间

合适的温度　不同品种的猫、犬适应生存的温度也不同。例如，阿拉斯加雪橇犬来自寒带，夏季需要综合考虑当地气温，为犬剃毛、开空调、多补充水分进行降温。温度过冷或过热，都容易引起猫、犬的不适，影响其健康。

定时、定量、定温、定质饲喂　定时饲喂有助于猫、犬形成条件反射，促进其消化器官的定时活动，使其消化系统有规律地活动。一般每天早晚给猫、犬各喂一次，最好在运动后饲喂，养成其排便后再进食的习惯。

> **技能训练**
>
> **制作宠物自动喂食器**
>
> **活动目的**　利用生活中的材料制作宠物自动喂食器（图6-2-16）。
>
> **活动器材**　饮料瓶、剪刀、橡皮筋、热熔胶、橡胶球等。
>
> **活动步骤**
>
> 1. 先用剪刀把大号饮料瓶的底部和头部剪下，中间部分不用，将上、下两个部分重新粘贴起来，组成一个容器。
> 2. 再准备一根结实的橡皮筋，用剪刀将它剪开。
> 3. 然后将橡皮筋一头用热熔胶粘在剪下的饮料瓶瓶底中间，将另一头穿过饮料瓶的另外一截，从瓶口拉出来后用热熔胶粘在橡胶球上。由于橡皮筋被拉长后回缩有弹力，会将橡胶球紧紧地拉住，从而堵住瓶口，防止猫粮或狗粮掉出。
> 4. 最后将容器装满猫粮或狗粮后，固定在宠物能够得着的地方。通过拨弄橡胶球，猫粮或狗粮就会掉出。（图6-2-18）

图6-2-16　宠物自动喂食器

定期检查身体　宠物也会生病，也需要定期体检。猫、犬的健康检查主要包括皮肤、口腔、耳道、眼部、血常规、生化（肝肾功能、血糖）、胸片和髋关节X光（图6-2-22）、血压、心电图、粪便检查。不仅要检查猫、犬的身体机能，还要筛查其体内是否有寄生虫。

第6章　精致生活
——动植物的饲养、栽培和管理

艺术鉴赏

文明养犬

仅2018年1~10月，全国范围内犬类伤人事件已达7 700多起。为此全国多个城市出台了严格的《养犬管理条例》。个人不得饲养大型犬、烈性犬。饲养前，人们需要对犬只进行疾病免疫，并向公安机关申请养犬登记证。犬类外出须挂犬牌，并且注意避让老弱孕残和未成年人。

如果人被猫、犬咬伤，先自行用肥皂水对伤口进行彻底清洗，然后尽快到卫生防疫部门注射狂犬疫苗。人被咬伤后，狂犬疫苗注射得越早，效果越好。同时，被咬的伤口不宜包扎和缝合，尽可能让伤口暴露在空气中。许多大型犬诸如藏獒、牛头梗等攻击性较强，危险系数较高，被列为禁养犬（图6-2-17）。

图6-2-17　藏獒（左）、牛头梗（右）

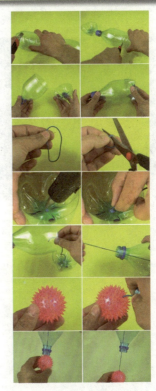

图6-2-18　宠物自动喂食器制作步骤

图 6-2-19 宠物体验

图 6-2-20 药品冷藏柜

图 6-2-21 化验室

（图 6-2-19）

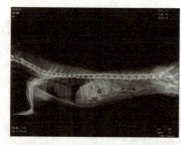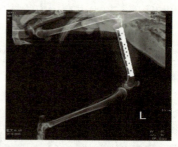

图 6-2-22 犬的 X 光片

一家合格的宠物医院需具备相关的从业许可证以及规定的医疗设施。各个科室都应该做到设备运转良好、仪器定时检查校验、室内清洁干净、医疗废弃物及时处理等，保证宠物以及相关人员的健康安全。

配药室 宠物医院应建有负责配药和储存药品的专用科室，配备药架、冰箱、药品冷藏柜（图 6-2-20）和配药台等基础医疗器械。

隔离室 为了防止病毒交叉感染，宠物医院必须配备专门的隔离室，配备紫外线消毒灯、消毒器等消毒设备。

诊疗室 宠物医生在诊疗室为生病的宠物做诊断，诊疗室必须清洁干净、布置简单，配备听诊器、内窥镜等诊疗设备。

化验室 有时要对生病宠物的血液进行化验，检查诸如细小病毒、狂犬病等相关疾病，配备离心机、血常规和生化仪、尿液分析仪、显微镜以及血液计数器等化验设备。（图 6-2-21）

手术室 专门为宠物做手术设置的科室，须配备有呼吸麻醉机、兽用心电图机等仪器。一些宠物医院的专用设备（图 6-2-23）十分先进，甚至配有 CT 机、超声刀等高精尖设备。

图 6-2-23 宠物医院的专用设备

猫、犬活泼机灵，天真纯然，作为家庭的一分子，与人有着深厚的感情，并结下了不解之缘。茫茫世界，遇见即是缘分，望君珍惜，善待生命！

本节自我评估

一、概念理解

1. 下列各种动物中，**不属于**哺乳动物的是（　　）。
   A. 乌龟　　　　　B. 兔子　　　　　C. 海豚　　　　　D. 狗
2. 一只猫一次产了三只小猫，这三只小猫在毛色上不完全相同。这说明生物具有（　　）。
   A. 进化性　　　　B. 遗传性　　　　C. 变异性　　　　D. 适应性
3. 下列各种犬中，**不属于**工作犬的是（　　）。
   A. 导盲犬　　　　B. 搜爆犬　　　　C. 警犬　　　　　D. 选美犬
4. 如果在你所在的城市饲养下列犬种，需要申请养犬证的有（　　）。
   A. 哈士奇　　　　B. 博美犬　　　　C. 腊肠犬　　　　D. 全部
5. 下列犬种属于大型犬、烈性犬的有（　　）（多选）。
   A. 藏獒　　　　　B. 哈士奇　　　　C. 德国牧羊犬　　D. 英国斗牛犬

二、思维拓展

猫是天生的猎手，对快速移动的物体有极大的兴趣。现在许多家猫在人类的过度照顾下，吃得多、动得少，患上了肥胖症。逗猫棒就是一款针对猫的特点设计的玩具。通过猫对逗猫棒进行扑咬，释放猫的天性，增加它的运动量。

你观察到猫在生活中还有怎样的特点？根据猫的特点，为猫设计一款玩具并绘出草图，尝试用生活中的材料来制作吧！

三、创客空间

生活中，我们经常能见到一些残疾的猫、犬，有些是天生的，有些是后天生病或者手术截肢造成的。它们的肢体短小、发育不良，只能依靠蹦跳或是拖地来行走。如果人遇到这种情况，可以使用假肢。你能否和组员一起，根据一只残疾猫或犬的自身特征和运动特点，参考图片（图6-2-24）为它设计假肢呢？通过3D打印，为这只猫或犬装上假肢，让它重获新生！

 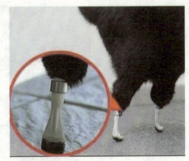

图6-2-24　各种不同设计的假肢

第 3 节　"我不是胖乎乎，只是肉多多"
——我们身边的多肉植物

学习目标

了解　常见的多肉植物
　　　　多肉植物的栽培方法
　　　　植物的斐波那契数列
理解　多肉植物生存的环境
制作　多肉植物盆栽
　　　　芦荟胶
实践　探究多肉植物能否吸收电磁辐射
　　　　探究多肉植物适应干旱环境的叶片结构
设计　多肉植物创意盆栽

关键词

- 多肉植物
- 环境和温度
- 创意盆栽
- 电磁辐射
- 斐波那契数列

知识链接

叶绿素

叶绿素（图 6-3-1）是一类含脂的色素家族，可溶于有机溶剂，位于类囊体膜，是植物进行光合作用的主要色素。叶绿素很不稳定，光、酸、碱、氧、氧化剂等都可使其分解。

如何将叶片中的叶绿素提取出来？根据提供的材料（乙醇、叶片、烧杯、酒精灯），尝试用有机试剂提取叶绿素。

图 6-3-1　叶绿素结构式

多肉植物是干旱环境中常见的一类植物，因其根茎叶肥厚多汁、外形可爱而受到人们的喜爱。多肉植物生命力顽强，易于栽培，用途广泛，深受植物爱好者的青睐。

一　认识多肉植物

多肉植物（图 6-3-2）是由瑞士植物学家琼·鲍汉在 1619 年首先提出来的，由于其部分品种可以开花，因而也称"多肉花卉"。多肉植物主要是指那些大多生长在全年干旱或某一时段降水较少的地区，为了适应环境而进化出特殊贮水组织，拥有肥厚的叶片或膨大的茎干或硕大的块根的植物。

全世界共有多肉植物 10 000 多种，在植物分类上隶属 50~60 多科，300 多属。多肉植物有狭义和广义两种定义。狭义上的多肉植物包括番杏科、景天科、大戟科、龙舌兰科、萝摩科、百合科等根茎叶肉质肥厚的种类。一般提到的多肉植物是指狭义的定义。

图 6-3-2　丰富多彩的多肉植物

除了拥有好听的名字以外，大多数多肉植物还拥有一种特殊的技能——变色。绿色的多肉植物可能会在几天内变成火红色，或是变成粉红色、黄色等。

技能训练

给多肉植物"涂色"

活动目的　运用温度和光照，让多肉植物更加多姿多彩。
活动器材　多肉植物（诸如黑法师、火祭、虹之玉锦、黄丽等）（图 6-3-3）。
活动步骤

1. 先把一盆长期养在室内的多肉植物挪到阳光充足的窗台。
2. 然后在几天时间里观察多肉植物叶片颜色的变化。
3. 最后分析多肉植物颜色变化的原因。

实验现象　每一种多肉植物都有自己的特性，颜色也会有所不同。如：黑法师随着日照的增多会变成黑色，火祭会变成火红色，虹之玉锦会变为粉色，黄丽会变为黄色，等等。

图 6-3-3　多肉植物

现在，多肉植物越来越多地出现在人们的生活中。多肉植物主要用于家居景观布置或室外观赏，除此之外还能用作食用和药用，甚至有的多肉植物可以用来酿酒。

❀ 观赏价值

根据多肉植物的品种、颜色和形态进行搭配，可以组合成各式各样的盆栽。如果与家中装饰进行搭配，多肉植物是家具的百搭装饰品；如果利用多肉植物的耐干旱、易管理、适应性强等特点，可以对屋顶、阳台进行绿化。（图6-3-4）

图6-3-4　多肉植物盆栽（左）、捧花（中）、垂直绿化景观（右）

❀ 食用价值

大多数多肉植物是可以食用的，比较典型的有景天科、芦荟属植物，诸如瓦松、芦荟等，不仅味道爽口，还具有一定的营养价值。在《本草纲目》中，李时珍就肯定了芦荟的护齿、美唇、洁肤的功效。西番莲科的果实更是制作清凉饮品的原料，诸如百香果等。（图6-3-5）

图6-3-5　芦荟（左）、瓦松（中）、百香果（右）

技能训练

自制芦荟胶

活动目的　了解芦荟的妙用，亲手制作芦荟胶。
活动器材　芦荟、琼脂粉、搅拌机、密封罐等。
活动步骤

1. 先选取肉质肥厚、大小一致的芦荟，用清水洗净。
2. 再用小刀去掉芦荟的外皮，切成小块浸泡。
3. 然后将浸泡好的芦荟块倒入搅拌机搅拌。
4. 接着把搅拌好的芦荟汁过滤到玻璃瓶里，加入适量的琼脂粉。
5. 最后将芦荟汁搅匀，倒入密封罐里，放到冰箱冷藏。（图6-3-6）

图6-3-6　自制芦荟胶

注意：在制作时，尽量使用高温消毒过的工具，注意操作安全。

学科交叉

叶序的秘密

叶序指的是叶在茎上排列的方式，是植物的一项重要生理特征。多肉植物的叶序主要分为对生和轮生。

科学家根据以下两种方法对叶序进行划分：一种是枝条上的发散角（相邻两枚叶片的叶柄与茎垂直在平面上的投影夹角），另一种是枝条上的节间距及每一节上的叶片数量。

如果仔细观察互生叶的叶序便会发现，如果按照互生叶生出的次序依次连接各叶的着生点，茎枝上会形成一条螺旋线。如果对一段枝条上的叶片进行统计时，将螺旋线绕茎的圈数作为分子，这些圈中生长的叶片数（从叶开始沿螺旋线向上，到达与之正好重叠的叶片为止，由1开始计数）作为分母，便会得到互生叶的叶序对应的分数：1/2，1/3，2/5，3/8，5/13……这些分数的比值一方面代表了一枚叶片平均所占的圈数，同时又是斐波那契序列（图6-3-7）1，1，2，3，5，8，13……F_n 的隔项之比。实际上，植物的叶序周数和叶片总数均为斐波那契数列。

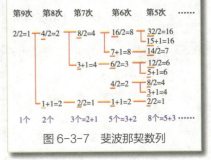

图6-3-7　斐波那契数列

药用价值

多肉植物中的一些种类有药用价值。如：百合科芦荟属中的芦荟，主治便秘、肠胃等疾病；仙人掌属的许多种类具有清热解毒的功效，选用刺少肉厚的茎片去皮、捣烂后外敷，能用于某些皮肤病的治疗（图 6-3-10）。

图 6-3-10　金武扇仙人掌（左）、木立芦荟（右）

其他价值

有些多肉植物可以用于酿酒。墨西哥盛产龙舌兰（图 6-3-11），人们用其来酿制龙舌兰酒（图 6-3-12）。龙舌兰酒是墨西哥的国酒，被称为"墨西哥的灵魂"。此外，国内一些商家还宣称多肉植物具有吸收电磁辐射的功能。多肉植物能否吸收电磁辐射，还是让我们来通过实验验证一下吧！

图 6-3-11　工人采摘龙舌兰果实　　　图 6-3-12　龙舌兰酒

> **探究·实践**
>
> **探究多肉植物能否吸收电磁辐射**
>
> **实验目的**　了解多肉植物的功效。
>
> **实验器材**　电磁辐射检测仪（图 6-3-13）、多肉植物（图 6-3-14）。
>
> **实验步骤**
>
> 1. 先在电脑正常工作时，使用电磁辐射检测仪采集电脑屏幕前 10 cm 处的辐射数值，记录在表格中。
> 2. 再在电脑旁放置一盆多肉植物（植物Ⅰ），第二天重复步骤一的测试，将数据记录在表格中。
> 3. 接着将之前的一盆多肉植物换成另一盆多肉植物（植物Ⅱ），隔天重复测试，并记录数据。
> 4. 然后采集辐射数值时，应从多个角度多次采集数据并取平均值，以消除随机因素带来的影响。
> 5. 最后针对数据进行分析，开展小组讨论，对实验结果进行整理。（表 6-3-1）

> **知识链接**
>
> **龙舌兰酒的制作过程**
>
> 龙舌兰要经过 12 年才能成熟，龙舌兰酒（图 6-3-8）制造业者将龙舌兰的果实中香甜、黏稠的汁液取出后放入炉中蒸煮。这样做是为了浓缩甜汁，把淀粉转换成糖类。蒸煮过的汁液送到另一台机器中压汁、发酵，待果汁发酵后的乙醇浓度达到 80% 时开始蒸馏，一共需要在铜制单式蒸馏器中蒸馏两次。未经过木桶熟化的酒，透明无色，称为"白龙舌兰酒"；味道较呛，经过木桶熟化的酒称为"金龙舌兰酒"，因淡琥珀色而得名，通常在橡木桶中至少储存 1 年，味道与白兰地相似。

图 6-3-8　唐胡里奥龙舌兰酒

> **知识链接**
>
> **防电脑辐射的其他方法**
>
> 1. 使用电脑时，调整好屏幕的亮度。在操作时，应与显示器保持适当的距离，正确距离应在显示器 0.5 m 以外。
> 2. 操作电脑后，要用清水洗脸。用清水洗脸，可使辐射减少 90% 以上。
> 3. 多食用胡萝卜、豆芽、西红柿、油菜、海带、卷心菜、瘦肉等富含维生素 A、维生素 C 和蛋白质的食物，加强机体抵抗电磁辐射的能力。（图 6-3-9）

图 6-3-9　辐射警告标识

表 6-3-1　模拟办公室内多肉植物吸收电磁辐射记录表

植物种类	距离 /cm	与显示器所成夹角 /°	数值 /μT
无			
Ⅰ			
Ⅱ			

图 6-3-13　电测辐射检测仪

图 6-3-14　多肉植物

二 多肉植物的栽培和管理

多肉植物品种繁多，生活习性各不相同，栽培方法也不能一概而论。总体而言，多肉植物适宜生长在凉爽的半荫环境中，主要生长期为春、秋两季。多肉植物耐干旱，但不耐寒，忌高温潮湿和烈日暴晒，怕荫蔽，也怕土壤积水。多肉植物对环境条件要求不高，也便于管理。培育过程中需注意矿质元素、水分、光照等条件。

✿ 基　质

土壤为植物提供根系的生长环境，为其保温、保湿，同时能够辅助根部，对植株起固定作用。土壤是很好的"储藏室"，可以储存矿质元素、水分、空气，这些都是植物生长所必需的养料。

多肉植物种植基质（图 6-3-15）是多肉植物根系生长的媒介，主要起固定植物、保水透气、提供养分的作用。多肉植物种植基质主要分为有机植物基质和无机植物基质。

多肉植物常用的配土方法有两种：一种是泥炭土：椰糠 = 1：1，另一种是珍珠岩：火山岩：河沙 =1：1：1。多肉植物在种植时，可以添加适量的缓释肥和多菌灵。

珍珠岩

火山岩

河沙

图 6-3-15　多肉植物种植基质

✿ 水

水是植物光合作用的原料，与植物的生命活动息息相关；水是优良的溶剂，矿质元素溶解在水中可以被植物吸收。水可以维持植物细胞和植株的形状，植物吸收的水分通过蒸腾作用散失，可以带走大量的热量，保持植株的正常温度，同时促进矿质元素、水分的吸收与运输。

在自然环境下，多肉植物往往生长在干旱地区（图 6-3-17），

知识链接

不同有机基质的优点

（1）椰糠：pH 5.5～6.5。材料干净，无病菌；富含植物生长所需的微量元素；保温保湿，通风透气；不易腐败，可长久使用；质轻，结构疏松，不会板结。

（2）泥炭：pH 5.5～6.5。无菌、无毒、无污染；质轻、持水、保肥，有利于微生物的活动；富含很高的有机质、腐殖酸及其他营养成分；营养丰富，是良好的土壤调节剂。

（3）腐殖土：pH 6.5～6.8。质轻疏松，透水通气性能好，且保水保肥能力强，肥力持久；多孔隙，长期施用不宜板结，易被植物吸收，能改良土壤，提高土壤肥力；富含有机质、腐殖酸等，能促进植物生长发育；性价比高。（图 6-3-16）

椰糠　　泥炭　　腐殖土

图 6-3-16　不同有机基质

图 6-3-17　干旱地区的多肉植物

> **知识链接**
>
> ### 景天科光合途径
>
> 景天科植物的光合作用方式为景天酸代谢途径（又称"CAM途径"）。在夜间，景天科植物打开气孔，吸收二氧化碳，与体内的磷酸烯醇式丙酮酸结合，生成草酰乙酸，再通过苹果酸脱氧、酶催化，转化为苹果酸，储存在液泡中；在白天，景天科植物的气孔几乎关闭，苹果酸从液泡中被运出去，在苹果酸酶的催化作用下分解，生成二氧化碳，在叶绿体中固定为糖类。（图6-3-18）

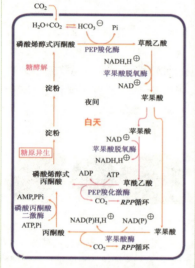

图6-3-18 景天酸代谢的一般过程

> **知识链接**
>
> ### 扫描电子显微镜
>
> 扫描电子显微镜（图6-3-19）是利用二次电子信号成像来观察样品的表面形态，即用极狭窄的电子束去扫描样品，通过电子束与样品的相互作用产生各种效应，其中主要是样品的二次电子发射，发射出来的电子称为"二次电子"。二次电子能够产生样品表面放大的形貌像，这个像是在样品被扫描时按时序建立起来的，即用逐点成像的方法获得放大像。

图6-3-19 扫描电子显微镜

但完全干燥的环境对多肉植物的生长发育极为不利。因此，栽培多肉植物应在了解其生态习性和生长情况的基础上，科学浇水以满足其生长发育的需要。

科学浇水要做到见干见湿。所谓"见干"，是指浇过一次水后等到土面发白，表层及内部土壤水分消逝后，再浇第二次水，不能等盆土干了很久之后才浇水。所谓"见湿"，是指每次浇水时都要浇透，即浇到盆底排水孔有水渗出为止。多肉植物中玉露等品种喜欢有一定空气湿度的环境，因此空气干燥时可经常向植株及周围环境喷水，以增加空气湿度。

❋ 光　照

光照是绿色植物进行光合作用的必要条件。绿色植物利用光能将二氧化碳和水转化成有机物，存储能量并释放氧气。多肉植物中的景天科植物有着独特的光合作用方式——景天酸代谢途径（又称"CAM途径"）。多肉植物在其原生地环境下每天会被阳光照射3~4 h，有些品种甚至会被阳光照射6~8 h。

在生长期，应给予多肉植物适当的光照。如果过于荫蔽，会造成多肉植物株形松散、叶片瘦长、透明度差等问题；如果光照过强，会造成多肉植物叶片生长不良，呈浅红褐色，有时强烈的阳光还会灼伤叶片，留下斑痕，影响其美观度。在半阴处生长的多肉植物，叶片肥厚饱满，透明度高。

> **探究·实践**
>
> ### 探究多肉植物适应干旱环境的叶片结构
>
> **实验目的**　观察多肉植物的叶片切片，分析叶片适应干旱环境的结构。
>
> **实验器材**　多肉植物、放大镜、单面刀片、光学显微镜、扫描电子显微镜、奥林巴斯生物摄影显微镜、冰冻切片包埋剂、二氧化碳临界点干燥仪、离子溅射镀膜仪、莱卡冰冻切片机、FAA固定液等。
>
> **实验步骤**
>
> 1. 先用放大镜观察多肉植物的叶片表面结构（图6-3-20）。
> 2. 再取叶片，用单面刀片进行修整，剪切叶片中脉两侧的叶块（长5 mm、宽5 mm）。将修整好的叶块一半浸入冰冻切片包埋剂中浸润，另一半用FAA固定液固定，保持半真空状态，48 h后放入4 ℃冰箱保存备用。
> 3. 然后利用扫描电子显微镜观察。对用FAA固定液固定完成的材料进行乙醇梯度脱水，再用二氧化碳临界点干燥仪进行干燥，干燥完成后，粘贴在金属样品台上，利用离子溅射镀膜仪进行导电处理，再利用扫描电子显微镜在高真空度25 kV环境下背散射电子模式中进行观察并拍摄。
> 4. 最后利用光学显微镜观察冰冻切片。在冰冻切片包埋剂中浸润的材料需在4 h之内进行冰冻切片操作。利用莱卡冰冻切片机将材料切成18~20 μm厚的冰冻切片，解冻，去胶，染色，脱水，透明，利用中性树胶封片，烘干

图6-3-20 多肉植物的叶片

第6章 精致生活
——动植物的饲养、栽培和管理

制成永久装片。利用奥林巴斯生物摄影显微镜对永久装片进行观察并拍照。仔细观察多肉植物的上下叶表皮、横切面，仔细观察上下叶表皮的气孔分布、角质层厚薄、细胞壁厚薄等。

实验结果 角质层越厚，气孔密度越大，叶肉的细胞壁越薄，液泡越大，具有储存营养物质的功能，特别是叶片表面还会有反光的蜡粉层以减少热辐射损伤。这类多肉植物抗旱性较强，对水分、光照条件要求不高，但对高温较敏感。根据观察到的实验现象，可以更好地为培育多肉植物提供条件。

三 制作多肉盆栽

利用自己喜欢的多肉植物打造不同风格的盆栽造型，观赏这些色彩缤纷、品种多样、充满艺术感的多肉盆栽是一件令人愉悦的事。多肉植物大多喜光，可以将其放在庭院、窗边净化空气，涤荡心灵。

制作多肉盆栽，首先要确立创意盆栽的风格，最好提炼出盆栽制作的主题，根据主题或收礼人的喜好来确定盆栽的风格（图6-3-21）。

图6-3-21 龙猫主题的多肉盆栽（左）、城堡主题的多肉盆栽（右）

创客空间

设计多肉植物创意盆栽

活动目的 根据主题设计一个盆栽花园。

活动器材 各种多肉植物（图6-3-22）、营养土、花盆等。

活动步骤

1. 先准备好需要拼盘的多肉植物及其他工具，清理多肉植物的根部，并将其腐烂的叶子摘除。

图6-3-22 各种多肉植物

2. 再在容器中放入专门种植多肉的营养土（泥炭土:珍珠岩=1:1)。
3. 又用镊子将多肉植物的根系埋好，并固定在土壤中。
4. 然后用手按压泥土，让多肉植物生长得更加稳固。
5. 接着按照相同的方式，将其余的多肉植物依次种下。
6. 最后用小铲子装少许轻石，铺于泥土之上。

思维拓展 在植株分配方面，你有什么独特的想法？

艺术创造

多肉植物的色彩搭配

1. 多色对比盆栽。

将深色的多肉植物作为主角。把不同色彩的多肉植物比邻栽种，起到相互映衬的作用。

2. 辅色对比盆栽。

将红色和绿色、紫色和黄色、蓝色和橙色多肉植物进行搭配，这种反差性搭配，可以给人眼前一亮的感觉。

3. 同色系色彩渐变盆栽。

形态相似的多肉，从粉色到红色，构成渐变色系搭配。（图6-3-23）

图6-3-23 多肉植物盆栽

知识链接

经典盆栽三段式设计

上层设计：

一般选择直立型植物，因为其具有明显的主干或高条花茎，通常可作为组合盆栽的上层植物。

中层设计：

一般选择丛生型植物（图6-3-24），给人丰满茂盛的感觉，既可作为组合盆栽中的观赏焦点，又可加入一些玩偶，使整个盆景生动起来。

图6-3-24 丛生植物盆栽

下层设计：

一般选择蔓生垂枝型植物，给人外形柔美、叶片精巧细致的感觉。这些植物都附着于土壤上，起到填补空缺、丰满造型的作用。

现代人的生活节奏越来越快，生活压力也越来越大。通过与植物的交流，可以减轻人们的精神压力，满足人们追求高品质精神生活的需要。熟悉多肉植物的生活习性就能更好地培育这些"小萌物"，为我们的生活增添趣味与色彩。

本节自我评估

一、概念理解

1. 多肉植物至少需要_____的光照。（　　）
    A. 3~4 h　　　　B. 6~8 h　　　　C. 10~12 h　　　　D. 12 h 以上
2. 下列选项中，**不属于**多肉植物常见科的有（　　）。
    A. 大戟科　　　　B. 景天科　　　　C. 马齿苋科　　　　D. 十字花科
3. 多肉植物通常生长在_____的环境中。（　　）
    A. 温暖、湿润　　B. 寒冷、湿润　　C. 温暖、干旱　　D. 寒冷、干旱
4. 在多肉植物的栽培管理中，一般在培育期时，应保持土壤湿润的状态；而在_____，则应适量地浇水。（　　）
    A. 萌芽期　　　　B. 生长期　　　　C. 衰亡期　　　　D. 所有时期

二、思维拓展

1. 持续多日阴雨天之后，天空终于放晴了。小明发现自己原本绿色的黑法师（图6-3-25）发生了一些变化。请你从叶绿素的分解和不同的单色光对能量的吸收情况的角度，对这个现象进行分析。
2. 每个斐波那契数列内的数字（2/1，3/2，5/3，8/5，13/8……）都是由前两个数字之和得出，形成数列，以此类推。例如，洋甘菊（图6-3-26）花蕊排序的布局属于斐波那契螺旋线组成的图案，一共有21个深蓝色螺旋和13个宝石绿螺旋，因此它同样属于斐波那契数列。请你根据自己的多肉植物，找一找叶序中的斐波那契数列。

图6-3-25　黑法师

三、技能训练

制作一个圣诞节主题的创意盆栽。

四、工程技术

设计一个智能多肉植物栽培系统，请考虑多肉植物生长所需的阳光和水分条件。

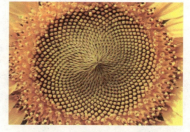

图6-3-26　洋甘菊

第 4 节 三尺露台归田园
——阳台种菜

久居城市之人，过惯了忙碌的生活，每天往返于钢筋混凝土的楼房之中，定点打卡上下班。很多人可能从小就未曾接触过农耕生活，未曾体验过耕耘与丰收的喜悦。对于陶渊明笔下"采菊东篱下，悠然见南山"的田园生活，也仅仅停留在对古诗意境描述的想象之中。从未经历劳作的你，可能无法理解"谁知盘中餐，粒粒皆辛苦"的内涵。那何不自己动手将自家的阳台细心整理一番，打造一个属于自己的专属菜园子，开启一种新的生活方式呢？

学习目标

- 了解 种菜的历史
- 描述 蔬菜生长的环境
- 制作 自动浇灌装置
- 概述 阳台种菜设备搭建及管理
- 设计 自制西红柿青菜蛋花汤
  叶绿体色素的提取与分离

关键词

- 阳台种菜
- 西红柿
- 小青菜
- 小南瓜
- 无机盐

一 种菜的历史回眸

早期人类主要以狩猎为生，兼以植物的根茎叶和果实等为食。然而，随着人口数量的不停增长和采集渔猎的不断强化，自然采摘的食物逐渐无法满足原始人类的需求，原始人类常常面临饥饿的威胁。如何获得稳定而可靠的食物来源成了原始农业产生的直接原因。一般认为，采集活动孕育了原始的种植业，狩猎活动孕育了原始的畜牧业。我们常见的粮食作物和经济作物，大约有一半是由印第安人驯化和培育的。新石器时代，我国原始种植业大体经历了三个发展阶段，即公元前 10000—公元前 8000 年为刀耕或火耕阶段；公元前 8000—公元前 5000 年为石器锄耕或粗耕阶段；公元前 5000—公元前 4000 年为铁犁牛耕阶段。（图 6-4-1）

图 6-4-1 新石器时期的农具

随着人们驯化植物技术的日趋成熟，水果、蔬菜逐渐被人类驯化、种植。无花果的驯化栽培历史可以追溯到 1 万年以前，古埃及金字塔中有描绘尼罗河沿岸种植栽培无花果的雕刻。此外，还有葡萄、油橄榄、木瓜等瓜果，以及西葫芦、辣椒、番茄等蔬菜被驯化。

春秋战国至魏晋南北朝时期，我国的主要农业区在秦岭—淮河以北，全国有 70% 以上的人口居住在黄河流域。此时的农业由粗放型农业向精耕型农业转变。长江以南的广大地区，在 3 世纪以前，依然地广人稀，文化落后，农业生产依然停留在"火耕水耨"阶段。

唐中叶以后，受战乱等因素的影响，大量北方人南下，带来了高素质的劳动力和中原先进的农业技术，使得南方农业迅速发展，中国经济重心逐渐南移。此时，从国外引进了不少果树和蔬菜品种；创造了蜡封果蒂的保鲜贮藏技术；开始了食用菌的人工培养；茶叶

图 6-4-2 唐代曲辕犁耕作图

文学鉴赏

归园田居

〔东晋〕陶渊明

种豆南山下，草盛豆苗稀。
晨兴理荒秽，带月荷锄归。
道狭草木长，夕露沾我衣。
衣沾不足惜，但使愿无违。

根据该诗，设想古人的这种田园牧歌的生活方式。请尝试以简笔画的方式画出这首诗所描述的画面。

知识链接

人体所需微量元素

一般学者公认的人体所需微量元素有14种，它们分别是铁、铜、锌、钴、锰、铬、钼、镍、钒、锡、硅、硒、碘、氟。其中，锌、铜、铁是与儿童生长发育息息相关且容易缺乏的微量元素。

知识链接

贾思勰与《齐民要术》

《齐民要术》是一部由北魏时期贾思勰所著的综合性农书，被称为"中国五大农书之首"（图6-4-3）。该书记述了黄河下游地区的农业生产，概述了农、林、牧、渔、副等行业的生产技术知识，明确了选育良种的重要性，提出了生物和环境的相互关系问题。贾思勰认为种子的优劣对作物的产量和质量有着举足轻重的作用。以谷类为例，书中共搜集谷类80多种，并按照成熟期、植株高度、产量、质量、抗逆性等特性进行分析比较，同时说明了如何保持种子纯正、不相混杂以及种子播种前应做哪些工作等问题，以期播撒下去的种子能够发育完好，长出的幼芽茁壮健康。

图6-4-3 贾思勰与《齐民要术》

生产及茶树栽培技术具有世界性影响力。在农具方面，曲辕犁（图6-4-2）和筒车的发明，标志着我国南方水田耕作技术进入了一个新的发展阶段。这一时期，随着水田冬作的发展，一年两熟制在南方初步形成。

宋元时期，全国经济重心进一步南移。东南太湖地区已成为国家经济命脉，农业生产水平远远超过北方。由于耕地不足，出现与山争地、与水争田的现象，导致梯田（图6-4-4）、圩田的迅速发展。这一时期，南方地区的多熟种植制度迅速发展，双季稻种植面积扩大，部分地区出现了三季稻。另外，主要在岭南一带种植的橙、橘、香蕉、荔枝、龙眼等水果，分别向闽、浙、赣、川、苏等地推移。

图6-4-4 梯田

二、阳台蔬菜的种植与管理

如今，在阳台上种植植物乃至蔬菜，已经成为一种时尚。

❋ 阳台蔬菜的种植

种植蔬菜前，应先统筹考虑自家阳台的环境条件是否适合，然后根据个人喜好和需求，只要空间足够大，很多日常蔬菜的种植都可以实现。植物生长需要适宜的光照、二氧化碳、温度、水分和土壤等条件，注意避免病虫害。阳台的朝向和封闭情况是影响阳台环境的主要因素，阳台的朝向决定光照条件，封闭情况则主要影响着温度。全封闭的阳台冬季可保暖，可选择的蔬菜范围比较广，一般四季蔬菜均可种植，半封闭或在室外的阳台受温度影响较大，且夏天太阳直射对蔬菜伤害较大，应注意遮光，保护蔬菜。

一般阳台种植可选择一些生长周期较短的速生蔬菜，诸如青菜、生菜等；可选择一些收获期较长且不易生虫的蔬菜，诸如番茄、辣椒等；还可选择一些比较节省空间且易于管理的蔬菜，诸如韭菜、小葱、香菜等。（图6-4-5）

青菜

莜麦菜

生菜

番茄

辣椒

黄瓜

韭菜　　　　　　　　小葱　　　　　　　　香菜

图 6-4-5　适合阳台种植的蔬菜

探究·实践

绿色蔬菜中叶绿体色素的提取与分离

实验目的　提取并观察叶绿体色素带的分布情况。

实验器材　绿色蔬菜叶片、滤纸、研钵、平底试管、剪刀、毛细滴管、漏斗、石英砂、碳酸钙、丙酮、四氯化碳、无水硫酸钠等。

实验步骤

1. 先提取叶绿体色素。取 2 g 左右的绿色蔬菜叶片，剪碎后加入少量石英砂、碳酸钙、纯丙酮 5 mL，放入研钵研磨成匀浆，加入 10 mL 纯丙酮，得到深绿色提取液，之后用漏斗加滤纸过滤。

2. 再用纸层析法分离叶绿体色素。（图 6-4-6）

（1）制备：一张长条滤纸（长 20 cm、宽 2 cm），将其一端剪去两侧，中间留一道窄条（长 1.5 cm、宽 0.5 cm）。

（2）点样：用毛细滴管吸取叶绿素溶液在窄条的上方点样（少量多次），在平底试管中加入 3~5 mL 推动剂（四氯化碳＋少量无水硫酸钠），把长条滤纸的一端挂在橡胶塞下的大头针上，调节长度使纸条下端的窄条浸入推动剂中，注意色素点不可浸入。

（3）观察：等到推动剂扩散至长条滤纸上沿约 2 cm 时，取出长条滤纸，用铅笔标明推动剂的反应带，观察叶绿体色素分离后色素带的分布。

图 6-4-6　纸层析法分离叶绿体色素

知识链接

层析法

层析法也称"色谱法"，是利用不同物质理化性质的差异而建立起来的一种分离技术。所有的层析系统均是由固定相和流动相组成，固定相为固体物质或固定于固体物质上的成分，流动相是可以流动的物质（诸如水等）和各种溶剂。利用混合物中各组成部分理化性质的差异（诸如吸附力、分子形状及大小、分子亲和力、分配系数等）使各组成部分在两相中的分布程度不同，从而使各组成部分以不同的速度移动而达到分离的目的。常见的层析方法有纸层析法（图 6-4-7）、柱层析法等。

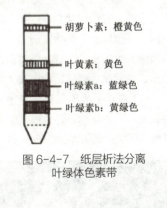

图 6-4-7　纸层析法分离叶绿体色素带

❀ 阳台蔬菜的日常管理

对环境条件需求不同的蔬菜或同种蔬菜处于不同生长阶段，所需的生长条件有很大差异，采取的栽培措施和方法也有所不同。

1. 栽培基质。

阳台蔬菜要兼有观赏和食用价值，选用的基质必须无毒、无异味，透气性好，且吸水、持水性强，对人体健康、生活环境无影响。为了减少病虫的危害，基质除了必须无菌、无虫卵以外，还必须经济轻便，为阳台减负。因此，园艺常用的栽培基质（图 6-4-10）一般由草炭、珍珠岩、蛭石、沙、炉渣、椰砖等一种或者几种材料按

知识链接

蔬菜受环境中生物的影响

有害影响：蔬菜病虫害主要包括真菌、病毒与细菌病害，还有一些诸如蚜虫、菜青虫等以蔬菜为食的植食性动物也会破坏蔬菜的品质。（图6-4-8）

图6-4-8 蔬菜受环境中生物的有害影响

有利影响：生物之间有时会相互影响，有些细菌会寄生在植物体内，与植物互利共生。例如，豆科植物共生的根瘤菌就是以类菌体的形式生活在豆科植物的根瘤（图6-4-9）中，根瘤不仅为根瘤菌提供良好的营养环境，还为根瘤菌固氮酶提供免受氧伤害的场所。

图6-4-9 豆科植物的根瘤

比例混配而成。有的人也会使用一些彩色的园艺陶粒增加其美观性。水培蔬菜只需按无机盐和水的比例配制一定的营养液即可。

珍珠岩　　　蛭石　　　彩陶粒　　　椰砖

图6-4-10 园艺常用的栽培基质

2. 种植槽的大小、形状。

种植槽的大小、形状可以根据阳台大小及栽培种类设计。槽底一定要做防水处理，且留有排水孔，以满足阳台蔬菜的生长条件，兼顾其美观、协调等因素。

3. 种植槽的搭建。

种植槽建成后，连接智能化喷水灌溉设备，即可进行移栽。取苗时，应使用专业取苗器，移栽进种植槽时需带土，避免伤其根部。移栽结束后，应及时浇水，定期松土，防止土壤板结破坏植物正常的生理功能。在日常管理过程中，还应注意及时用常见的园艺小工具（图6-4-11）摘除枯枝、黄叶以减少过多的呼吸作用对其养料的浪费，影响蔬菜品质。

图6-4-11 常见的园艺小工具

4. 病虫害防治。

与其他栽培方式相比，阳台蔬菜的病虫害防治要求更为严格，不能使用有毒化学农药。在种植前，必须对栽培环境、工具等进行消毒处理，对种苗、种子、基质等进行检疫。定期对阳台的窗户、纱网、塑料等进行检查，允许使用植物性、矿物性的农药来防治。

5. 水质和肥料。

根据不同的植物品种选择相应的水质，喜弱酸性蔬菜种类如果长期浇灌碱性水，就不能很好生长，反之亦然。种植时，盛一盆（桶）自来水放置于阳光下晒1天后即可使用。阳台蔬菜不能使用化学合成的肥料，应使用有机饼肥、处理过的鸡粪、蚕沙等有机肥，钾矿粉、磷矿粉、氯化钙等矿物肥，经有机产品认证机构认证的生物肥、花卉专用肥，等等。目前，蔬菜智能化控制系统（图6-4-12）和蔬菜智能喷灌装置（图6-4-13）以智能化远程控制代替人工操作，可以有效减少人工投入，节省人力。

图 6-4-12　蔬菜智能化控制系统

图 6-4-13　蔬菜智能喷灌装置

艺术鉴赏

"不施不惠，而物自足"，是对中国古代长期存在的小农经济的描述，是以家庭、个人生产为单位，满足个体的生产生活需要。

请找一找这句话出自哪本古籍，并结合当下的生活谈谈自己的看法。

创客空间

制作自动浇灌装置

活动目的　激发学生进行艺术创作的兴趣，提高学生的动手能力。

活动器材　防水胶、美工刀、塑料瓶、两根吸管、透明胶带等。

活动步骤

1. 先在塑料瓶壁上打孔，尽量避免将孔开得过大而难以处理。注意开口的位置不能离瓶底太远。
2. 再插上两根吸管，并用胶带把吸管的一端固定住。
3. 接着把两根吸管的另一端修剪一下，剪成一长一短的样子。
4. 然后将防水胶涂在吸管和塑料瓶壁的连接处，密封。
5. 最后待胶干了以后，装上水，盖紧瓶盖，就可以给你的爱花浇水了！（图6-4-14）

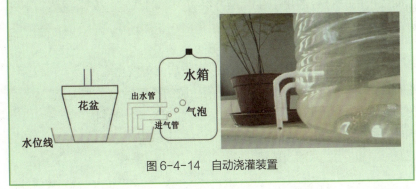

图 6-4-14　自动浇灌装置

三　不施不惠，而物自足

回归田园，生活会多了些乐趣。你会为了花盆里新冒出的嫩芽而欣喜，也会为了豆角的藤蔓爬上了新搭的支架而自豪，更会为了在一簇簇绿油油的叶子间发现一颗鲜红的草莓而惊呼。自家阳台栽种的蔬果可供观赏，也可满足日常食用所需，不仅安全、无污染，还能收获农耕的喜悦。

知识链接

万圣节的南瓜灯起源

万圣节的南瓜灯源于古代爱尔兰。相传，有一个叫杰克的吝啬鬼，很喜欢恶作剧。在万圣节当日，他设下圈套将魔鬼困在一棵树上，不许魔鬼下来，直至魔鬼答应永远不让他住在地狱。没想到后来杰克不幸去世，他进不了天堂，只好去地狱求魔鬼收留。魔鬼认为，杰克曾说不愿与地狱有瓜葛，所以拒绝接受杰克的请求，只给他一块烧红的木炭，让他放在大头菜内当灯笼照明。后来，苏格兰小孩有样学样，也挖空大头菜放蜡烛点灯。这个习俗传到美国后，人们发现圆圆胖胖的南瓜更适合当空心灯笼，因此南瓜灯也成为万圣节最应景的道具之一。

图6-4-15 南瓜灯

> **创客空间**
>
> **制作南瓜灯**
>
> **活动目的** 制作南瓜灯（图6-4-15），激发学生的艺术创作能力。
> **活动器材** 南瓜、美工刀、马克笔、勺子、蜡烛等。
> **活动步骤**
> 1. 先将南瓜洗净，晾干后备用。
> 2. 再去掉南瓜顶，用勺子将南瓜囊和南瓜子掏空。
> 3. 然后画出眼睛、鼻子、嘴巴、牙齿。
> 4. 接着用刀将画出的眼睛、鼻子、嘴巴、牙齿雕刻出来，再在南瓜内插上蜡烛。
> 5. 最后盖好南瓜盖，一只可爱的南瓜灯就做好了。

科技的发展让更多人工化、智能化的种植装置走进千家万户，它们不仅使我们的生活更加方便、清洁，而且自己动手种植的蔬菜吃起来也更加安全。劳碌一天后，卸下负担，回归属于你的三尺露台，理一理败叶，摘一颗草莓，或从专属的蔬菜基地中选配一道菜，制作一碗羹汤……这才是生活本该有的滋味。

本节自我评估

一、概念理解

1. 无公害蔬菜是按照相应生产技术标准生产的，符合通用卫生标准并经有关部门认定的安全蔬菜。下列不利于无公害蔬菜生产的病虫害防治技术是（　　）。
   A. 以防为主　　　　　　　　　　B. 以化学农药防治为主
   C. 以生物防治为主　　　　　　　D. 控制环境条件预防病虫害发生
2. 明明家以种植蔬菜作为主要的经济来源。下列因素中，会影响到蔬菜品质的**不包括**（　　）。
   A. 营养成分　　　B. 种子处理方法　　　C. 颜色　　　D. 外观形状
3. 互利共生是生态系统中最重要的种间关系。豆类蔬菜其根系通常与（　　）共生。
   A. S细菌　　　　B. P细菌　　　　C. 根瘤菌　　　　D. 线虫

二、思维拓展

如果在自家阳台上种菜，你准备如何搭建种植的装置？请画一张简单的规划图。

三、创客空间

通过本节内容的学习，请你自行设计、组装一个适用于阳台种菜的自动浇灌装置。

四、工程技术

生态农业是按照生态学原理和生态经济规律，因地制宜地设计、组装、调整和管理农业生产和农村经济的系统工程体系。请你在家设计一个微型生态农业工厂。（提示：可将阳台种菜装置与水族箱或鱼缸联系起来，从而达到能量的高效利用。）

第 5 节 草长莺飞，姹紫嫣红
——智能栽培

清代高鼎有诗云："草长莺飞二月天，拂堤杨柳醉春烟。"在过去，只有在适宜的温度、光照等条件下，植物才能充分地抽枝发芽，直至日后的花开果成。而今日，在基于物联网技术的温度、湿度、光照传感器的协同作用下，即使在白雪皑皑、寒风侵肌的冬季，我们也可以在现代化温室中欣赏到与夏日媲美的姹紫嫣红与硕果累累。

学习目标
了解 智能栽培技术
比较 智慧育种
　　　智能管理
　　　智造应用
体验 无土栽培
尝试 物联网技术管理温室大棚
探究 用盐水选育优良种子

一 智慧育种

民以食为天，物以种为源。种子的优劣直接影响农产品的产量和质量。农作物产量的提高、品质的改良，都和育种密切相关。

❋ 杂交育种

杂交育种（图6-5-2）是将两个或多个品种的优良性状通过交配集中在一起，再经过反复选择和培育，获得新品种的方法。

❋ 太空育种

太空育种（图6-5-1）是将农作物的种子或试管苗送入太空，利用太空特殊的环境（诸如高真空、宇宙高能离子辐射、宇宙磁场、高洁净等）的诱变作用，使种子产生变异，再返回地面选育，从而获得新品种的育种新技术。太空育种具有变异种类多、变幅大、稳定快等特

图6-5-1　太空育种

图6-5-2　杂交育种

点，容易获得高产、优质、早熟、抗病力强的植物品种。目前，只有美国、俄罗斯、中国等国成功地进行了卫星搭载太空育种。

除了以上育种方法之外，还有分子育种、基因工程育种、多倍体育种和植物体细胞杂交育种等方法。

在农业生产中，通过各种育种方法获得的种子在大规模种植前还需要进行选种。盐水选种是古代劳动人民发明的一种巧妙地挑选种子的方法。各种植物的种子都有一定密度，干瘪的和被虫子蛀坏的种子密度要比饱满的种子密度小，据此，可以选出饱满的种子。由于各种作物的种子密度不同，所用的盐水浓度也应有所区别。

知识链接

植物组织培养技术

植物组织培养（图6-5-3）又称"离体培养"，是指从植物体分离出符合需要的原生质体、细胞、组织或器官等，通过无菌操作，在人工控制条件下进行培养以获得再生的完整植株或生产具有经济价值的其他产品的技术。

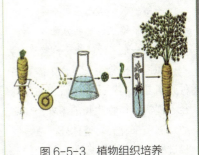

图6-5-3　植物组织培养

探究·实践

利用盐水筛选良种

实验目的　根据种子密度的大小，挑选出良种。
实验器材　密度计、盐水、烧杯、不同植物的种子等。
实验步骤
1. 先要掌握好盐水的浓度，最好用密度计来测定。

2. 然后放入一匙不同植物的种子。
3. 最后观察不同植物的种子在盐水中的状态。根据粒大饱满的种子一般会下沉，而干瘪瘦小的种子一般会上浮的规律筛选良种。

注意事项 如果种子全沉下去，说明盐水太淡，应继续加入食盐；如果大部分种子漂浮在水面上，说明盐水太浓，应加水稀释，直到大部分种子斜卧在碗底为止。（图6-5-5）

图6-5-5 盐水选种

知识链接

吊挂式二氧化碳气袋

二氧化碳对于农作物就像氧气对于人类一样重要，它是植物进行光合作用合成养分最重要的物质之一。二氧化碳气体增施技术是一种实现蔬菜高产、优质、抗病的重要技术措施，并越来越受到广大菜农的关注。

操作简便：使用时，只需将小袋控释剂加入大袋释放剂中，充分均和，悬挂作物上方30~50 cm外，打开气孔即可。

持效期长：这种吊挂式二氧化碳气袋（图6-5-4）白天依照光照强弱缓慢释放二氧化碳，配合植株需要完全满足光合作用，促进作物健康、持续生长。吊挂一次，可以持续使用40天左右。

图6-5-4 吊挂式二氧化碳气袋

二 智能管理

第二代农业栽培技术

人们为了在寒冷地区或冬季可以获得各种新鲜的农产品，研发了各种各样的设备和仪器并用于农作物的生产。这种通过有效地利用和控制温度来达到生产目的的农业技术称为"第二代农业栽培技术"。

起先，人们利用布简单地挡住雨雪，并对作物进行覆盖保温。在此阶段，一种发源于荷兰、利用搭棚来保温的温室种植（图6-5-6）技术得到了大规模地推广与应用。随着该技术的不断成熟，农业设施可以不受季节的限制，作物可以全年进行种植生产了。

随着大规模使用塑料薄膜搭建的大棚等农业设施的普及和推广，人们可以更加方便地实现对农作物栽培中温度的控制了。

图6-5-6 温室种植

第三代农业科学技术

在同一土地上连续种植同种作物，会导致连作障碍、土壤污染和水资源不足等问题。这些问题随着水培技术的不断成熟而得以解决。将植物所需的营养物质以溶液的方式提供给植物，可以更好地利用空间、矿质元素和光照等资源。这对于在可耕农田匮乏情况下的大规模成套种植产业——植物工厂（图6-5-7）的发展起到巨大的推动作用。以植物工厂为代表的种植业就是第三代农业科学技术。

图6-5-7 植物工厂

科学思维

一粥一饭，当思来之不易；
半丝半缕，恒念物力维艰。
——朱用纯《朱子治家格言》

思考：植物生长过程中需要多种无机盐，有时土壤中所含的无机盐不能满足植物生长的需求，就要通过施肥来补充。请你分析植物生长过程中是不是施肥越多越好。

技能训练

体验无土栽培技术

活动目的 植物无土营养液中含有植物正常生长所需的各种矿质元素。在种植过程中,学习用基质代替天然土壤,或仅在育苗时使用基质,在定植后利用植物无土营养液培养,有利于植物的生长。

活动器材 植物无土营养液、花瓶、生菜、青菜等。

活动步骤

1. 先按照1:400的比例稀释植物无土培养液,并替换掉花瓶里原有的水。
2. 再用稀释后的植物无土营养液养护植物一段时间。注意及时更换和补充植物无土营养液。(图6-5-8)

图6-5-8 无土栽培(左)、植物无土营养液(右)

注意事项 不同植物在生长发育过程中所需的无机盐是不同的,所以要按照不同的要求选择不同的植物无土营养液,以满足不同植物的生长发育要求。

知识链接

光谱对植物生长的影响

太阳辐射光谱(图6-5-10)对植物生长发育有很重要的影响。紫外线增多,茎部矮小,叶面缩小,毛茸发达,积蓄物增多,叶绿素增加,茎叶有花青素存在,颜色特别艳丽。波长长的紫外线对植物的生长有刺激作用,可以增加作物产量,促进蛋白质、糖、酸类的合成。利用波长长的紫外线照射种子,可以提高种子的发芽率。波长短的紫外线对植物的生长有抑制作用,既可以防止植物疯长,具有消毒杀菌的作用,又可以减少植物的病虫害。可见光是绿色植物进行光合作用制造有机物的原料,绿色植物的叶绿素吸收最多的是红橙光,其次是蓝紫光,而对黄绿光吸收得最少。远红外线产生热效应,供给作物生长发育的热量,在远红外线的照射下,果实的成熟趋于一致;近红外线对作物无用途。

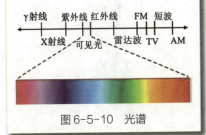

图6-5-10 光谱

第四代农业科学技术

用人工光源替代太阳光,利用无土栽培技术在狭小空间中大量生产植物的技术被称为"第四代农业科学技术"。使用人工光源,可以改变之前作物生长受光照、场地环境限制等情况,采用多层化装置实现在狭窄场地内的大规模生产。而且,在全自动管理模式的种植情况下,光照强度与时间、降雨量、气温、土壤污染、大气污染等因素可以不受客观条件的限制,从而保证作物产量的稳定。(图6-5-9)

图6-5-9 农业智能化管理系统

物联网技术与"植物工厂"

物联网是利用互联网等技术,将传感器、设备、人员和作物等通过新的方式联系在一起,形成人与物、物与物互联,实现信息化、远程管理控制和智能化的网络。

近年来,物联网技术已被应用于现代农业发展的高级阶段——植物工厂之中。植物工厂由计算机控制,管理者只需输入指令就能进行生产管理。对于各种不同的植物,管理者可通过调节各种参数,使植物处于相应的最佳生长模式,就可达成最优化的生产管理。此外,植物工厂里还会安装各种传感器,对植物生长过程中各项生理指标进行实时检测,以实现环境因子的优化控制,可以按植物生长发育不同阶段所需条件,来控制各项环境因子,以达成植物的光合效率、呼吸作用、蒸腾系数、果实膨胀等各种生理过程的最优化控制。(图6-5-13)

图6-5-13　物联网管理

知识链接

质构仪在果实品质测定方面的应用

质构仪(图6-5-11)又称"物性分析仪",是科研院所、高校、食品企业、质检机构实验室等部门研究食品物性学有力的分析工具,可应用于肉制品、谷物、糖果、果蔬、凝胶、果酱等食品的物性学分析,可对样品的物性概念作出数据化的表达。多面分析则是模拟人牙齿咀嚼食物,对试样进行两次压缩的机械过程,该过程能够测定探头对试样的压力以及其他相关质地参数。用于客观评价食品的质构,能根据样品的物性特点作出数据化的准确表达。

图6-5-11　质构仪

创客空间

设计植物自动喷淋系统

活动目的　体验物联网技术。
活动器材　喷淋器、定时器等。
活动步骤
1. 先将喷淋器放置在植物盆栽中。
2. 再将水管与喷淋器喷头连好。
3. 然后将喷淋器电源与定时器连接起来。
4. 最后根据不同植物的需水量,用定时器设定喷淋开始时间和停止时间。

图6-5-14　家庭远程浇花系统

思维拓展　当你出去学习、旅游,家中无人,而家里种植的花卉没人照料时,你可以设计一个家庭远程浇花系统(图6-5-14),自动帮你为家中的植物洒水。

三 智造应用

随着科学技术的日益发展,人们越来越注重生活的品质。智慧型植物栽培、管理、应用的产业链应运而生,主要包括农业大数据分析、栽培管理智能化、产品加工和包装的智能化、物流与配送的智能化、用户订制产品等,最大限度地节省劳务成本,减轻劳动强度。

农业大数据分析和作物栽培管理的智能化

农业大数据是大数据理念、技术和方法在农业生产管理中的具体实践。农业大数据涉及耕地、播种、施肥、杀虫、收割、存储、育种等环节,是跨行业、跨专业、跨业务的数据分析与挖掘。(图6-5-12)

图6-5-12　作物智能化栽培管理

产品加工和包装的智能化

水果、蔬菜等可以根据客户要求,诸如规格、大小、级别、数量等,用果蔬分选机进行清洗、分选、包装(图6-5-15)。

图 6-5-15 果蔬分选机清洗、分选、包装流程

❀ 物流与配送的智能化

在全国很多地区，人们不仅可以在菜场、超市购买蔬菜、水果，还可以在家动动手指，实现掌上逛菜场。居民网点设置生鲜宅配电子商务平台，为社区居民搭建了以"平台＋产地直供＋冷链自营＋站点直投"（图 6-5-16）为核心的生鲜农产品服务体系。

图 6-5-16 生鲜直投站

❀ 订制产品溯源

当人们拿到商品后，可以通过扫描包装上的二维码获取商品的名称、产地、生产日期等信息（图 6-5-17），这样就可以对所购商品的信息一目了然。

图 6-5-17 商品信息获取方式

精致是一种生活方式。保持健康的生活习惯和良好的精神状态，达到物质与精神的和谐统一，是我们所追求的目标。

> **知识链接**
>
> **食品标识**
>
> 食品标识（图 6-5-18）是指粘贴、印刷、标记在食品或者其包装上用以表示名称、质量等级、商品量、食用或者使用方法、生产者或者销售者等相关信息的文字、符号、数字、图案以及其他说明的总称。
>
>
>
> 有机食品　绿色食品　无公害食品
>
> 图 6-5-18 食品安全标识

一、概念理解

观察冬暖式蔬菜大棚剖面图（图 6-5-19），请联系生产和生活实际，回答下列问题。

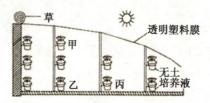

图 6-5-19 冬暖式蔬菜大棚剖面图

1. 在可控温度内，工作人员采用白天适当增强光照，夜晚适当降低室温的方法来增加蔬菜产量，其主要原因是（　　）。
   A. 白天阳光充足，蒸腾作用旺盛
   B. 昼夜温差较大，白天呼吸作用旺盛
   C. 白天温度较高，呼吸作用旺盛
   D. 白天光合作用强，夜间呼吸作用弱

2. 现代农业基地利用温室进行蔬菜、瓜果等栽培，以下措施中**不能**提高作物产量的是（　　）。
   A. 适当增加光照时间
   B. 温室内温度尽量保持在白天 20 ℃、夜晚 25 ℃
   C. 向温室内定期释放二氧化碳
   D. 适时松土施肥

二、思维拓展

一位科学家把一株绿色植物放在不同颜色的光下照射，然后测量该植物对每种光的吸收率，得出下表中的数据。请分析数据并回答问题（表 6-5-1）。

表 6-5-1 植物对不同颜色的光的吸收率

光的颜色	红	橙	黄	绿	蓝	紫
植物的光吸收率 /%	55	10	2	1	85	40

1. 对这株植物而言，影响其光合作用速率的最重要的三种单色光是_____。为什么？
2. 建造温室玻璃的颜色，最好选用（　　）。
   A. 红色　　　B. 绿色　　　C. 无色　　　D. 黄色

三、创客空间

设计一个教室花卉角的自动浇灌系统。

第6章 精致生活
——动植物的饲养、栽培和管理

本章自我评估

一、概念理解

1. 温室（图6-5-20），又称"暖房"。它能透光、保温（或加温），是用来栽培植物的设施，多用于低温季节喜温蔬菜、花卉、林木等植物栽培或育苗等。目前，温室被普遍应用于种植业、养殖业和林业中，并取得了良好的经济和生态效益。为了提高大棚内蔬菜的产量，除适当浇水、施肥之外，还可以采取的措施是（　　）。
   - A．显著增加大棚内氧气的浓度
   - B．晚上显著提高大棚内温度
   - C．冬季遮盖大棚以减少光照强度
   - D．白天适当增加二氧化碳浓度

图6-5-20 温室

2. 为测定皮蛋和普通鸡蛋的蛋壳碳酸盐含量有无不同，实验小组的同学搭建了实验装置（图6-5-21）。在A、B试管中分别装入2 g皮蛋壳、鸡蛋壳，针筒中有50 mL稀盐酸，在试管口分别套上一个气球。推动针筒，将稀盐酸注射入试管。你可以得出的结论是（　　）。
   - A．皮蛋壳中碳酸盐含量多
   - B．鸡蛋壳中碳酸盐含量多
   - C．两种蛋壳的碳酸盐含量一样多
   - D．上述证据无法得出结论

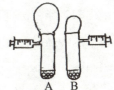

图6-5-21 实验装置示意图

3. 景天科多肉植物的二氧化碳固定途径表现为（　　）。
   - A．白天气孔打开，吸收二氧化碳；夜间气孔关闭，释放二氧化碳
   - B．白天气孔关闭，吸收二氧化碳；夜间气孔打开，释放二氧化碳
   - C．白天气孔打开，释放二氧化碳；夜间气孔关闭，吸收二氧化碳
   - D．白天气孔关闭，释放二氧化碳；夜间气孔打开，吸收二氧化碳

二、工程技术

在电影《碟中谍4》中，汤姆·克鲁斯曾戴着一副"壁虎手套"，沿着垂直的玻璃墙，徒手爬上了世界第一高楼。壁虎手套在现实生活中真的存在吗？人们能否在现实中也像壁虎一样具有藐视重力，在墙上自由攀爬这样反常理的能力呢？

科学家用显微镜观察到了壁虎的脚掌布满了细小的刚毛（图6-5-22），每一根刚毛的末端开叉，分为无数更细密的绒毛，这些绒毛增大了壁虎脚掌的面积，使壁虎的脚掌产生强大的吸附力，更好地在光滑墙壁或玻璃面上行走。这种极微小的分子之间的吸附力叫作"范德华力"，它可以承受的强度大约为壁虎自身质量的50倍。根据壁虎飞檐走壁的原理，判断右图生活中的物品（图6-5-23）是否存在范德华力并解释其形成的原因。

图6-5-22 壁虎及其脚掌上的刚毛

图6-5-23 生活中的物品

再次为春天里的小草歌唱

（代后记）

北京大学校长蔡元培先生认为："要有良好的社会，必先有良好的个人，要有良好的个人，就要先有良好的教育。"由此不难发现，教育之于个人和社会的重要作用。我入职教师这一行已有20多个年头了，从事教学研究工作也已10多年，从初次站上讲台时的惴惴不安，到站稳讲台后的驾轻就熟，再到久站讲台后的波澜不惊，时间久了，教育的神圣感犹在，活力与激情却愈发少了。有时，看着眼前的学生，想到学校里教授的知识、课堂中的教学方式，以及对学生学业质量的评价方式，心情就沉重起来。教师为何而教？学生为何而学？今天的教育该教什么？不该教什么？怎么去教？怎么去学？这些问题在我的脑海中不断涌现。有人说："每一个无处安放的灵魂，都有一颗躁动的心。"其实，教育者不应有一颗躁动的心，而应有一颗悲悯之心、一颗善良之心、一颗永不磨灭的梦想之心、一颗公心。正如陶行知先生所言："教育为公以达天下为公。"

我是从2007年开始接触STEAM教育的，那时我正在澳大利亚的布里斯班学习。时隔多年，我依然清晰地记得：那天下午，我和几位同学被安排去一所学校听课，教师所上的正是一节关于"鸭子与螺旋桨推进器"的STEAM课。尽管没有教材，但同学们仍兴高采烈地围坐在摆满了木板、锉刀、画笔、电线、电路板、传感器等器材的实验桌旁。教室前面有一个大水盆，盆里装有几只小鸭子。同学们聚精会神地观察鸭子游泳，又七嘴八舌地议论着。在听课过程中，我为教师既幽默又具有启发性的教学语言所折服，为同学们对自然世界认真细致的观察、天真又不乏深刻的发言所打动，为师生们基于批判性思维的激烈思维碰撞所触动，更为这种真正鲜活的学习场景所感染……那时，我就有一种直觉，同学们真实生活的世界是圆融的，其间并没有什么明显的学科分界，只是在进了学校和课堂后，才被人为分割成了数学、物理、化学、生物、地理、音乐等学科。也就在那时，我萌生了一种想法：若有可能，也要在我的课堂里开展STEAM教育。这就是我的STEAM教育梦最早的发端，如同在春天里播下了一粒小草的种子。

我回国以后，由于一直被其他工作所耽误，加上自己的惰性，这个STEAM梦就被搁置了。直到2014年12月中旬，我和吴洪老师一起主持了江苏省"十二五"规划初中专项重点资助课题——"优化初中生物学实验教学策略的实践研究"的工作，这个梦才又被点燃。全体课题组成员一起开始系统学习与STEAM教育相关的理论和原理，考察了国内STEAM教育做得比较好的城市、学校，对一些经验丰富的STEAM教师进行访谈。我们学到了很多先进的经验，也发现当前的STEAM教育存在"重技能培

再次为春天里的小草歌唱（代后记）

养，轻知识学习""重活动形式，轻科学精神""重学习结果，轻学习过程""重硬件装备，轻科学思维培养"等误区，面临着"缺乏整体设计和推动""缺乏STEAM师资""缺乏STEAM课程教学资源""缺乏社会联动机制"等困境。于是，我便想在STEAM课程开发和师资培养上做一些具体工作。

我们课题组的部分成员以及一些有志于STEAM教育研究的数学、地理、物理和信息技术等学科的教师共计22位，一起参与了第一期"苏式"STEAM精品课程的开发工作。其间遭遇重重困难，主要有三点：一是尚未形成明确的"苏式"STEAM课程的理论体系；二是无现成可借鉴的范本与课程体例；三是作者们受自身学科知识限制，对学科整合感到力不从心。遵循着"学习—实践—反馈—完善—再实践—再反馈—提炼总结"的课程开发指导思想，作者们牺牲了大量的休息时间，夜以继日地工作，用了不到一年的时间，第一期"苏式"STEAM精品课程系列丛书——《苏州印记》《水乡探秘》《能工巧匠》就正式出版了。承蒙读者们的厚爱，丛书刚一面世就受到了肯定和赞誉。一批实验学校的教师也创造性地使用我们的"苏式"STEAM课程进行教学，以自己的汗水和智慧，形成了很多精彩课例，获得了一批国家级、省市级的奖项和荣誉，实现了教师与课程共成长。

为了在更大范围内向读者们介绍"苏式"STEAM教育的理念——精致、适切、圆融、创新与本土化，我们开始了第二期STEAM精品课程系列丛书的编写工作。遵循着"传承与发展"的思路，在第一期课程的基础之上，我们又扩大了选题范围，增添了编委会成员，在江苏、福建、湖北和广东等地招募各学科教师50多人，组建了20个课程研发小组，最终设计并开发了18个精品课程，按主题归为三册——《水韵生活》《科创未来》《非遗传承》。本期课程，我们完善了栏目设置，在正文部分增加了"工程技术""DIY""调查走访"等活动，在旁栏部分增设了"学科交叉"。我们还优化了章、节评价试题，提出了基于真实情境下复杂问题解决的多维度能力、价值观考查的目标导向。这套丛书的出版，标志着"苏式"STEAM课程从理念上走向成熟，在实践上步入正轨，也给了我们一个再次放飞梦想的机会，正如那生长在春天里的小草，经历了夏的绿、秋的黄、冬的白，却依然怀揣着一个美丽春天的梦，在春雷声声处破土、萌芽。

记得在第一期丛书出版后的一次研讨会议上，丛书主编、江苏省数学特级教师周先荣校长与我讨论"苏式"STEAM教育的核心理念问题。我们明确了"苏式"就是精致、质朴、大气和本土融合的意思。"苏式"STEAM精品课程是一种基于STEAM教育理念的本土化实施策略与系统解决方案，是汲取了STEAM教育的优秀理念，凝练精华，团队合作而成。但它又与国内外的其他STEAM课程有所不同，主要有四个首创：第一，首创性地以主题统领下的学科核心概念和跨学科核心概念为主线，组织STEAM课程的内容，从而有利于形成真正的跨学科学习，发展核心素养；第二，首创性地以递进式的项目活动而非单独的学习活动来设计STEAM活动体系，有利于开展真正意义上的深度学习，避免了为开展活动而设计活动；第三，首创性地以标准教材的形式呈现STEAM课程，包括章首语、内容提要、课程学习意义、每节学习目标(STEAM学习目标)、递进性项目活动串等；第四，首创性地构建了STEAM教育质性与量化相结合的学业质量评价体系，"便于学校课程的实施与管理""便于教师开展教学""利于发展学生STEAM素养"是我们课程开发与设计的指导思想。

丛书的出版，要感谢南京大学的胡征教授作序，并对课程开发予以细心指导，让我们感受到了科学

家的严谨、细致，以及对教育的一片赤诚之心。要感谢华中师范大学的崔鸿教授和朱家华博士、南京师范大学的解凯彬教授、北京师范大学的王健教授、江苏省"人民教育家培养对象"任小文教授，以及江苏省特级教师、教授级高级教师吴红漫老师等专家、学者在丛书编写过程中的悉心指导与后期的细致审校，他们睿智、真诚、严谨的学者风范深深感染了我们，也提升了本套丛书的品质与内涵。更要感谢那些认真、执着、富有激情和创造力的作者，他们踏实、勤奋和富有建设性的工作，让我们得以欣赏到一个又一个精彩课程，以及通过课程传递的"苏式"STEAM教育理念——只因为我们心中有一个共同的愿望：写出贴近教育"一线"的书，让它能真正服务 STEAM 教学，引领 STEAM 教学，助推课程改革。书中的每一个课程都经过反复论证，并进行了 10 多遍的修改、打磨，但每一位作者都无怨无悔，背后支撑他们的是一种基于 STEAM 课程文化的价值观——在学科整合中自洽，在合作交流中提升，在思维碰撞中完善——这难道不就是教育的本义吗？特别要感谢西安交通大学苏州附属实验初级中学的顾媛源老师，苏州工业园区第二高级中学的陈旗建老师，江苏省苏州第一中学的蒋玉华、朱征宁、魏梦俊老师，苏州市胥江实验中学校的沙莉老师，苏州工业园区星海实验中学的陆全霖、董美麟、王文杰老师，吴江汾湖高级中学的马育国、刘克实老师，苏州工业园区东沙湖学校的徐青、汪悦老师，吴中区临湖实验中学的肖艳艳老师，常熟市中学的瞿栗老师，相城区太平中学的庄伟星老师，中国人民大学附属中学深圳学校的陶明凤老师，还有美国密歇根州立大学的孙先明先生，尽管他们的名字没有出现在编者名单中，但他们的辛勤付出必将被每一个人记住！我们的作者，正是这样一群可爱的人！感谢苏州广协文化传媒为本丛书精心设计了封面。还要感谢苏州大学出版社各位编辑认真、仔细的审校，特别是张凝主任严谨、细致的工作作风使我们的作品得以更加完美。当然，最要感谢的人是你们——亲爱的读者们，你们的喜欢才是我们做这项工作最大的动力，更是我们快乐的源泉。

最后，想对亲爱的同学们说："愿你们始终保持对自然的好奇；愿你们能坚持阅读；愿你们始终保持清醒，即便遭受伤害也不会丧失判断是非的标准；愿你们不会因为利益而偏袒任何一方，能始终保持客观、公正、独立；愿你们即使遭受打击也不会失去梦想和希望，始终保持该有的优雅；愿你们不必高贵，但必须拥有一个有趣的灵魂！"

随同新一天来临的，必然是新的行动、新的希望！让 STEAM 教育的梦在现实的土壤中发芽，茁壮成长，开花结果。做追梦人是美丽的！所以在今天，我只是放声为春天里这蓬全新的教育小草歌唱。明日或有烈火，但我坚信，焚掉枯草之后，新的小草以此滋养，将更蓬勃。

我爱，我信。

是为记！

马建兴
戊戌年岁末于苏州